D1724269

Udo Kerzinger

Echt ehrlich!

Udo Kerzinger

Echt ehrlich!

So erreichen Sie im Verkauf
heute und zukünftig Umsatz

WILEY

WILEY-VCH Verlag GmbH & Co. KGaA

1. Auflage 2016

Bibliografische Information der Deutschen Nationalbibliothek

Die Deutsche Nationalbibliothek verzeichnet diese Publikation in der Deutschen Nationalbibliografie; detaillierte bibliografische Daten sind im Internet über http://dnb.d-nb.de abrufbar.

Printed in the Federal Republic of Germany
Umschlaggestaltung: init GmbH, Bielefeld
Coverfoto: Singkham@fotolia.com
Satz: inmedialo Digital- und Printmedien UG, Plankstadt
Druck und Bindung: CPI – Ebner & Spiegel, Ulm
Gedruckt auf säurefreiem Papier.
Print ISBN: 978-3-527-50887-7
ePub ISBN: 978-3-527-80806-9
mobi ISBN: 978-3-527-80807-6

Inhalt

Geleitwort: Die ganz andere Art, zu verkaufen – mit radikaler Ehrlichkeit den Verkaufserfolg steigern

Es stimmt nicht, dass Sie zum Verkäufer geboren sein müssen. Es stimmt nicht, dass erfolgreiche Verkäufer alle Verkaufsargumente aus dem Effeff wissen. Es stimmt nicht, dass alle erfolgreichen Verkäufer vor allem mit optisch ansprechenden Präsentationen und den Daten aus den sorgfältig zusammengesetzten Informationsmappen überzeugen. Ich sage dies nicht einfach leichtfertig, sondern aus meiner Erfahrung in über 20 Jahren im Management. Denn dies führt heute nicht mehr zu dem Verkaufserfolg von früher. Warum ist dies so? Wir leben im 21. Jahrhundert und unsere Gesellschaft entwickelt sich weiter. Verkauf verändert sich.

In einer Zeit, in der Menschen immer besser informiert sind, wird es für Verkäufer scheinbar immer schwieriger oder sagen wir »anders«. Der technische Fortschritt bringt ein unendliches Potenzial an neuen Möglichkeiten mit sich – er birgt aber auch Risiken. Sie erleben das in Ihrem Alltag sicherlich zur Genüge – Kunden, die bereits vor dem Gespräch sehr klare Vorstellungen von dem Produkt, dem Unternehmen, möglichen Konkurrenten und ihren eigenen Wünschen haben. Das Internet befähigt uns, in Sekundenschnelle alle Informationen zu finden, die wir benötigen. Dass sich darunter auch Infos befinden, die nicht unbedingt förderlich für einen Verkauf sind, ist klar. Die gut informierten Verbraucher wollen es ganz genau wissen, sie lassen sich immer weniger von beschönigten Statistiken und hübsch klingenden Werbeversprechen auf Broschüren um den Finger wickeln. Was sie brauchen, ist ein Verkäufer, der sich wirklich auf sie einlässt. Der den ganz persönlichen Bedarf, die Wünsche und Stimmungen nicht nur erkennt, sondern auch anerkennt. Keine Standardversprechen, sondern individuelle Lösungen.

Doch dazu bedarf es vor allem eins: radikale Ehrlichkeit mit den Kunden – und ganz besonders mit sich selbst.

Dieses Buch ist anders als andere Verkaufsbücher. Udo Kerzinger hat aus seiner langjährigen persönlichen Erfahrung geschrieben und versteht es, den Leser auf emotionale und sehr praktikable Weise mitzunehmen. Ich kenne Udo seit vielen Jahren als Trainerkollege und an zwei Dinge erinnern sich die Menschen: Das Erste ist das, was er als »Zuhören« bezeichnet. Damit ist seine empathische Art mit den Menschen in den Dialog zu gehen gemeint. Sich für den Menschen wirklich zu interessieren, Zeit zu nehmen, ihm in die Augen zu schauen, Fragen zu stellen, statt den schnellen Verkaufsabschluss im Kopf zu haben und Standardargumente auswendig zu lernen. Denn, wenn Menschen sich verstanden fühlen und echte Lösungen für Probleme und Wünsche angeboten werden, dann entsteht Verkauf als logische Folge. Das Zweite ist seine praktische Art. Er versteht es, Menschen ins Handeln zu bringen, sodass sie sich selbst zuzutrauen, neue Wege zu gehen. So entsteht ein hoher Praxistransfer. Dieses Denken von Erfolg verbindet Udo und mich als Autorenkollegen und vor allem als Menschen, die mit ihrem Handeln dazu beizutragen, Menschen nicht nur in ihrem Erfolg zu unterstützen, sondern auch die Wirtschaftsethik positiv weiterzuentwickeln. Wir sind überzeugt, dass die erfolgreichsten Unternehmen von außergewöhnlichen Führungspersönlichkeiten geführt werden, die wissen, wie Marketing und Verkauf zusammenspielen und so das Beste herausholen. Ich bin der Meinung, dass sich alle Organisationen, unabhängig welche Größe sie haben, immer weiter entwickeln müssen und dass im neu ausgerichteten Verkauf der Zukunft ein Schlüssel für Erfolg liegt. Udo Kerzinger zeigt diese Schlüssel und inspiriert, die Messlatte für Erfolg höher zu legen. In einen Erfolg der neuen Zeit.

Udo Kerzinger trifft mit seinem Buch den Zahn der Zeit. Seine Nähe zur Praxis zeichnet sich durch die vielen Checklisten und praktischen Tipps aus, die dieses Buch zu einem perfekten Ratgeber für alle machen, die ihren eigenen Erfolg anpacken und handeln. Die Zeit ist reif. Es gibt keinen besseren Zeitpunkt. Ich wünsche Ihnen viel Spaß und Erfolg beim Verkaufen!

Katja Hofmann, Bestsellerautorin, Top 100 Speaker, Managementberaterin, Expertin für sinnstiftendes Marketing und Autorin von Sponsoring *und* Neue Unternehmer braucht das Land *– erschienen im Wiley-Verlag*

Einleitung

Kann es ein Buch über das Thema Verkauf und Kommunikation geben, das bahnbrechende neue Inhalte hat? Bedingt, denn alle Techniken, Tools und psychologischen Feinheiten sind seit Jahrzehnten bekannt und werden überall auf verschiedene Arten kommuniziert und publiziert. Fraglich ist dann, warum viele Unternehmer, Führungskräfte oder Verkäufer diese Dinge nicht oder falsch anwenden und warum sie in der heutigen Zeit trotz all der Werkzeuge nicht den Erfolg haben, den sie gerne hätten.

Warum werden die Menschen im Verkauf technisch und rhetorisch immer besser und trotzdem nicht erfolgreicher?

Warum haben so viele Kunden eine ablehnende Haltung diesem Thema gegenüber?

Gibt es einen Weg aus dieser Situation heraus?

Vieles, was wir als neu erkennen, ist Altbewährtes in neuen Schläuchen und wurde oftmals nur erfunden, um wieder neue Aufmerksamkeit zu erregen. Vielen Verkäufern gefällt das, weil sie sich nicht mehr mit dem Altbewährten beschäftigen müssen und sich auf neue Inhalte stürzen können. Sie sind abgelenkt, haben etwas zu tun und müssen sich nicht hinterfragen, warum der aktuelle Weg nicht funktioniert, welcher Weg der richtige sein könnte bzw. was sie stattdessen wirklich tun müssten.

Wer als Verkäufer ein paar Jahre im Verkauf tätig war und das eine Seminar oder andere Buch sich zu eigen gemacht hat, wird keine wirklich neuen Techniken erkennen. Mir geht es deshalb nicht darum, wieder Techniken zu vermitteln, wie man den Kunden überzeugt, mir geht es darum, von innen heraus eine Einstellung zu vermitteln, wertschätzend, respektvoll und ehrlich mit Kunden umzugehen. Sie ernst zu nehmen und eine wahrhaftige Beziehung aufzubauen. Völlig losgelöst von Umsatz oder Einkommen. Alles andere passiert dann von fast allein oder hat nach einem klassischen Verkaufstraining einen viel größeren Effekt. Wovon ich überzeugt bin, ist, dass Sie erkennen werden, wie Sie anders als früher damit umgehen können. Es ist eine andere Art der inneren Haltung. Aus meiner eigenen Erfahrung kann ich sagen, dass dieser Weg ein wenig Mut und Zeit erfordert, dafür jede Menge Leichtigkeit und Erfolg nach sich zieht.

Es wird natürlich auch das eine oder andere Werkzeug wiederholt. Das hat zwei Gründe. Zum einen benenne ich in diesem Buch die Werkzeuge, die ich persönlich nutze, weil ich von ihnen überzeugt bin und sie bei mir funktionieren. Das Ganze funktioniert als Gesamtkonzept. Jedes Tool einzeln ist gut, bringt aber nicht den gewünschten Erfolg. Zum anderen möchte ich Beispiele geben, damit es leichter fällt, diese andere Art der Herangehensweise besser zu verstehen und schließlich umzusetzen. Schlussendlich wird es tatsächlich einige neue Dinge geben, die ich aus anderen Bereichen in das Gebiet des Verkaufens einfließen lasse.

Ich gehe davon aus, dass Sie zu den ehrlichen und wahrhaftigen Menschen gehören, denn ich glaube kaum, dass sich andere Verkäufer von diesem Titel angezogen fühlen.

Außerdem glaube ich, dass viele von Ihnen entweder auf der Suche sind, in Ihren Gesprächen etwas grundlegend anders zu machen oder genau wissen, wie Sie verkaufen wollen, aber Ihnen der Weg dorthin noch fehlt. Einige von Ihnen, die bereits schon eine erfolgreiche und ehrliche Verkaufsstrategie verfolgen, suchen vielleicht einfach neue Impulse oder Ergänzungen.

Für alle wird in diesem Buch etwas dabei sein.

Für mich funktioniert dieser Weg hervorragend und ich wünsche es mir von ganzem Herzen, dass immer mehr Menschen diese Form des ehrlichen, wertschätzenden und respektvollen Verkaufs für sich übernehmen.

Die Kunden und auch die Nicht-Kunden werden es diesen Verkäufern danken.

Wir könnten dem Image des Begriffs Verkauf eine neue Bedeutung verleihen und ein positives Bild aufbauen. Es würden dadurch noch mehr ehrliche und wahrhaftige Menschen den Weg in den Verkauf wagen und damit einen tollen Beitrag für unsere Volkswirtschaft leisten. Dadurch, dass dann nur noch das verkauft wird, was die Menschen wirklich brauchen, hätten sie wieder mehr Geld für andere Dinge.

Da ich der felsenfesten Überzeugung bin, dass es immer genug für alle gibt, werden Verkäufer oder Unternehmer auch genau das Stück vom Kuchen bekommen, was sie benötigen, um den Lebensstandard zu führen, den sie möchten.

Was haben Sie davon, wenn Sie dieses Buch lesen und die Dinge für sich umsetzen?

Sie werden entspannter in die Gespräche gehen und gerade deswegen genau den Menschen das verkaufen, was sie wirklich brauchen. Dadurch bekräftigen Sie eine positive Kundenbeziehung und das sorgt in vielen Fällen für weitere Empfehlungen und ein angenehmes Arbeiten. Es kann natürlich auch dazu führen, dass Sie durch die Umsetzung mehr Geld verdienen als bisher und entspannter und glücklicher ihren Berufsalltag gestalten.

Wenn Sie das annehmen wollen, lade ich Sie ein, sich in die neue Welt des ehrlichen und wertschätzenden Verkaufs zu begeben.

Es gibt in diesem Buch keine Theorien. Alle Übungen und Ideen nutze ich selbst, auch wenn ich mich manchmal lange dagegen gesträubt habe, die Dinge genauso anzuwenden. Der eine oder andere wird in der Lage sein, nur durch Lesen die Tools umzusetzen und erfolgreich anzuwenden. Für die meisten wird es ein Anfang sein, sich intensiver mit der Materie zu beschäftigen.

Ich bin der Überzeugung, dass diese Art des wertschätzenden und ehrlichen Verkaufens eine glanzvolle Zukunft hat.

Ich bin mir sicher, wenn Sie die Ideen aufnehmen und die Ansätze umsetzen, dass sich Ihre verkäuferische Fähigkeit deutlich verbessern wird. Vor allem werden Sie sich entspannter fühlen und Ihre Kunden werden es Ihnen leichter machen.

Mein Ziel ist es, dass Sie großen Spaß beim Verkaufen haben, sich leicht und entspannt fühlen und Ihnen die Gespräche möglichst bald wie selbstverständlich von der Hand gehen. Außerdem wünsche ich mir, dass durch das Feedback Ihrer Kunden Ihre Produkte immer besser werden und Ihre Beziehungen zu Ihren Kunden immer intensiver und tiefgründiger werden. Das führt zu einem doppelten Effekt, die sogenannte Verkaufsevolutionsspirale, mit der sich für Ihr Unternehmen oder für Sie als Verkäufer ein unschlagbarer Wettbewerbsvorteil ergibt, der in der heutigen Zeit weder durch immer mehr verkaufen noch durch besseres Marketing erreicht werden kann.

Denn: Kunden sind auch Menschen.

Das vergessen viele.

Ein Satz zur Definition der wesentlichen Begriffe Produkt, Kunde und Verkäufer.

Ich spreche sehr oft von Ihrem Produkt. Damit meine ich auch die Menschen, die eine Dienstleistung anbieten und keine klassische Ware im Sinne einer greifbaren Materie haben. In diesem Fall ist Ihre Dienstleistung das Produkt.

Weiter spreche ich auch von einem Kunden. Auch in den Fällen, in denen er noch nicht unterschrieben bzw. noch kein Produkt gekauft hat. Der Begriff Kunde ist hier nicht im klassischen Sinne zu sehen, sondern als Person, die sich mit Ihnen und Ihrem Produkt auseinandersetzt.

Der Begriff Verkäufer steht für mich stellvertretend für alle Menschen, die im weitesten Sinne andere Menschen von einer Idee überzeugen wollen oder müssen. Das kann auch eine Führungskraft sein, die ein Team aufbauen und leiten muss. Denn diese muss ihre Vorgaben oder eigenen Ideen so präsentieren, dass die Mitarbeiter dazu Lust haben, diese umzusetzen. Ein Unternehmer muss genauso verkaufen, wie der Vorstand eines Fußballvereins, der Mitglieder für sein Vereinsfest ehrenamtlich einteilen muss oder das Elternteil, das sein Kind überzeugen will, ins Bett zu gehen.

Ich wünsche Ihnen viele gute Gedanken, Ideen, Inspiration und wertvolle Impulse, die Ihr Geschäft einen großen Schritt nach vorne bringen. Dabei natürlich auch eine Menge Spaß. Wenn Sie Lust haben, können Sie mir gerne ihre Gedanken und Erfolge per E-Mail senden: info@udokerzinger.de

Sind Sie bereit? Dann legen wir los. Ich wünsche Ihnen dabei viel Erfolg.

Udo Kerzinger

1 Was ist Verkauf – eine etwas andere Betrachtung

Der Begriff Verkauf

»Es gibt Menschen, die können nicht verkaufen und es gibt Verkäufer, die sind keine Menschen.«

Prof. Dr. med. Gerhard Uhlenbruck

Wie Verkauf sich emotional oftmals anfühlt

Vor etwa 40 Jahren lebte ein kleiner Junge mit dem Namen Marius mit seinen Eltern im Ruhrgebiet. Er war zu dieser Zeit 8 Jahre alt, als er sich von seinem selbst zusammen gesparten Taschengeld seinen langersehnten Flugzeugträger kaufte. Es war damals sein großer Traum und weil die Familie nicht viel Geld hatte, musste er eine ganze Weile darauf warten. Er machte sich sofort am selben Abend im Wohnzimmer zwischen den Möbeln ans Werk und fing an, diesen zusammenzubauen. Einige Wochen später, Marius war noch nicht ganz fertig, dafür umso verliebter in sein neuestes Spielzeug, klingelte es an einem Mittwochmorgen an der Tür.

Seine Mutter machte auf und ließ einen älteren Teppichverkäufer herein. Sie war direkt von Anfang an von diesem Teppichverkäufer sehr begeistert und ließ sich von seiner charmanten Art um den Finger wickeln. Der Mann rollte einen wunderschönen Teppich direkt im Wohnzimmer aus und griff in seine ganze rhetorische Trickkiste, wie toll das doch alles aussehen würde. Er hat es geschafft, in kurzer Zeit die Mutter von Marius zu überreden und verkaufte mit seinem verkäuferischen Geschick der Familie nach wenigen Minuten diesen Teppich. Die Summe wollte er direkt in bar haben, sonst hätte er den Teppich wieder aufgerollt und mitgenommen. Die Mutter war so angetan, dass sie den Teppich unbedingt haben wollte, zurückgeben kam überhaupt nicht in Frage. Das Geld, was die Mutter aber zu Hause hatte, reichte nicht ganz. Als der Verkäufer den Flugzeugträger sah, meinte er, dass das für seinen eigenen Sohn ein tolles Geschenk wäre. Die Mutter entschied sich kurzer Hand, den Flugzeugträger als Tausch für die Restsumme abzugeben.

Als Marius am Nachmittag nach Hause kam und erfuhr, dass seine eigene Mutter seinen selbst ersparten Flugzeugträger verkauft hatte, war das ein Schock unglaublichen Ausmaßes. Er hatte lange auf diesen Traum gewartet, war noch nicht einmal fertig mit dem Bau und seine eigene Mutter verschenkte sein Schmuckstück für einen Teppich an einen fremden Verkäufer. Marius hat das Geld später wieder zurückbekommen, was aber seine Erschütterung nur wenig verbesserte.

Was glauben Sie, wie es Marius in diesem Moment ging?

Was glauben Sie, mit welcher Einstellung Marius später an das Thema Verkauf herangehen wird, wenn er als Erwachsener als Unternehmer und Verkäufer arbeitet?

Was wird er über Verkäufer oder Verkauf an sich denken?

Wie wird er in Zukunft mit Verkäufern kommunizieren und was wird er von diesen halten?

Wie geht es Ihnen, nachdem Sie diese Geschichte gelesen haben?

Das Spannende an dieser leider sehr wahren Geschichte ist, dass Marius heute ein erwachsener Mann ist und bis zu dem Zeitpunkt, als wir uns kennen lernten, nicht wusste, warum er eine Abneigung gegen das Verkaufen hatte. Obwohl er seit Jahren selbstständig war und als Verkäufer arbeitete. Er tat sich schwer, seine Produkte und Dienstleistungen zu verkaufen, weil ihm das Verkaufen immer ein ungutes Gefühl in der Magengegend verursachte. Er war im Kern ein sehr ehrlicher Verkäufer, der immer das Beste für den Kunden wollte und nie wirklich wusste, warum er trotz guter Produkte und ehrlichen Verkaufens ein schlechtes Gefühl hatte.

In einer Übung, die ich mit ihm in einem unserer Gespräche durchgeführt habe, kam diese Geschichte wieder in sein Bewusstsein und Marius verstand, warum er bei jedem Verkaufsgespräch ein ungutes Gefühl hatte. Er realisierte, dass es eine

Erfahrung aus der Vergangenheit war und nicht an ihm und seiner Art zu verkaufen lag. Wir haben uns dieser prägenden Erfahrung gewidmet und konnten diese negative Einstellung zum Thema Verkauf verändern.

So wie Marius oder so ähnlich geht es sehr vielen Menschen. Die allermeisten wissen auch nicht, warum sie sich mit dem Verkauf so schwer tun.

Fragen Sie sich selbst:

Wie ist Ihr Gefühl, wenn Sie Dinge oder Dienstleistungen verkaufen?

____

____

____

Was denken Sie über klassische Verkäufer?

____

____

____

Wie reagieren Sie, wenn Ihnen ein Verkäufer etwas verkaufen will?

____

____

____

Seien Sie radikal ehrlich mit dem Beantworten dieser Fragen. Sie müssen es niemandem sagen. Es ist nur für Ihre Zwecke.

Im Folgenden möchte ich eine Bestandsaufnahme machen, um zu sammeln, was sich hinter dem Begriff Verkauf verbirgt. Ich möchte beide Bereiche beleuchten. Erstens, wie aus meiner Sicht sich die Verkäufer oftmals fühlen und zweitens aus der Sichtweise eines Kunden. Denn jeder Verkäufer kann sich besser in die Lage seiner Kunden versetzen, wenn er immer wieder aus deren Perspektive die Situation betrachtet.

Besetzung des Begriffs Verkauf in unserer Gesellschaft

Es gibt viele Gründe, die Menschen zum Teil massive Probleme bereiten, offen und ehrlich zu verkaufen und sich gleichzeitig gut dabei zu fühlen.

Einer ist die Bewertung eines Verkäufers in unserer Gesellschaft. Lassen Sie uns mal einen kurzen Blick in die Geschichte eines heutigen Verkäufers werfen.

Als Kind hatten auch die heutigen Verkäufer die verschiedensten Berufswünsche. Angefangen vom Feuerwehrmann über den Polizist, die Krankenschwester oder den Arzt war vieles dabei. Ich glaube, den drängenden Wunsch Verkäufer zu werden, könnten Sie bei den wenigsten Kindern finden. Interessanterweise sind auch genau die Jobs, die als Kind spielerisch erlebt wurden, diese, die in unserer Gesellschaft das höchste Ansehen haben. Selbst mein 4-jähriger Neffe, den ich mit seinem Verhandlungsgeschick und der einzigartigen Fähigkeit, immer noch ein bisschen nachzuverhandeln, für einen der besten Verkäufer halte, den ich je erleben durfte, kommt nicht auf die Idee. Selbst, wenn mein Schwager und ich es immer wieder ansprechen, später Verkäufer zu werden, kommt es in seinem Gedankengut nicht vor. Er hat kein Bild dazu, was ein Verkäufer tatsächlich tut. Feuerwehrmann oder Polizist sind derzeit die Favoriten. Es gibt meines Wissens keine Spielzeugfigur oder Kinderfilme über Verkäufer. Oder gibt es eine Barbiepuppe als Verkäuferin? Das wäre tragisch, wenn ich das unterschlagen hätte. Auch eine Umfrage des Jugendforscher-Teams iconKIDS&Youth hat dies bestätigt. Sie untersuchte die Berufswünsche von rund 681 Kindern im Alter von sechs bis zwölf Jahren. Dabei stellte sich heraus, dass 73 Prozent der Kinder sehr genau wissen, welchen Beruf sie einmal ergreifen wollen. Angefangen vom Arzt, Lehrer, über den Pilot bis hin zum Fußballspieler. Im Laufe der Jugend merken die jungen Menschen, dass viele der Jobs nicht realisiert werden können, Verkäufer wollen aber auch dann die wenigsten Teenies werden.[1]

Woher soll denn ein positives Bild über einen Verkäufer geprägt werden? Der Beruf ist einfach nicht greifbar. Das Bild, welches wir irgendwann als Verkäufer wahrnehmen, ist beispielsweise eine Bäckereifachverkäuferin. Der Vorteil daran ist, dass dieses Berufsbild zumindest positiv besetzt ist, da Bäckereifachverkäufer uns meistens nur das verkaufen, was wir wirklich wollen. Eine gute Grundeinstellung für einen wertschätzenden und ehrlichen Verkäufer. Leider bleibt das nicht so und wir machen zwangsläufig im Laufe unseres Lebens irgendwann selbst negative Erfahrungen mit einem anderen Verkäufer.

Ein paar Beispiele:

- Verkäufer, die einen fast schon überrennen, gerne auch zu zweit kommen, um mehr Macht zu haben.
- Anzugträger mit teuren Sportwagen, bei deren Auftreten oft das Gefühl aufkommt , dass es hier nicht um die eigenen Bedürfnisse geht.
- Menschen, die solange im Wohnzimmer einfach sitzen geblieben sind, bis man unterschrieben hat, obwohl man eigentlich gar nicht wollte. (Eigentlich wollte man kein langes Gespräch, und schon gar nicht wollte man einen Vertrag abschließen. Im Nachhinein ärgert man sich, dass man sich nicht anders positioniert hat.)
- Menschen, die so gut wie keine Fachkenntnisse hatten und bei der kleinsten unangenehmen Frage ausfallend wurden. So kommt schnell ein Gefühl auf, dass das eigene Anliegen nicht ernst genommen wird.
- Man will was kaufen, der Berater zeigt aber kein Interesse oder läuft sogar weg.
- Es wurde einem etwas aufgedrückt, was man gar nicht wollte.

- Andere wiederum, die auf den ersten Eindruck sehr nett waren, nach Vertragsabschluss für Fragen oder Ängste aber nicht mehr erreichbar waren.

Kommen Ihnen solche Situationen bekannt vor? Die Liste ließe sich noch mannigfaltig erweitern. Vielleicht ist Ihnen während des Lesens die eine oder andere Erfahrung in den Sinn gekommen. In der Studie *Verkäuferimage 2011* von AUTOHAUS und FFS wird dargelegt, dass Kunden nicht nur das Image der Autoverkäufer nach wie vor sehr kritisch sehen, sondern viele Kunden tatsächlich echte negative Erfahrungen mit den Verkäufern in Autohäusern gemacht haben.[2] Die Autobranche steht hier nur stellvertretend für den Markt im Allgemeinen. Ich bin überzeugt, dass das auch in anderen Branchen der Fall ist. Dirk Zupancic, Präsident und Professor für Management und Management Education an der privaten German Graduate School of Management and Law, sieht einen Grund für das schlechte Image in der öffentlichen Wahrnehmung.[3] Die vielen normalen Beratungen fallen nicht auf. Man spricht nicht darüber. Frei nach dem Motto: Nicht geschimpft ist gelobt genug, gehen neutrale oder schöne Beratungen unter. Dagegen bleiben die dicken Autos, die gängige Meinung, dass Verkäufer extrem extrovertiert sind, viel reden, nur das Geld des Kunden haben wollen sowie die negativen Erfahrungen im Gedächtnis.

Vom Grundsatz her ist Verkauf eine sehr geniale Sache, denn ohne Verkäufer kämen die ganzen Produkte, auf die wir alle heute so stolz und dankbar sind, gar nicht zu uns. Aus welchen Gründen auch immer ist eine ganz bestimmte Sache verloren gegangen. Der Mensch als Wesen wird oftmals nicht mehr berücksichtigt. Die große Masse der Verkäufer hat nur ein Ziel: so viel wie möglich in so wenig Zeit wie möglich zu verkaufen. Dabei nutzen sie alle möglichen Techniken, Verkaufstools, Verkaufspsychologie und was der Markt noch hergibt. Ob der Kunde das Produkt braucht, ist sekundär. Die Anzahl der Kunden, die ich in meiner ehemaligen Branche, der Finanzbranche, getroffen habe, die manche Produkte unnötigerweise mehrfach in der Schublade hatten, sind nicht zu zählen.

Ein Beispiel, um es zu verdeutlichen:

Ein Kunde hatte 8 Haftpflichtversicherungen! Dass das keinen Sinn macht, brauche ich wohl nicht zu erwähnen. Als ich Ihn fragte, wie das zu Stande kam, meinte er: Alle paar Monate kam ein Verkäufer vorbei, setzte sich und blieb einfach so lange sitzen, bis er ein Produkt verkaufte. Der gleiche Kunde hatte auch eine Lebensversicherung mit einem Monatsbeitrag von 8 € für seine Altersvorsorge, obwohl er schon über 500 € monatlich gespart hat. Die Antwort war ähnlich. Der Berater kam und saß bis nach 24.00 Uhr. Dann ging es zu wie auf dem Bazar. Der Verkäufer wollte ihm 50 € Monatsbeitrag in einer neuen Versicherung verkaufen. Der Kunde sagte, dass er nichts möchte. Der Verkäufer ging auf 40 € runter usw. bis der Kunde bei 8 € um fast 0.30 Uhr aufgab, weil er einfach nur noch ins Bett wollte und den Berater im Prinzip auch ganz nett fand. Dem Verkäufer ging es offensichtlich ausschließlich nur darum, ein Produkt zu verkaufen und nicht auf die wahren Bedürfnisse seines Kunden zu achten.

Was hat das mit Wertschätzung zu tun? Was hat das mit kundenorientiertem und ehrlichem Verkauf zu tun?

Selbst, wenn der Kunde nichts unterschrieben hätte, bleibt immer das Gefühl, dass ihn jemand über den Tisch ziehen wollte.

Es gibt Gott sei Dank sehr viele angenehme, nette und ehrliche Verkäufer. Ich möchte mit der oberen Aussage nicht alle Verkäufer über einen Kamm scheren und sagen, dass die Welt nur aus Drückerverkäufern besteht.

Auf der anderen Seite wird auch in den Medien so gut wie nie von tollen und begeisterten Verkaufsgesprächen erzählt, bei denen der Kunde einen echten Nutzen hatte und noch Jahre später dankbar für die Beratung war. Diese Menschen gehen einfach unter.

Wir bekommen in aller Regel nur die extrem negativen Fälle gezeigt.

Haben Sie schon mal eine Fernsehsendung gesehen, in der tolle Verkäufer zu sehen waren? Mir fällt auch nach etwas Überlegen keine ein. Oder eine Reportage über Verkäufer, die wertschätzend und ehrlich mit den Menschen umgegangen sind? Meistens werden sie als Vertreter dargestellt, die irgendetwas Unnötiges jemand anderem aufdrücken. Das Bild, das vermittelt wird, ist leider nicht sehr positiv. Es existieren Worte wie Klinkenputzen im Kopf oder Erinnerungen an Vertreter, die von Tür zu Tür laufen müssen. Auch Staubsaugervertreter höre ich immer wieder als Metapher.

Wenn ich Menschen auf das Thema Verkäufer anspreche, ob sie denn schon mal selbst negative Erfahrungen erlebt haben, verneinen die meisten. Das heißt, dass viele ein negatives Bild im Kopf haben, obwohl sie gar keine schlechten Erfahrungen gemacht haben. Viele Menschen haben Mitleid mit diesen Verkäufern und gleichzeitig bildet sich eine Meinung in den Köpfen der Menschen. Beispielsweise wie: Verkaufen tun sowieso nur die, die nichts anderes gelernt haben.

Machen Sie einfach mal folgendes Experiment, um zu sehen, wie ein Großteil der Bevölkerung den Beruf des Verkäufers einordnet: Gehen Sie auf eine Veranstaltung, bei der einige Menschen sind, völlig egal, ob Bekannte oder Fremde. Fragen Sie die Menschen, wie Sie einen typischen Verkäufer beschreiben würden. Die Erfahrungen, die ich gemacht habe, reichen von Mitleid über Angst bis Ablehnung. Ganz selten ist Bewunderung dabei.

Eine anderes Experiment, was Sie machen können, ist Folgendes: Auf die Frage, was Sie beruflich machen, sagen Sie einfach mal: »Ich bin Verkäufer« und warten die Reaktion des Gegenübers ab. Sie können sich schon vorstellen, was passiert. Bei Bekannten können Sie einfach mal erzählen, dass Sie jetzt Ihren

Job wechseln und als Verkäufer arbeiten wollen. Wie wird wohl die Reaktion darauf sein?

Wenn Sie richtig Spaß haben wollen, ergänzen Sie noch eine unbeliebte Branche. Beispielsweise: »Ich bin Verkäufer von Versicherungen oder Staubsaugern, Gebrauchtwagen oder Glücksspielen.«

Die wenigsten kommen auf die Idee, dass Sie jemand sein könnten, der Ihnen wirklich weiterhilft, Ihnen Mehrwert liefert und etwas zeigen könnte, was Sie so vorher noch nicht gesehen haben. Sie werden in eine Schublade gesteckt und da bleiben Sie auch erstmal. Die gute Nachricht ist, Sie kommen da auch wieder raus. In einem späteren Kapitel werde ich ausführlich darüber schreiben.

Verkaufen aus Sicht der Verkäufer

Heutzutage ein Verkäufer zu sein, ist sicherlich kein Spaziergang. Die meisten haben mit allerlei Widrigkeiten zu kämpfen. Damit meine ich nicht launische Kunden oder schwankende Umsätze. Ich meine damit Themen, die emotional wesentlich tiefer gehen und große Wunden hinterlassen können.

Umsatzdruck

Ein wichtiger Aspekt, der das Bild des Verkäufers oder das Image dieser Branche stückweise zerstört hat, ist die Tatsache, dass viele Verkäufer unter einem enormen Umsatzdruck stehen. Zum Teil machen sie sich den Druck selbst, weil die sich auferlegten Fixkosten bezahlt werden müssen, um sich die Statussymbole zu erfüllen. Da habe ich mit den Verkäufern kein Mitleid, sehr wohl aber mit deren Kunden. Viel öfter wird dieser Druck von Vorgesetzten, Gesellschaftern oder Investoren gemacht. Verkaufszahlen, Quoten oder Ähnliches müssen erfüllt werden. Die Verkäufer müssen in sehr kurzer Zeit mit wenig Unterstützung möglichst viel verkaufen. Für die Einarbeitung, Ausbildung oder ein Verständnis für das zu verkaufende Produkt aufzubauen bleibt wenig Zeit. So kann weder ein Gefühl oder eine Identifikation mit dem Produkt entstehen und es ist auch nicht möglich, die richtigen Kunden dafür heraus zu filtern. Dafür ist einfach nicht genug Zeit. So wird einfach versucht, an jeden zu verkaufen. In keinem Bereich wird so wenig fachlich ausgebildet wie im Verkauf. Das Unternehmen Kurlan & Associates hat es geschafft, in den letzten 24 Jahren über 700 000 Verkäufer zu bewerten und stellte fest, dass etwa 75 Prozent unfähig sind.[4] Kein Wunder, wenn es keine vernünftige Ausbildung gibt, keine Zeit ist, sich mit den Produkten des Hauses zu identifizieren, sondern immer nur Zahlen in den Vordergrund gestellt werden, die teilweise sehr kurzfristig erfüllt werden müssen.

Auf die gleiche Art und Weise wird auch am Telefon verkauft. Es wird so gut wie nicht mehr nachgefragt, ob der Kunde das Produkt wirklich braucht, sondern man versucht auf möglichst geschickte Art und Weise einen Bedarf zu schaffen, um anschließend das Produkt zu platzieren. Völlig egal, ob es zu dem Kunden passt. Teilweise wird auch immer wieder eingetrichtert, dass jeder Mensch das hauseigene Produkt benötigt und nur darüber informiert werden muss.

Den Satz, den ich mir immer wieder anhören durfte, war: Man muss erst den Bedarf wecken, bevor man ihn deckt. Mag ja sein, dass manche Menschen gewisse Gefahren oder Chancen nicht sehen und erst durch einen Verkäufer darauf aufmerksam gemacht werden müssen. In diesem Fall werden die Kunden bestimmt dankbar dafür sein. Das ist auch der Sinn eines guten Verkäufers. Die Frage ist nur, bekomme ich den Bedarf des Kunden heraus in dem ich ihn frage, wie er diese oder jene Situation sieht und ob eine Lösung für das Problem für ihn sinnvoll wäre? Man kann Fragen stellen, um den Kunden zum Nachdenken zu animieren. All das ist völlig legitim und wird im Erfolgsfall auch dankend angenommen. Viel zu oft habe ich leider erlebt, dass Menschen ein Produkt gar nicht wollten, auch oder gerade wenn sie es erklärt bekommen haben. Dann wird so lange mit der Angst und Ähnlichem gespielt, bis der Kunde das Gefühl hatte, es doch zu benötigen. Kurze Zeit später fragte sich dann genau dieser Kunde, warum er das überhaupt gemacht hat.

Beispiel:

Ein Unternehmer rief bei uns in meiner LED-Firma völlig verzweifelt an. Er hatte seine ganze Halle durch einen Handelsvertreter eines chinesischen Unternehmens auf LED-Röhren umgestellt, obwohl die Halle nur maximal 2 Stunden pro Tag beleuchtet wird. Allein das ist schon eine Frechheit. Nachdem wir das noch mal durchgerechnet haben, wäre die konventionelle Lösung deutlich besser gewesen. Dem nicht genug. Die komplette Ware ist nach ca. einem Jahr ausgefallen. Defekt mangels Qualität. Der Verkäufer und das dazugehörige chinesische Unternehmen waren nicht mehr auffindbar. Jetzt könnte man sagen, dass der Unternehmer selbst schuld ist, er hätte ja nachrechnen oder die Produkte besser vergleichen können. Das stimmt. Gleichzeitig ist es für mich eine solche Vorgehensweise unverschämt.

Über China kann man jetzt denken, was man will, ein deutscher Unternehmer muss sich meiner Meinung nach mit seinen Produkten beschäftigen, wenn er ehrlich beraten will und auch mal Möglichkeiten ablehnen, um langfristig seine Kunden glücklich zu machen und nicht nur schnell Geld zu verdienen.

Ich coache gerade eine Verkäuferin. Sie ist relativ jung und sehr zielstrebig und hat gute Umsätze erzielt. So wurde sie zur Verkaufsleiterin befördert und hat Verkäufer zur Führung bekommen. Sie selbst sagt, dass sie keine Ahnung von Führung hat. Sie bekommt weder Coaching, noch Zeit, sich einzuarbeiten. Sie muss sofort Zahlen liefern und die Verkäufer zu Umsatz führen. Es wird auch kein Geld für Ausbildung gegeben, sie bezahlt es jetzt selbst, sich in diesem Bereich weiterzubilden.

Solche Fälle erzeugen ein Gefühl von Lähmung, Ärger oder Wut, da man sich als Verkäufer und letztendlich auch als Kunde nicht ernst genommen oder wertgeschätzt fühlt. Die meisten Menschen vertrauen sich gerade bei erklärungsbedürftigen Produkten einem Verkäufer an. Andere geben zum Teil schon intime Informationen Preis und machen sich dadurch auch verletzlich. Die Verkäufer können auf Grund des vorhandenen Drucks nicht ernsthaft die individuellen Bedürfnisse erfragen, sie ernst nehmen und schon gar auf diese eingehen. Sie sind nicht in der Lage, in das Gespräch unvoreingenommen zu gehen und einfach mal zu schauen, ob das Produkt überhaupt zum Kunden passt, weil sie nur ihre Quote im Kopf haben. Mit jedem Fall, der dann nicht abgeschlossen wird, erhöht sich der Druck, es beim nächsten Mal hinzukriegen. Schließlich müssen die Zahlen her. Den Druck wird auch der Kunde spüren. Nicht unbedingt bewusst, aber er wird ihn spüren. Viele Studien kämpfen schon seit Jahren dagegen an und sind der Meinung, dass eine angebliche kurzfristige Motivation durch den vorgegebenen Umsatzdruck nicht die langfristigen Ziele eines Unternehmens erreicht. Harald Vergossen, Professor für Marketing und Vertrieb an der Hochschule Niederrhein, schlägt deshalb vor, verhaltensbezogene Leistungskomponenten des Verkäufers und die Kundenzufriedenheit zu messen. Dies habe eine viel nachhaltigere Wirkung.[5] Das ist auch meine Meinung und meine Erfahrung ist, dass es funktioniert. Die Angst, einen neuen Weg zu gehen, scheint für Unternehmen aber so groß zu sein, dass man dafür lieber unzufriedene Verkäufer und vergraulte Kunden akzeptiert.

Manche Zielvorgaben, die Unternehmen ihren Verkäufern machen, sind teilweise schon pervers. Ich kenne viele Verkäufer, die mir sagen, dass die Zielvorgabe, die sie erreichen müssen, kaum zu schaffen ist. Tun sie es doch, gibt es kein Dankeschön, sondern auf der erreichten Basis eine neue Zielvorgabe. Diese liegt natürlich deutlich höher als die vorherige.

Ein Freund von mir hat es geschafft, gleich in seinem ersten Jahr den Umsatz bei einem Kunden im Vergleich zu seinem Vorgänger zu verdreifachen. Er hat es geschafft, einen Wettbewerber raus zu drängen und so ziemlich den kompletten Umsatz zu bekommen, den der Kunde machen konnte. Es gab keinen Dank, keine Anerkennung. Nur die Vorgabe, auf der Basis im nächsten Jahr 20 Prozent mehr als das Dreifache des Vorjahres zu machen. Schaute man sich die Bilanzen des Kunden an, war es nicht möglich, dieses Ziel zu erreichen. Auf Basis dieser Zielvorgabe war aber der Bonus des Verkäufers ausgelegt, der einen beträchtlichen Teil seines Einkommens ausmachte. Es war also zu Beginn des Jahres schon klar, dass der Verkäufer seinen Bonus nicht bekommen würde. Auf Anfrage bei seinem Arbeitgeber kam die lapidare Antwort. Er solle sich nicht so anstellen, sondern seine Kraft lieber in die Lösung seiner Aufgabe stecken. Das hat nichts mit Wertschätzung zu tun. Für mich ist das emotionale Körperverletzung. Sowohl für den Verkäufer als auch für den Kunden.

Ablehnung

»Die Ablehnung dessen, was in deinem Leben ist, baut eine steinerne Mauer um dein Herz, durch die die Liebe nicht dringen kann.«

Irina Rauthmann

Kennen Sie die Angst vor Ablehnung? Als Verkäufer begegnen Sie hier einer der Urängste und zwar ständig und überall.

- Sie rufen jemand an, der nicht dran geht, das ist eine Ablehnung.
- Sie rufen an, es ist besetzt, das ist eine Ablehnung.
- Sie rufen an, der andere hat kein Interesse, das ist eine Ablehnung.
- Sie haben einen Termin, der Kunde will das Produkt nicht, das ist eine Ablehnung.
- Sie verkaufen etwas, was der Kunde kurz darauf wieder storniert, das ist eine Ablehnung.

Ablehnung findet an jeder Ecke statt, wenn man es so sehen will. Das tut weh und wird versucht, um jeden Preis zu vermeiden. Wie kommt es zu solch einer Einstellung oder Ansicht?

Gehen Sie einfach in Gedanken in die Kindheit zurück und überlegen, in welcher Situation Sie mal abgelehnt wurden. Völlig egal von wem und in welcher Situation.

Wie ging es Ihnen dabei? Wahrscheinlich nicht besonders gut. Da der Mensch ein Wesen ist, das den sozialen Austausch zum Überleben benötigt, tut jede Ablehnung weh. Wem das gerade in der Kindheit ein paar Mal passiert ist, der beschließt irgendwann, dass das nicht mehr passieren soll und tut im Laufe der Zeit alles dafür, dass dieses Gefühl nicht mehr vorkommt. Was tun Menschen alles, um geliebt zu werden oder anders ausgedrückt, nicht abgelehnt zu werden? Das erzeugt eine Menge emotionalen Stress. In Studien kam heraus, dass gerade in der frühen Kindheit Ablehnung im Gehirn wie ein physischer Schmerz abgespeichert wird, deren Auswirkungen bis ins hohe Erwachsenenalter hineinreicht.[6] Was haben diese Erfahrungen für Auswirkungen auf das heutige Verhalten als Verkäufer?

Jetzt sind genau diese Menschen als Verkäufer unterwegs und begeben sich ständig in diese Situationen. Das geht dann zum Teil soweit, dass sie sich über ein erfolgreiches Geschäft gar nicht mehr freuen können, weil sie im Innersten wissen, dass es die nächsten Male die gleiche Prozedur ist. Außerdem müssen sie sich wirklich jedes Mal von Neuem motivieren, weil jedes neue Gespräch die gleichen Parameter bietet.

Da der Mensch ein Wesen ist, was im tiefen Unterbewusstsein Schmerz vermeiden und Freude erreichen möchte, wird er sich zwangsläufig als Verkäufer eine Schale bzw. Schutzhülle aufbauen und mit der Zeit immer glatter und emotionsloser werden, um diese Ablehnung nicht so deutlich spüren zu müssen. Damit geht aber die Menschlichkeit und Authentizität ein Stück verloren und das Gefühl bei den Kunden, ein Verkäufer will sowieso nur sein Geld, wird dadurch stärker. Ein Verkäufer tendiert dann auch dazu, einfach nur schnell zum Abschluss zu kommen. Denn je schneller er den Abschluss hat, umso weniger Ablehnung kann er bekommen.

Von der Angst vor Ablehnung ist es auch nicht weit bis zu einer weiteren Urangst des Menschen. Die Angst davor, allein zu sein. Durch die ganze Ablehnung, die man im Verkauf zwangsläufig bekommt, kann man schon mal das Gefühl haben, dass einen keiner wirklich mag. Gute Bekannte suchen manchmal weniger Kontakt, aus Angst, dass ihnen irgendwas verkauft werden könnte. (Zumindest bei denen, die an private Endkunden etwas verkaufen.) Teilweise aus realer Erfahrung ganz oft auch einfach durch Hörensagen über zig Ecken. Ein wichtiger Grund, warum gerade authentische und wahrhaftige Menschen nicht ihr Glück in einem verkäuferischen Beruf suchen, weil sie diese eventuellen Konsequenzen vermeiden wollen. Eigentlich sehr schade, denn wir benötigen solche Verkäufer in der heutigen Zeit.

Durch die Ablehnung und das Vermeiden schlechter Gefühle entsteht eine Art Zwang, sich immer in eine positive Haltung zu verankern. Egal, wann ich diese Verkäufer frage, wie es Ihnen geht, es ist immer alles super, die Umsätze laufen gigantisch, es ist das beste Jahr in der eigenen Geschichte, die Kunden stehen Schlange und die Welt ist rosarot. Ich kann den Misserfolg und den Frust schon im Gesicht ablesen, da braucht der Mensch noch gar nichts sagen. Aber Schwäche zeigen und Probleme anerkennen, ist ein Zustand, der nicht gelebt werden darf. Ich werde in diesen Bereich später noch tiefer eintauchen.

Diese Spirale geht in eine völlig falsche Richtung. Menschen, die meiner Meinung nach für den ehrlichen Verkauf prädestiniert sind, bleiben diesem Beruf fern, weil Sie glauben, es nur mit entsprechenden rhetorischen Tricks schaffen zu können und immer eine heile Welt vorspielen müssen. Genau das wollen diese Personen aber nicht. Deshalb geht ein großer Teil wirklich authentischer Verkäufer verloren.

Vielen Menschen ergeht es schließlich so, dass die Angst bewusst oder unterbewusst dominiert. Die Angst, dass etwas Unangenehmes passiert, wird zur gefühlten Realität. Es ist bestimmt Zufall, dass man das Wort Angst folgendermaßen zerlegen kann. **A**nnahme, **n**egative **G**edanken **s**ind **T**atsache.

Die Angst, den Telefonhörer in die Hand zu nehmen und anderen Menschen seine Produkte anzubieten, erfordert so viel Energie und erzeugt eine enorme Angst, weil alle möglichen negativen Szenarien durchgespielt werden. Ich kenne so viele Menschen, die richtig gute Produkte oder Dienstleistungen anbieten und die viele begeisterte Kunden haben und dennoch haben sie eine fast schon zerstörerische Angst, Menschen anzurufen und anderen etwas zu verkaufen. Viele meiden sogar das Wort Verkauf und ersetzen es durch Beratung. Ich bin ein Freund der Ehrlichkeit und wenn ich von der Provision eines verkauften Produktes lebe, muss ich von Verkauf sprechen. Ein Anwalt berät. Den rufen Sie an und er sagt Ihnen, was er pro Stunde Beratung verlangt. Vielleicht ist auch das eine Lösung. Beraten Sie auf Stundenhonorar und empfehlen Sie die Produktlösung und zeigen dem Kunden Wege auf, wo er diese bekommt. In allen anderen Fällen ist es wichtig, auch von Verkauf zu sprechen. Woher diese Angst kommt, ist sehr vielschichtig. Zum einen ist es die schon angesprochene Angst vor Ablehnung. Diese Menschen haben auch Schwierigkeiten, allgemein mit Menschen in Kontakt zu kommen. Vielleicht hilft es Ihnen, den Abschnitt über den Verkauf aus Sicht des Kunden zu lesen, um etwas mehr die Kunden zu verstehen und dadurch auch die Angst Stück für Stück zu verlieren.

Auf der anderen Seite möchte ich speziell das Gefühl Angst von einer positiven Seite aus betrachten. Angst ist ein Gefühl, was stark fehlinterpretiert wird und den Anschein hat, dass es einen nur bremst. Tut es das wirklich? Angst ist ein sehr guter Ratgeber. Angst ist das Gefühl, was uns im Hier und Jetzt völlig fokussiert auf die aktuelle Situation sein lässt. Wenn ein Mensch mit Spinnenphobie eine Spinne im Zimmer erblickt, denkt er in dem Moment nicht an den letzten Mallorca-Urlaub. Er ist ganz im Hier und Jetzt. Die Kunst ist es, so viel Energie und Handlungskraft zu haben, eine Lösung zu kreieren. Stehen zu bleiben und sich tot zu stellen, ist die schlechteste Lösung, denn dann bleibt die Situation und es verändert sich nichts.

Angst vor dem Telefon zu haben, ist aus verschiedenen Gründen betrachtet völlig normal. Erstens ist die Gefahr nun mal gegeben, dass Sie abgelehnt werden, womit Sie mit einer Urangst konfrontiert werden. Zweitens merken Sie, dass Sie noch Gefühle haben und drittens sind Sie durch dieses Gefühl zu 100 Prozent im Hier und Jetzt. Fokussiert auf die kommende Aufgabe. Jetzt jemanden anzurufen, vorbereitet zu sein, was alles passieren kann und es trotzdem zu tun, ist der beste Weg, der Angst lösungsorientiert zu begegnen. Das alles ohne eigene Verleumdung oder Selbstlüge. Wenn es Ihnen hilft, schreiben Sie sich im Vorfeld alles auf, was passieren kann. Bitte schreiben Sie auch die positiven Dinge auf, die passieren können und in der Vergangenheit auch schon passiert sind. Sehen Sie, wie in den letzten Beispielen, beide Seiten und tun Sie dann Ihren Job. Das ist langfristig deutlich gesünder und authentischer, als sich von diesen negativen Emotionen abzuschneiden und zu einer Spielfigur zu werden.

Es wird höchste Zeit, dass wir den Status des Verkäufers neu definieren und bewerten. Ohne Verkäufer geht in einer Gesellschaft nichts. Wir wären nicht da, wo wir heute sind. Stellen Sie sich vor, Edison hätte zwar die Glühbirne erfunden, aber keiner wollte das Produkt verkaufen, weil es damals ein totales Novum war. Sind wir nicht alle dankbar, dass tolle Produkte durch Verkäufer ihren Weg zu uns und in unser Leben gefunden haben?

Es geht auch anders. Sie können authentisch und ehrlich sein, Ihre Gefühle nicht unterdrücken und gerade deshalb erfolgreich verkaufen. Nur gleich vorne weg. Auch hier wird es Neins und Ablehnung geben. Ich werde Ihnen einen Weg aufzeigen, wie Sie anders damit umgehen können.

Steigende Konkurrenz

»Konkurrenz ist der Spaß,
anderen den Spaß zu verderben.«
Manfred Hinrich

Mario Basler soll mal gesagt haben: Fußball ist eine tolle Sportart, wenn nur die Rennerei nicht wäre. Ähnlich verhält es sich im Verkauf. Verkaufen ist ein toller Beruf, wenn nur die Konkurrenz nicht wäre. Ein Traum, wenn man ein Monopol hat. Das ist leider nur sehr wenigen Firmen auf der Welt gelungen und im Sinne eines ehrlichen Verkaufes und dem Fokus auf dem Nutzen des Kunden auch nicht wünschenswert. Ich bekomme immer häufiger das Feedback aus Trainings, dass die Konkurrenz immer schlimmer und größer wird. Egal, welchen Beruf Sie ausüben, die Konkurrenz wird immer größer. Das kann eigentlich gar nicht sein, auf der einen Seite wird die Produktvielfalt immer größer, auf der anderen Seite soll die Konkurrenz mehr werden? Ich glaube, dass die Transparenz und Überprüfbarkeit immer mehr wird. Der Kunde hat oftmals mehr Wissen über die Sache, für die er sich interessiert, und bessere Zugangswege zu anderen Verkäufern als früher, sodass der Einzelne in seinen Augen mehr kämpfen muss. Wenn Sie versuchen, gerade bei erklärungsbedürftigen Produkten mit dem Internet zu konkurrieren, ist schon im Ansatz einiges schiefgelaufen. Wenn Sie versuchen, eine Preisschlacht mit dem Internet zu starten, werden Sie meistens verlieren. Und wenn Sie nicht wahrhaftig und ehrlich sind, spüren das die Kunden und kaufen genervt die Produkte online, weil sie sich dann nicht mit irgendwelchen nicht-authentischen Beratern abgeben müssen. Ein Freund von mir arbeitete als Verkäufer bei Mediamarkt und meinte, er habe keinerlei Probleme damit gehabt, die Kunden zu überzeugen, bei ihm und nicht im Internet zu kaufen. Die Art und Weise, wie er es getan hat, werden wir später besprechen, weil das auch ein ganz entscheidender Teil ist, erfolgreich zu sein. Wenn Sie dagegen versuchen, Dinge zu kopieren, wegzulassen oder gar zu verschweigen, werden Sie täglich kämpfen müssen.

> Ich bin der Überzeugung, dass in den kommenden Jahren nur noch der Erfolg hat, der zu 100 Prozent ehrlich, wertschätzend, achtsam und wahrhaftig ist.

Ich bin sogar der Überzeugung, dass diesen Menschen die Zukunft gehört, weil die Gesellschaft aufgrund einer immer weiter voranschreitenden Virtualisierung den Kontakt zu Menschen braucht und sucht. Wenn Kunden aber angelogen oder übervorteilt werden, können sie auch gleich mit einem Computer einkaufen. Da haben sie wenigstens die Chance, in Ruhe zu vergleichen, abzuwägen und sich die Meinungen anderer Kunden anzuschauen. Auch wenn Sie als Leser wissen, dass der Vergleich als Laie oftmals unmöglich ist, weiß das der Kunde nicht und aus meiner Sicht sind wir als Verkäufer dafür verantwortlich, dass er das auch nicht tut. Dazu müssen wir uns aber verändern. Sollten Sie keine Online-Konkurrenz haben, haben Sie Konkurrenz von anderen Verkäufern. Dazu möchte ich Ihnen nur Folgendes sagen:

> Nur wer seinen eigenen Weg geht, kann Spuren im Schnee hinterlassen.

Wenn Sie andere kopieren, werden Sie immer im Schatten laufen. Es braucht eine Klarheit, wem Sie was zu welcher Zeit anbieten wollen. Es gibt keinen Verkäufer, den alle mögen, der nur die besten Produkte hat, die alle immer brauchen. Anders ausgedrückt heißt das, jeder kann seinen Kundenkreis finden, wenn er bereit ist, sich darüber im Klaren zu werden, wen er will und wie er ihm etwas verkaufen möchte. Plötzlich haben Sie auch keine Konkurrenz mehr, die Ihnen etwas wegnimmt, sondern nur noch Menschen, die einfach woanders kaufen. Und das dürfen sie auch. Ich für mein Teil mache mir Gedanken, was kann ich beim nächsten Mal besser machen, passt der überhaupt in meine Zielgruppe und vielleicht war es auch gut, dass dieser nichts gekauft hat. Was hier hilft, ist, wenn man eine ausreichend große Anzahl an Interessenten hat. Dann tut ein Nein auch nicht so weh.

Burn-out

»Die menschliche Kraft besteht nicht in den Extremen, sondern in ihrer Vermeidung.«

Ralph Waldo Emerson

Der Höhepunkt dieser ganzen negativen Spirale ist für den Verkäufer im Laufe der Zeit die Entstehung von einer Krankheit mit dem berühmten Namen Burn-out.

Wie kommt es zu dieser Krankheit? In vielen Vertrieben und Verkäuferstrukturen gibt es diesen legendären Satz:

> Nur wer brennt, kann andere entzünden.

Dem stimme ich zu 100 Prozent zu. Nur wer von einem Produkt begeistert ist, kann dies auch authentisch rüberbringen und Kunden gewinnen. Eine Krankheit wie Burn-out kann aus diesem Blickwinkel auf zwei verschiedene Arten entstehen.

Zum einen ist es nur eine zwingende Folge, wenn Sie über einen längeren Zeitraum etwas verkaufen, was Sie entweder selbst gar nicht haben wollen, oder nicht richtig dahinterstehen. Völlig egal warum. Vielleicht finden Sie den Preis zu hoch, die Qualität zu schlecht, die Konkurrenz besser usw. Sie kämpfen jeden Tag mit der Tatsache, nicht das Richtige zu tun. Bewusst oder unbewusst leben Sie von der Substanz ihres Körpers, weil Zufriedenheit und Glück ein wesentlicher Bestandteil der Energiegewinnung ist. Der Psychologe Dieter Zapf hat in einer Studie herausgefunden, dass Nett-Sein wider Willen zu Stress führt und es ungesund ist, anderen Gefühle vorzuspielen.[7] Sollten Sie über einen längeren Zeitraum gut gelaunt sein müssen, obwohl es Ihnen gegen den Strich geht, brennen Sie im wahrsten Sinne des Wortes aus, weil es dem Körper an die Substanz geht. Wenn Sie kein Öl ins Auto geben, wird es mit Sicherheit irgendwann einen Motorschaden geben. Psychologen der Universität Jena haben die schon lange im Raum stehende Theorie von Sigmund Freud untersucht und bestätigt. Wer lange seine unangenehmen Gefühle unterdrückt, wird krank. Wenn diese Menschen unter Druck gesetzt werden, reagieren diese mitunter sehr heftig. Schweißausbrüche, höherer Pulsschlag und früher oder später treten auch Krankheiten auf.[8]

In unserer Gesellschaft hat Burn-out die Wirbelsäulenerkrankung von Platz 1 der Berufsunfähigkeitserkrankungen abgelöst. Die wenigsten wollen das wahrhaben und glauben immer noch, dass es Krankheiten wie Krebs, Herzinfarkt oder Probleme an der Wirbelsäule sind.[9] Gerade im Verkauf, wo die psychische Belastung enorm ist, ist eine radikale Ehrlichkeit sich selbst gegenüber der essenzielle Bestandteil für ein zufriedenstellendes Leben. Aus diesem Grund gibt es dafür ein komplettes Kapitel.

Zum anderen haben ich für den Satz »Nur wer brennt, kann andere entzünden« eine kleine aber entscheidende Ergänzung.

Nur wer brennt, kann verbrennen.

Das klingt im ersten Moment recht witzig, hat aber tragische Auswirkungen auf den Verkäufer. Ich meine all die Menschen, die so dogmatisch gut gelaunt sind und keinerlei negative Gefühle, Argumente oder Hinweise zulassen. Menschen, die eine Art eingefrorenes Dauerlächeln an den Tag legen. Ich bin ein äußerst positiv denkender Mensch, sehe da aber große Unterschiede zur großen Masse der Verkäufer. Für einen ist das Glas halb leer, für den anderen halb voll. Anders ausgedrückt. Wenn Sie von ursprünglich 1000 € Urlaubsgeld 500 € ausgegeben haben, würde der negativ ausgerichtete Mensch traurig sein, dass schon 500 € weg sind. Sein Fokus ist die ganze Zeit auf Mangel und auf Benachteiligung ausgerichtet. Der übertrieben positiv denkende Mensch gibt noch mal 1000 € aus, weil er den negativen Hinweis, dass schon 500 € weg sind, nicht hören möchte. Oder aber, weil er ganz sicher nächste Woche wieder 1000 € verdient. Er lebt hauptsächlich von Glaube und Hoffnung. Ich dagegen freue mich, dass ich für 500 € schon einen schönen Urlaub hatte und freue mich auf einen weiteren für 500 €. Positiv denken heißt nicht, dass ich bei Glatteis 180 km/h fahre, das ist verrückt. Positiv für mich heißt, dass ich sehr wohl das Negative sehe, anspreche und versuche, die Dinge beim nächsten Mal besser zu machen. Verdrängen ist in diesem Fall ein schlechter Ratgeber. Raten Sie mal, woher ich das weiß? Ich gehörte eine ganze Zeit lang zu diesen Menschen. Schlechte Gefühle braucht kein Mensch, ich kann diese Gefühle selbst steuern und entscheiden, welche ich zulasse und welche nicht. Die Konsequenz ist, dass sich diese Menschen von ihrem emotionalen Körper abschneiden und wie ferngesteuert durch die Gegend laufen. Das Perfide an diesem Spiel ist, dass die meisten es nicht merken oder wahrhaben wollen. Sie ignorieren auch kritisches Feedback, weil das wieder negativ oder sogar destruktiv wäre. Diese ständig aufgesetzte gute Laune ist ab einem bestimmten Level Gift für Körper, Geist, Seele und Umsatz. Die anderen spüren das oft wesentlich früher, als derjenige selbst. Die Person wirkt schlicht gesagt, unecht, man hat das Gefühl, dass derjenige eine Maske trägt. Etwas zu sagen ist meistens so effektiv, wie zu versuchen, die Alpen mit einem Hammer zu zerkleinern. Man ist in den Augen dieser Personen nicht richtig ausgerichtet, lässt negative Gefühle zu usw. Da hilft es nur, zuzusehen, wie diejenigen in ihren eigenen Abgrund laufen. Irgendwann spüren es die betreffenden Menschen dann schon selbst. Als Selbstständiger merkt man es langfristig an sinkenden Umsätzen. Was machen dann die meisten? Mehr von dem, was sie kennen. Sie werden noch glatter, unausstehlicher usw. Ein Teufelskreis. Irgendwann platzt dann etwas. Der Umsatz bricht ein, die Beziehung zum Partner leidet, der Chef oder die Kunden nehmen Abstand oder kündigen oder die Gesundheit spielt verrückt. Man ist im wahrsten Sinne des Wortes ausgebrannt oder leer. In diesem Fall weiß man oftmals noch nicht einmal warum. Man hat doch immer positiv gedacht, sich die guten Dingen visualisiert, genauso wie es die Literatur vorgeschlagen hat.

Hierzu noch ein weiteres Beispiel:

Stellen Sie sich mal vor, Sie leben auf einer einsamen Insel und denken übertrieben positiv ohne sich mit dem Negativen zu beschäftigen. Irgendwann gelingt ihnen ein Blick auf eine entferntere Insel, auf der lauter Menschen des anderen Geschlechtes feiern und Spaß haben. Sie denken sich, wow, das ist ja noch positiver, da schwimme ich mal schnell rüber und habe mit denen zusammen Spaß. Sie hüpfen vor Freude ins Wasser, an nichts anderes denkend, wie rosig die Zukunft sein wird und schwups landen Sie im Magen eines Alligators. Vor lauter positivem Denken haben Sie die kleinen Eidechsen im Wasser übersehen. Der negativ denkende Mensch sieht diese Alligatoren natürlich, da er auf diese negativen Dinge fokussiert ist und ist direkt frustriert, dass sein Leben mal wieder nichts Schönes bereithält, sondern ihn immer nur quälen will. Der neutral- oder lösungsorientiert denkende Mensch sieht die Menschen, freut sich über das, was auf ihn zukommt, schaut sich den Weg an und wägt Vor- und Nachteile ab. Er sieht die Gefahren und denkt lösungsorientiert. Dabei schätzt er das Risiko ein und kann danach entscheiden, ob er bereit ist, die Gefahren auf sich zu nehmen. Oder er entscheidet, ein Floß zu bauen, damit diese Tiere ihm nicht in die Quere kommen. Angst ist dabei ein sehr guter Ratgeber. Das ist der Mut, trotz seiner Angst und bei vollem Bewusstsein im Hier und Jetzt zu handeln. Vor allem handeln Verstand und Emotionen im Einklang. Ein Freund von mir ist Fallschirmspringer. Er erzählte mir einmal von dem Gefühl, dass er und seine Kollegen haben, wenn die Tür des Flugzeuges aufgeht. Das ist Angst. Er meinte, wenn er da oben 4000 Meter über dem festen Boden fliegt und die Flugzeugtür sich öffnet, spüre er keine Liebe. Die Angst darf einen nur nicht lähmen, dass wäre kontraproduktiv. Mut heißt, alles abzuwägen, sich gut vorzubereiten und trotz Angst oder gerade wegen der Angst zu springen.

Mut heißt Handeln in der Angst.

Beschäftigen Sie sich mit sich selbst, gehen Sie gut mit sich um und seien Sie ehrlich mit sich, dann wird es eine »Krankheit« wie Burn-out schwer haben, Sie zu infizieren.

Lächeln ist wichtig und für einen fordernden Beruf sogar existenziell. Es darf nur nicht übertrieben betrieben werden oder sogar aus einem falschen Verständnis heraus aufgesetzt sein. Es muss ehrlich und von innerster Überzeugung und Kraft heraus kommen. Dann wirkt es ansteckend, macht erfolgreich und gibt mehr Energie, als es kostet.

Verkäufer fühlen sich aus den angesprochenen Gründen oft unwohl. Aber auch Kunden haben so ihre Probleme mit Verkauf und Verkäufern.

Aus der Sicht eines Kunden

Werbung

»Werbung reibt die Wünsche in die Augen.«
Thomas Alva Edison

Da es Kunden sind, die wir gewinnen wollen und ich ein Fan davon bin, aus der Sicht meiner Zielgruppe zu schauen, sollten wir uns einen Moment den Blickwinkel eines Kunden gönnen. Da Sie auch regelmäßig Kunde sind, können Sie sich bestimmt sehr leicht hineinversetzen.

Haben Sie schon mal gezählt, wie oft Sie am Tag gebeten, zum Teil sogar genötigt werden, etwas zu kaufen? Und das nicht nur von realen Personen.

Produkte, die mit ihren Logos in der Wohnung stehen, Fernsehwerbung, Printwerbung im Briefkasten, in Zeitungen, Schaufensterwerbung, Sonderangebote, Promotionsstände in den Fußgängerzonen, Gewinnspiele, verbotene Akquise am Telefon, Freunde, E-Mail-Newsletter oder Werbung in und am Rand von irgendwelchen Webseiten, die Ihnen irgendeine tolle Idee präsentieren usw.

Wenn Sie innerlich auf alle Werbeimpulse mit einem Kaufreiz reagieren würden, sind Sie nach spätestens 5 Minuten pleite.

Das Gehirn ist eine gigantische Maschine und in der Lage, all diese Informationen um sich herum aufzunehmen. Das hat leider auch einen Nachteil. Um das Bewusstsein nicht in den totalen Wahnsinn zu treiben, fällt das Unterbewusstsein in Bruchteilen von Sekunden Entscheidungen, die mit ja oder nein zu tun haben. Und bei einem derartigen Überangebot, wie es in der heutigen Zeit existiert, ist es überlebenswichtig, dass in 99,9 Prozent aller Fälle bei materiellen Angeboten ein Nein die erste Entscheidung sein muss. Das ist eine Art Selbstschutz. Auf der anderen Seite ist die Marketingmaschinerie teilweise so gut, dass sie die Menschen doch überzeugt, sich mit den Produkten zu beschäftigen und Lust macht, die Produkte zu kaufen.

Mir ist aufgefallen, dass gerade die Fernsehwerbung nicht mehr versucht, eine tolle oder besonders schöne Werbung zu machen. Es geht in der heutigen Zeit nur noch darum, möglichst »merkwürdig« in das Gehirn des Endverbrauchers zu kommen.

Sie kann schlecht, abstoßend oder sonst was sein, Hauptsache, man unterhält sich darüber. Polarisieren heißt das Wort. Schlechte Publicity ist eben für viele doch gut. Andere werden neugierig, informieren sich proaktiv (und sei es nur aus reiner Schadenfreude, wie blöd wieder irgendeine Werbung geworden ist) und merken gar nicht, wie sie hineingezogen werden. Sprüche wie »Geiz ist geil« etablieren sich in unserem Wortschatz.

Neben der gefühlten unendlichen Flut von Lockangeboten kommt verschärfend hinzu, dass ein Käufer völlig überfordert bei der Auswahl der Produkte für seine Wünsche ist.

Stellen Sie sich vor, jemand hat sich überlegt, was er gerne hätte, beispielsweise eine Digitalkamera. Jetzt geht das Dilemma erst richtig los. Wo soll er kaufen, welche Marke, wie kann er den Unterschied zwischen Preis und Leistung erkennen etc. Er geht in ein Elektrogeschäft und lässt sich beraten. Er geht in ein zweites Geschäft und lässt sich beraten. Beide Verkäufer haben sehr logisch klingende Argumentationsketten und erzählen glaubwürdig, warum ein bestimmtes Produkt besser ist, als das andere. Blöd nur, dass es in zwei Geschäften zwei verschiedene Empfehlungen gibt. Im Prinzip müsste man in so viele Geschäfte gehen, bis ein Produkt mindestens zwei Mal empfohlen wird.

So viel Zeit haben wir heutzutage nicht. Ein Teufelskreislauf, der einen total unzufrieden machen kann. Denn von Hause aus haben alle Menschen ihr Leben gerne unter Kontrolle. In so einem beschriebenen Fall sind sie ohnmächtig anderen Menschen ausgeliefert und müssen notgedrungen vertrauen.

Ich selbst war mal als Käufer in einem großen bekannten Elektrounternehmen, weil ich eine Soundanlage für meine Trainings und Vorträge benötigte. Ich hatte ein gewisse Preisvorstellung und mir fiel direkt ein Produkt auf, das in diesen Bereich fiel. Zudem hatte sie noch einen schönen Bogen um die Lautsprecher herum, der sehr gut aussah und vor allem praktisch zum Tragen war. Da ich viele Dinge vom Auto in Hotels und wieder zurücktragen musste, fand ich das für mich sehr brauchbar. Als i-Tüpfelchen war dieses Produkt sogar noch von der Marke meiner häuslichen Stereoanlage. Ich hatte also schon gekauft, bevor der Verkäufer zu mir kam. Nun bin ich auch ein Forscher und dachte, mal schauen, wie der Berater das jetzt macht. Auf meine Frage, dass ich so ein Gerät suche, ging er direkt zu einem Produkt, was zwar günstiger, aber vom Sound, den er abspielte, völlig daneben war. Er fragte auch nicht ein einziges Mal, was ich denn im Detail für Vorstellungen hätte. Er ging dann zum nächsten Produkt desselben Herstellers und was soll ich sagen. Übler Sound und dann noch über meinen Preisbudget, was übrigens auch nicht abgefragt wurde. Schließlich fragte ich ihn direkt, was denn mit dem speziellen Produkt sei, was ich mir ausgesucht habe. Er meinte, dass das nichts taugen würde und spielte mir noch nicht mal etwas vor!!!!! So verließ ich den Laden völlig frustriert ohne ein Produkt zu kaufen.

Ein paar Wochen später war ich in einer anderen Filiale in Süddeutschland und startete einen erneuten Versuch. Ich ging auf einen Verkäufer zu und stellte meine gleiche Frage. Davon mal abgesehen, dass auch dieser Verkäufer sich nicht wirklich für meine tieferen Wünsche interessierte, ging er direkt zu genau dem Produkt, was ich wollte. Er schloss sein Smartphone an, wählte ein tolles Stück aus und drehte den Sound so weit auf, dass er den ganzen Laden zum Beben brachte. Ich war begeistert und holte mir den Karton aus dem Regal. Ich konnte mir aber die Frage nicht verkneifen, warum mir ein Kollege aus einer Filiale in meiner Heimatstadt diese anderen Produkte empfohlen hatte, die hier auch zur Auswahl standen. Die Antwort war verblüffend wie logisch. Er meinte, dass diese Produkte entweder eine höhere Gewinnmarge haben oder aus dem Lager raus mussten und er die Vorgabe hatte, diese loszuwerden.

Wie würden Sie sich als Kunde in dem Moment fühlen?

Zusammengefasst geht es vielen Kunden folgendermaßen:

Werbung ohne Ende, Überangebot, Verkäufer, die sich nicht für einen interessieren. Verkäufer, die nur nach Ihrem Profit und dem schnellen Verkauf schielen, eine Qualität, die der Kunde nicht mehr selbstständig prüfen kann und und und. Da kauft man doch lieber im Internet, da nervt einen wenigstens keiner und man hat das Gefühl, die Kontrolle zu haben.

Verdienst nach Zeit und nicht nach Ergebnissen

> *Ein Trainingsteilnehmer erzählte mir seine sehr berührende Geschichte, die er im Verkauf erlebt hat:*
>
> *Er hatte während einer Anlageberatung einem sehr wohlhabenden Kunden ein Finanzkonzept erstellt, das zu 100 Prozent den Bedürfnissen des Kunden entsprach. Dieser war so begeistert, dass er alles sofort umsetzte und sich mehrere Male herzlich bedankte. Auf der Heimfahrt ist dem Verkäufer bewusst geworden, dass er in gerade mal 2 Stunden Arbeit über 3000 € verdient hat. Dafür musste er vorher in seinem alten Job fast einen Monat arbeiten. Er fing noch im Auto an zu weinen, weil er ein schlechtes Gewissen bekam. Wie kann das sein? Er hat einen Kunden total glücklich gemacht, echten Mehrwert geschaffen und für das Erreichen dieses Ergebnisses ein Honorar bekommen und war trotzdem total unglücklich.*

Angenommen, er würde das Ergebnis normalen Angestellten erzählen, ich weiß nicht, wie viele das verstehen würden.

Gerade selbstständige Verkäufer werden nach Ergebnissen bezahlt und nicht nach Stunden. Deshalb haben gute Verkäufer oft ein Leben, was außerhalb einer normalen 40 Stundenwoche liegt. Die Arbeitszeiten sind nicht mit einem normalen 9.00 Uhr bis 17.00 Uhr Job zu vergleichen. Ein guter Verkäufer ist durchaus auch in der Lage, mit wenig Einsatz viel Geld zu verdienen. Das heißt aber nicht gleich, dass er unseriös arbeitet. Wenn man nicht genau weiß, wie diese Art der Arbeit funktioniert, kommt man schon wieder in die Verlegenheit, diese Menschen in eine Schublade zu stecken. Das Ergebnis kann man an dem Beispiel sehen. Menschen tun was Gutes und fühlen sich hinterher schlecht, weil die Art Geld zu verdienen angeblich nicht in ein normales Berufsbild passt.

Die allermeisten Menschen in unserer Gesellschaft sind es gewohnt, nach Zeit zu arbeiten und bezahlt zu werden. Sie wissen, man muss 40 Stunden arbeiten und bekommt, je nach Ausbildung, mehr oder weniger pro Stunde. Kaum einer hat gelernt, eine Aufgabe zu bekommen, diese zu lösen und eine Bonifikation zu bekommen, egal, wie lange es dauert. Das heißt nicht, dass diese Menschen schlechte Arbeit leisten. Ganz im Gegenteil. Der Druck auf Angestellte wird immer höher und die Arbeitszeiten immer länger. Umso verwirrender kann es sein, wenn ein Verkäufer mit 3 Stunden am Tag das Gleiche verdient. Die Arbeitsweise ist einfach anders. Dazu kommt das Dauergefühl, dass in den Medien suggeriert wird: Nur Menschen, die hart arbeiten und sich aufopfern, sind die Guten. Es ist eine Form von Neid, Missverständnis oder einfach nur Unwissenheit, dass Menschen ein Bild von Verkäufern haben, dass diese nicht arbeiten und mit wenig Aufwand viel Geld verdienen. Wenn diese Menschen dann im Nachbarhaus einen Verkäufer sehen, der vielleicht den Rollladen noch unten hat, wenn sie zur Arbeit gehen und auch schon wieder zu Hause ist, wenn sie kommen, wirft das Fragen auf. Als mich der Vater eines Freundes besucht hat und sah, wie ich in meinem Büro zu Hause Kundenaufträge bearbeitet habe, fragte er, warum ich denn nicht bei der Arbeit wäre. Er konnte nicht verstehen, wie ich vom Büro meiner Wohnung aus Geld verdienen kann. Wir als Verkäufer müssen diesen Menschen mehr Verständnis entgegenbringen, da wir nicht erwarten können, dass sie es für uns tun. Dafür ist das Leben eines Verkäufers zu weit weg von der Normalität.

Angst

»Aus Angst, die falsche Entscheidung zu treffen, traf er keine, das war die falsche.«

Helmut Peters

Ein weiterer Aspekt ist, dass viele Menschen sich schon von Grund auf nicht entscheiden können. Sie haben Angst, etwas Falsches zu kaufen, blöd dazustehen oder zu bemerken, dass sie etwas mehr hätten recherchieren sollen. Da sie das Bild im Kopf haben, dass ein Verkäufer sowieso nur verkaufen will und nicht auf die Bedürfnisse achtet, wird im ersten Moment einer Präsentation wenig Wert auf seine Ausführungen gelegt. Man wartet, bis er endlich den Preis, die Hürde oder sonst was aus dem Sack lässt. Gerade bei Produktpräsentationen in irgendwelchen Hotels ist der Kunde in einer Habachtstellung, weil er ständig befürchtet, irgendwo irgendwas verkauft zu bekommen. Ganz schlimm ist es, wenn das Unternehmen nicht von Anfang an den Menschen reinen Wein einschenkt. So wartet der Kunde den ganzen Abend, wann denn der Verkauf beginnt. Wann lassen sie die Katze aus dem Sack. Kommt das zu später Stunde, sieht man sich sogar in seiner Angst bestätigt und ist sauer. Das führt dann dazu, dass sie überhaupt nichts kaufen oder in irgendwelchen Testheften oder Internetforen die Weisheit der Produktwelt suchen. Sie erhoffen dort eine unabhängige Information zu erhalten, die sie beim Kauf eines Produktes unterstützt. Viele wissen auch nicht, dass auch Testhefte oft sehr einseitig bewerten. Wenn auf einem Duschgel »sehr gut« steht und im Kleingedruckten auf dem Aufkleber steht, dass 6 Duschgels getestet wurden, frage ich mich immer direkt: Und die anderen? Sind wahrscheinlich besser, wurden aber in dem Test nicht mit berücksichtigt. Diese Angst lähmt viele Menschen und ich glaube, dass vor allem aus diesem Grund den Verkäufern eingetrichtert wird, dranzubleiben, das Gut zu verknappen und mit der Angst zu spielen. Diese Menschen haben aber auch Wünsche und Bedürfnisse. Legt man darauf seinen Schwerpunkt, das heißt auf den Menschen als Person und nicht das Produkt, wird das Verkaufen seiner Produkte wesentlich einfacher und gleichzeitig ist das Gespräch auf einer ganz anderen, positiveren Basis aufgebaut.

Verhaltensweisen

Auch wenn ich ein großer Verfechter bin, Kunden respektvoll und wertschätzend zu begegnen, gelingt es dennoch nicht immer, Sie von meiner Dienstleistung zu überzeugen. Es gibt dabei verschiedene Verhaltensweisen, die mir aufgefallen sind, bei denen ich als Verkäufer absolut nichts daran ändern kann. Das macht den Menschen an sich nicht weniger wert und gleichzeitig ist es wichtig zu erkennen, wann aus verkäuferischer Sicht das Gespräch beendet werden sollte. Privat kann es immer noch weiter gehen. Darum geht es nicht. Es dient allein dazu, zu bemerken, der Kunde will aus verschiedenen Gründen nicht mein Produkt nutzen. Es sind subjektive, aus der Sicht des Kunden betrachtete, Schutzhüllen, um nicht in ungewünschte Situationen zu geraten. Auch wenn Sie denken, dass das Produkt für den betreffenden Menschen perfekt geeignet wäre, ist es dennoch die Entscheidung des Kunden, nichts zu kaufen.

Folgende Verhaltensweisen sind mir bisher hauptsächlich begegnet.

Entscheidungsschwäche:

Je größer eine Investition ist, umso größer braucht es auch von einem Kunden den Mut, eine Entscheidung zu treffen. Das können aber leider nicht alle. Vor allem die ständige Angst, die falsche zu treffen, sorgt dafür, dass sie sich im Zweifel gegen den Kauf entscheiden. Die Ökonomin und Psychologin Sheena Iyengar von der Columbia University in New York hat zusammen mit ihrem Kollegen Mark Lepper die Auswirkungen der Entscheidungen bei der Auswahl von Marmeladen untersucht. Das Ergebnis ist für Verkäufer hoch interessant. Je größer das

Angebot war, umso interessierter waren die Probanden, desto weniger haben sie aber gekauft.[10] Das heißt, für Sie als Verkäufer geht es darum, dem Kunden die Auswahlmöglichkeit einzugrenzen, indem Sie Fragen stellen und ihm danach Empfehlungen aussprechen. Dabei sollten sie so wenig Produkte wie möglich empfehlen, denn sonst ist ein Kunde meistens überfordert. Auch das heißt nicht zwangsläufig, dass der Kunde jetzt eine fundierte Entscheidung treffen kann. Manchmal steht er sich einfach selbst im Weg. Über das Thema der Auswahlmöglichkeiten werde ich im letzten Kapitel näher schreiben. Je höher der Preis eines Produktes ist, umso mehr muss ein Kunde sich Gedanken machen und umso mehr hat er oftmals das Gefühl, wenn es das falsche ist, hat er in seiner Recherche versagt. Da kauft er lieber nichts. Dieses »Ich stelle mich tot«-Verhalten hilft im Prinzip keinem, soll Ihnen aber die Möglichkeit geben, etwas mehr Verständnis für diese Gruppe von Kunden zu haben. Denn nur wenn so ein Kunde spürt, dass Sie Verständnis haben und auf ihn eingehen, haben Sie eine Chance, dass er sich einen Ruck gibt und bei Ihnen etwas einkauft.

Hakensuche:

Manche Menschen sind so verunsichert, dass sie einfach nicht mehr glauben können, dass es ein Verkäufer gut mit ihnen meint und das Produkt wirklich hilft. Diese sehen in allem nur noch Abzocke und suchen überall und eine Ewigkeit nach dem Haken. Und wenn sie keinen finden, meinen sie, dass dieser nur sehr versteckt ist. Ich vergleiche es gerne mit dem Herren, der im Restaurant sitzt und in seiner Suppe das Haar sucht, weil es nicht sein kann, dass keines drin ist. Er beugt sich solange über den Teller, bis eines seiner Haare sich vom Kopf löst und unsichtbar in die Suppe fällt. Der Herr bemerkt es nicht, weil er so mit Suchen beschäftigt ist. Plötzlich erblickt er das eigene Haar und ruft den Ober zu sich mit den Worten: »Wusste ich es doch, da ist ein Haar in der Suppe.« Meine Erfahrung ist hier, dass es sehr hilfreich ist, auch über die Nachteile offen zu sprechen. Je mehr Sie diese besprechen und ins Verhältnis mit den Vorteilen setzen, desto leichter wird es für den anderen, die Vorteile auch wahrzunehmen. Zeigen Sie Ihrem Kunden die Nachteile, sprich Haken. Das ist fair und ehrlich. Da er sie sowieso vermutet, kann er sich danach leichter auf die Vorteile einlassen und diese auch realistischer ins Verhältnis setzen. Ich habe schon Kunden erlebt, denen ich nur die Nachteile aufgezeigt habe und sie dann gekauft haben. Für mich war das eher verwirrend. Später habe ich verstanden, dass diese Menschen genau das Gefühl brauchen, genau zu wissen, wo der Haken ist. Den Rest glauben sie dann.

Vergleiche:

Es gibt Menschen, die alles und jeden miteinander vergleichen, bis sie überhaupt nicht mehr wissen, wo vorne und hinten ist. Sie holen sich viele Verkäufer zum Gespräch, um alle miteinander zu vergleichen. Sie vergleichen Produkte, die gar nicht miteinander zu vergleichen sind. Allein bei der Auswahl der Handy-Geräte ist für einen Laien ein sinnvoller Vergleich doch gar nicht mehr möglich. Die Menschen versuchen, Preis, Leistung und Qualität zu vergleichen, um so zu einem eigenen aussagekräftigen Ergebnis zu kommen. Dadurch wird die Verwirrung so groß, dass sie entweder gar nichts kaufen oder dort, wo sie das beste Gefühl haben. Des Öfteren habe ich Kunden gefragt, warum sie denn dieses und nicht jenes Produkt gekauft haben. Die Antwort war verblüffend wie logisch. Entweder kam: Der Berater war so nett. Oder: Weil ich ein gutes Gefühl hatte. Und genau da ist Ihre Chance. Sorgen Sie dafür, dass der Kunde sich gut fühlt. Aber nicht durch eine Kommunikations- oder Verkaufstechnik, sondern durch Wertschätzung, Authentizität und respektvolles Auftreten. Sollte er dennoch weiter vergleichen, lassen Sie ihn. Entweder er kommt auf Sie zurück oder er wird sich woanders wohler fühlen. Dann soll das so sein.

Service ohne Bezahlung:

Es wird immer Menschen geben, die egal um was es geht, immer das Produkt haben wollen, was den billigsten Preis hat. Wenn es um einen Mercedes geht, dann aber bitte nur zum Preis eines Golfs. Das heißt, sie hätten schon gerne Qualität oder Service, aber ohne etwas dafür zu bezahlen. Das kann nicht Ihr Kunde sein. Dafür sind Sie zu gut und zu teuer. Nehmen Sie von solchen Kunden Abstand und konzentrieren Sie sich auf Menschen, die Beratung und Knowhow wertschätzen. Davon gibt es nach meiner Erfahrung mehr als genug. Wenn Sie sich mit diesen Leuten aufhalten, haben Sie zu wenig Zeit, die Kunden zu finden, die Beratung suchen und nicht ausschließlich nach dem Preis handeln.

Vertrauensprobleme:

Einige Menschen haben auf Grund ihrer Vergangenheit grundsätzlich das Problem, anderen Menschen zu vertrauen. Viele wollen es und versuchen es, nur stehen sie sich dabei selbst im Weg. Wenn Sie in einem Gespräch sitzen, merken Sie das nicht immer auf Anhieb, vor allem bei denen, die eigentlich wollen. Erst wenn es zu einer Unterschrift kommt, zögern sie und stellen merkwürdige Fragen über Ihre Person und alles Mögliche. Bestrafen Sie sich bitte nicht selbst, als wenn Sie ein schlechter Verkäufer wären. Es liegt oftmals nicht an Ihnen.

Das, was Sie sich zu Herzen nehmen sollten, wenn solche Menschen gehäuft bei Ihnen am Tisch sitzen, ist die Überlegung, warum Sie diese Menschen anziehen und was Sie tun können, andere Menschen kennen zu lernen, die nicht mit diesen Problemen verhaftet sind.

Ich habe auch festgestellt, dass einige von den oben beschriebenen sich doch öffnen und sich mir anschließen, wenn ich den ersten Schritt gehe und sie spüren lasse, dass ich sie wirklich als Mensch sehe und ihre Probleme ernst nehme. Ich gehe nicht über ihre Probleme hinweg. Ganz im Gegenteil, ich widme mich ihren Problemen und Ängsten

Wenn Sie spüren, dass ein Kunde eine Entscheidungsschwäche oder ein Vertrauensproblem hat, bringt es nichts, das zu ignorieren. Sie bestrafen sich letztlich nur selbst. Sprechen Sie es an, zeigen Sie Verständnis, versprechen Sie ihm zu helfen und suchen Sie mit dem Kunden gemeinsam nach Lösungen. Beziehen Sie ihn in Ihre Gedanken mit ein und hören ihm zu. Es ist verblüffend, wie sich die Menschen öffnen, wenn man auf sie eingeht und nicht einfach nur stur sein Skript durchpeitschen will.

Im Prinzip können Sie viele von diesen letzten Gruppen als Kunden gewinnen. Sie müssen manchmal einfach Ihre Berufsbezeichnung verändern. Ein Wechsel vom Verkäufer zum Psychologen hilft, diese Menschen besser wahrzunehmen und auf sie einzugehen. Versuchen Sie nichts zu verkaufen, sondern versuchen Sie sie zu verstehen und deren Probleme zu erkennen. Sollten sie sich nach einer gewissen Zeit nicht öffnen, haben Sie alles versucht und können guten Mutes sein. Wenn Sie merken, dass sie sich öffnen, haben Sie große Chancen, den Auftrag zu bekommen.

Wunsch

»Im Grunde sind es doch die Verbindungen mit Menschen, die dem Leben seinen Wert geben.«

Wilhelm von Humboldt

Letztlich haben nahezu alle Menschen eine tiefe Sehnsucht nach einer echten Begegnung mit ehrlichen Menschen, die einem wirklich weiterhelfen wollen. Kunden wollen gesehen und ernst genommen werden. Wenn sie das mit all ihren Sinnen spüren, haben sie auch Lust, sich zu öffnen und Geschäfte mit diesen Personen zu machen.

Leider gibt es Verkäufer, die das mittels hypnotischen und anderen Techniken ausnutzen und dem Kunden das Gefühl geben, er wäre der König, das aber nicht ernst meinen. Anders ist es mir nicht erklärbar, wie absolut schwachsinnige Produkte mit überzogenen Preisen ihre Abnehmer finden. Ich frage schon manchmal Kunden, warum sie ein bestimmtes Produkt gekauft haben. Als Antwort kam meistens: »Der Berater war so nett.« Jetzt hält diese grenzwertige Form des Verkaufes auch nur eine Zeit und endet spätestens dann, wenn der Käufer merkt, was er für einen Schrott gekauft hat. Da bin ich dem Internet sehr dankbar, dass man sich zumindest grob über die Dinge informieren kann.

Wenn wir all das berücksichtigen, wird wohl deutlich, dass sich viele Menschen danach sehnen, einfach nur in Ruhe gelassen zu werden und gar nichts mehr einzukaufen. Da das natürlich nicht geht, haben sich die Käufer in der heutigen Zeit ein dickes Fell zugelegt. Egal was kommt, es wird erst mal nein gesagt. So kann man sich alle vom Leib halten, die einem irgendwas unterjubeln wollen. Selbst, wenn da eine große Chance oder ein wirklich nützliches Produkt verpasst wird.

Vertrauenskrise

Wir leben in einem Zeitalter der Information und Transparenz. Wir leben auch in einem Zeitalter der immer notwendiger werdenden Authentizität.

> Vor allem das Bewusstsein und die Achtsamkeit für den anderen Menschen gehört meiner Meinung nach zu den wichtigsten Entwicklungen und Erfolgsfaktoren der nächsten Jahre.

Viele behaupten, wir befinden uns in einer Wirtschaftskrise. Wir haben meiner Meinung nach keine wirkliche Wirtschaftskrise. Einen Mann, den ich sehr schätze, Karl Pils, sagte mal:

»Wirtschaftsleben heißt, dass man sich gegenseitig Probleme löst. Wirtschaftskrise wäre dann, wenn es keine Probleme mehr zu lösen gäbe. Da wir aber so viele Probleme haben, wie niemals zuvor, haben wir keine Wirtschaftskrise, sondern eine Wirtschaftsrevolution.«

Die Gesellschaft befindet sich meiner Meinung nach derzeit in einer ganz tiefen Vertrauenskrise. Klingt komisch, wenn man bedenkt, dass wir historisch gesehen in einer Zeit leben, in der es uns so gut gehen sollte wie nie zuvor.

In meiner Welt ist das logisch. Wir haben uns noch nie so wenig mit dem puren Überleben beschäftigen müssen, wie heutzutage. Wir können uns mit allem Möglichen beschäftigen und tun dies auch. Freizeitstress und Selbstverwirklichung ist große Mode. Andererseits ist die Unzufriedenheit auf vielen Ebenen zu spüren. Auch dank der Transparenz von YouTube und anderen Portalen können wir über Jahre inzwischen überprüfen, ob jemand die Wahrheit gesagt hat oder nicht. Da machen Politiker Wahlversprechen und halten sie nicht. Verkäufer preisen die Qualität eines Produktes an, was es nicht halten kann usw. Einer Untersuchung der Beratungsgesellschaft Accenture zur Folge reichen aus der Sicht eines Kunden heute schon kleine Ärgernisse, um einen Produktgeber zu wechseln. Das Brechen der Produktversprechen ist einer der Hauptgründe für Unzufriedenheit. Über 71 Prozent der Kunden hätten dagegen gehalten werden können, wenn man zu dem Problem gestanden und es im Sinne des Kunden gelöst hätte.[11] Früher hat es nur denjenigen selbst unzufrieden gestimmt. Dazu kommt, dass es heute nicht mehr nur den Kunden frustriert, sondern er seinen Unmut in Foren und ähnlichen Internetseiten loswerden kann und diese schnell ihre Verbreitung finden. Das macht den Status des Verkäufers nicht besser, können wir doch die Taten oder Untaten im Netz überprüfen. Diese Situation enthält gleichzeitig enorme Chancen für die kommenden Jahre.

Ich bin der festen Überzeugung, dass Verkäufer, die ihre Versprechen halten oder wenn sie nicht gehalten werden können, die aufkommenden Probleme proaktiv im Sinne des Kunden lösen, eine großartige Zukunft haben.

Wenn es Ihnen zudem gelingt, eine vertrauensvolle, ehrliche und wahrhaftige Beziehung zu Ihren Kunden aufzubauen, werden Sie die Gewinner der nächsten Jahre, wenn nicht Jahrzehnte sein.

In einer Zeit, in der die Produkte immer ähnlicher und vor allem vergleichbarer werden, wird im Prinzip nur noch die eigene Persönlichkeit sich von anderen unterscheiden und damit der Schlüssel zum Erfolg sein.

Wir sind in einer Zeit angekommen, in der Menschen immer stärker nach Empfehlungen fragen, weil da die Chance kleiner ist, daneben zu greifen. Wenn sie es nicht im Bekanntenkreis tun, dann vertrauen sie auf die Empfehlungen und Statements auf den entsprechenden Internetseiten. Es gibt einfach Vertrauen, wenn ein guter Freund oder im Internet ein vermeintlich Gleichgesinnter etwas gekauft hat und mit dem Verkäufer zufrieden war.

Das sollte Ihr Ziel als Verkäufer sein. Bauen Sie ein Image auf, stellen den Dienst an Ihrem Kunden mit Ihrer Dienstleistung oder Produkten an die oberste Stelle und begeistern Sie Ihre Kunden auch nach dem Verkauf. Stück für Stück.

Wertschätzung

Ich möchte untermauern, dass mein Wunsch, Kunden mit Wertschätzung Respekt und Anerkennung zu begegnen und die eigene Profitorientierung in den Hintergrund zu stellen, nicht nur mein Wunsch ist, sondern auch durch Studien belegt wird. Die PR Agentur Edelmann hat in ihrer Markenstudie Brandshare einiges dazu herausgefunden. »Kunden sind zu 80 Prozent der Meinung, dass sich Markenunternehmen nur aus Profitgier für sie interessieren.«[12] Das freut mich auf der einen Seite, denn es bestätigt meine These, dass Kunden nicht blöd sind und es untermauert andererseits meine Hoffnung, dass über kurz oder lang die Verkäufer mit ihren bloßen Techniken nicht mehr weiterkommen. Oftmals ist das heute schon so. Weiter beschreibt Edelmann, dass sich Kunden durchaus bereiterklären, mehr von sich preiszugeben, wenn sie mehr wertgeschätzt werden. Sie wünschen sich weiter, dass die Unternehmen das Feedback ernst nehmen, ihnen zuhören und nach Lösungen suchen. Als weitere Punkte wünschen die Kunden nachhaltiges und ethisches Handeln. Eine Trendstudie des 2b AHEAD ThinkTanks beschreibt es ähnlich. Der Erfolg eines Verkäufers der Zukunft wird davon abhängen, inwieweit er seinem Kunden Anerkennung zollt und nicht mehr davon, mit irgendwelchen Mitteln Aufmerksamkeit zu erregen. Zudem wird es nur noch funktionieren, wenn der Verkäufer werteorientiert berät.[13] Das ist für mich eine Selbstverständlichkeit, scheint aber zumindest bis heute noch nicht die Regel zu sein. Wenn das keine rosige Zukunft für alle ist, die es mit Kunden ernst meinen. Es schlummert hier ein enormes Potenzial, dass nur umgesetzt werden muss.

Machen Sie den ersten Schritt und wertschätzen Sie andere Menschen. Das muss nichts Großes sein. Auch Kleinigkeiten helfen, die Beziehung zu vertiefen. Als kleine Übung können Sie sich mal in einer ruhigen Minute hinsetzen und Menschen notieren, die Sie schätzen. Als Nächstes überlegen Sie wofür? Achten Sie in dem Bereich mal mehr auf das, was sie sind und nicht so sehr auf ihre errungen Statussymbole. Im letzten Schritt können Sie sich Gedanken machen, wie Sie das übermitteln wollen. In Gedanken, per E-Mail oder persönlich. Es ist eine sehr schöne Übung und tut beiden Parteien gut. Vor allem legen Sie den Fokus auf das Positive im Menschen. Das ist ein wichtiger Schritt.

Fazit:

Sie müssen nicht auf Umsatz verzichten, wenn Sie ohne Druck, Ablehnung, rhetorische Tricks oder übertriebenem positiven Denken arbeiten wollen. Sie können sogar mehr Umsatz produzieren. Kunden haben Angst, sind verunsichert und teilweise sogar ablehnend. Tief im Innern hoffen sie auf jemand, der ihnen Gehör schenkt, sie ernst nimmt und ihnen wahrhaftig gegenüber tritt. Stellen Sie Ihre eigenen Ziele in den Hintergrund und es wird Folgendes passieren:

Sie werden eine Attraktivität und Anziehungskraft erlangen, die Ihnen immer wieder Neukunden bringt. Die Zukunft kann Ihnen gehören. Alle notwendigen Werkzeuge erhalten Sie in den folgenden Kapiteln.

Dabei geht es darum, zu 100 Prozent echt zu sein. Deshalb ist es zwingend erforderlich, bevor Sie sich um andere kümmern, bei sich selbst anzufangen.

Im folgenden Kapitel gehe ich darauf ein, wie ich über die letzten Jahre an mir gearbeitet habe. Dabei habe ich mich auf die Punkte beschränkt, die mir den schnellsten und größten Erfolg gebracht haben. Nehmen Sie sich das vom Buffet, was Sie brauchen und von dem Sie glauben, dass es Sie weiterbringt.

2 Erfolg und Misserfolg

Ursachen für Misserfolg

Bevor wir uns mit uns selbst beschäftigen, sollten wir einmal grundehrlich eine Bestandsaufnahme machen. Dies soll ein Arbeitsbuch werden, bei dem Sie hinterher einen großen Schritt erfolgreicher geworden sind. Viele versuchen auf Zielsetzungsseminaren sich auszurichten, Ziele zu definieren, die sie motivieren und inspirieren, los zu legen. Oftmals kommen die Menschen aber nicht da an, wo sie hin wollen. Die ganzen Zielsetzungsseminare funktionieren deshalb nicht, weil es keinen Sinn ergibt, auf etwas hinzurennen, wenn man nicht weiß, wo man steht.

Stellen Sie sich vor, Sie bekommen ein Auto frisch von der Werkstatt, weil Sie mit dem Auto in einer bestimmte Richtung fahren wollen. Sie haben sich ausgerechnet, dass Sie einfach 12 Stunden geradeaus fahren müssen, um an dem Ziel anzukommen, das Sie sich vorgenommen haben. Das Ziel ist klar fokussiert. Leider hat die Werkstatt die Spur leicht verstellt, weswegen Sie ein paar Grad von der Ideallinie fahren. Je weiter Sie fahren und je später Sie es merken, umso weiter sind Sie vom gewünschten Ziel entfernt.

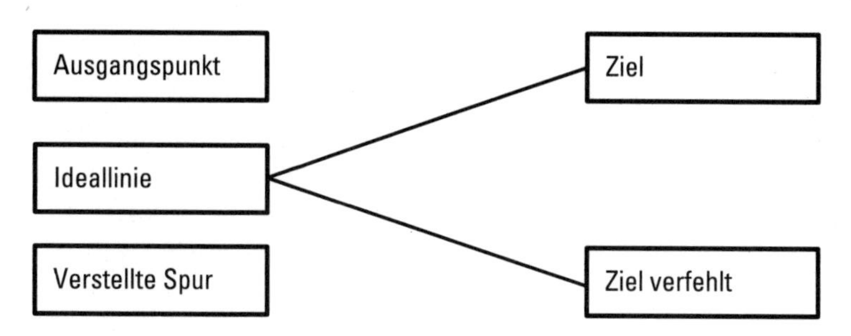

Abbildung 1: Folgen eines unbekannten Standorts

Deshalb sollten Sie wissen, wo Sie stehen. Sich weiter zu entwickeln macht nur Sinn, wenn Sie wissen, in welche Richtung es gehen muss. Dabei ist der Standpunkt von entscheidender Bedeutung. Wenn Sie der Nase nach los laufen, die nach Norden zeigt, Sie aber nach Osten wollen, müssen Sie sich um 90 Grad nach rechts drehen, um Ihr Ziel zu erreichen. Erfolg haben Sie dann, wenn Sie zuerst sehen, wo Sie stehen, danach schauen, wo Sie hinwollen und zum Schluss kritisch die Diskrepanz analysieren. Erst dann wissen Sie, woran Sie konkret arbeiten sollten. Aus diesem Grund möchte ich kurz beschreiben, wo meiner Meinung nach die Faktoren für Erfolglosigkeit liegen.

Sollten Sie zu den Menschen gehören, die ehrlich zugeben können, dass Sie deutlich mehr verkaufen könnten, als aktuell, kann dies an folgenden Gründen liegen. Neben den mangelnden technischen Fähigkeiten, der Kommunikation oder dem klassischen Fachwissen, sind es mehr noch psychologische Faktoren. Angefangen mit der Angst, überhaupt den Telefonhörer in die Hand zu nehmen, bis zu der Situation, dass Kunden Ihnen im Gespräch am Ende immer wieder mit dem unbeliebten Satz begegnen: »Das muss ich mir noch mal überlegen.« Viele Gründe haben wir im letzten Kapitel ausführlich besprochen. Zusätzlich möchte ich noch ein paar typische Phänomene beschreiben, die mir in den letzten Jahren vor allem als Führungskraft meines Vertriebes und als Trainer bei anderen Verkäufern aufgefallen sind:

Angst vor dem Telefon

Es sind Menschen, bei denen die Metamorphose des Telefonhörers eine ganz krasse Form annimmt. Sobald sie einen Kunden anrufen wollen, beginnt der Hörer an Gewicht zuzulegen. Die Angst vor einem Nein ist zu groß. Diesen Menschen fehlt entweder die komplette Produktüberzeugung oder ganz oft das Selbstbewusstsein, mit den Neins und der Ablehnung umzugehen.

Unverbindlichkeit

Diese Menschen kommen mit ausreichend Kunden in Kontakt. Es gelingt ihnen auch, ihr Produkt zu präsentieren. Das Ergebnis ist dafür umso ernüchternder, weil sie oftmals nicht zum Abschluss kommen. Darin liegt entweder eine Planlosigkeit in der Strukturierung des Gespräches, die mangelnde Fähigkeit, am Ende auch das Commitment des Kunden einzufordern oder die Angst, erfolgreich zu werden. Der Kunde könnte tatsächlich abschließen und ihnen Geld geben. Verehrte Verkäufer, Entscheidungsschwäche gibt es nicht nur bei Kunden. Auch Verkäufer haben oftmals das Problem, eine Entscheidung zu treffen, vor allem, wenn sie diese für den Kunden treffen müssen, weil dieser es nicht kann. Denn damit übernimmt der Verkäufer auch Verantwortung. Deshalb bleibt man lieber vage und überlässt alles dem Kunden. Da dieser es oftmals nicht kann, bleibt der Umsatz aus.

Ja, aber …

Menschen, die zu vielen Lösungen und Ideen »Ja, aber« sagen. Ja, aber so einfach kann das nicht sein. Ja, aber so kann ich das nicht machen. Ja, aber so wird das dem Kunden nicht gefallen. Man sieht vor lauter Problemen die Lösung nicht mehr und ist faktisch gelähmt, etwas zu bewegen. Diese Menschen sollten es mal mit »Warum nicht?« probieren. Egal, welche Idee an sie herangetragen wird. Warum nicht? Natürlich wird es dabei auch Dinge geben, die nicht funktionieren. Besser ist es, ein paar Sachen probiert zu haben, die nicht funktionieren, als alles im Keim zu ersticken und gar nicht vorwärtszukommen. Fehler machen gehört zum Unternehmertum und auch für Verkäufer dazu. Trauen Sie sich Fehler zu, denn nur dadurch werden Sie besser. Wenn Erfinder beim Ausprobieren gesagt hätten, ja, aber so geht das nicht, würden wir heute noch in Höhlen sitzen.

Immer nur die Probleme sehen

Ist die Welt nun per se schlecht oder gut? Rein von den Fakten her betrachtet, ist sie beides. Die Frage ist, wie bewerten diese Menschen die Realität. Diese Verkäufer sehen mehr die Probleme und tun sich deshalb schwer, sich positiv auf ihren Job auszurichten. Hier ist es ganz wichtig, sich mit einer Vision und seinen Lieblingskunden zu beschäftigen, um ein Gefühl zu bekommen, dass nicht alles schlecht ist. Wie im vorherigen Kapitel beschrieben, ist es wichtig, beide Seiten zu sehen, sich danach auf das Positive und das Ziel zu konzentrieren und nicht durch die Probleme lähmen zu lassen. Es gibt viele Situationen, die man selbst auch gar nicht ändern kann. Sollte der Gesetzgeber etwas erschaffen, was Ihre Vorgehensweise erschwert, können Sie sich aufregen. Leider wird sich dadurch nichts verändern. Mir hat früher folgender Spruch geholfen:

> Gib mir die Kraft, Dinge zu ändern, die ich ändern kann und die Gelassenheit, die Dinge zu lassen, die ich nicht ändern kann. Vor allem die Weisheit, das eine vom anderen zu unterscheiden.

Wenn ich die Dinge nicht ändern kann, akzeptiere ich sie oder gehe einen anderen Weg. Wenn gar nichts mehr geht, macht es auch Sinn, die Branche oder das Unternehmen zu verlassen. Zuerst sollte man kritisch schauen, wie man am besten mit den Umständen klarkommt. Meistens gibt es eine Lösung. Die sieht man aber nur dann, wenn man auch beide Seiten neutral betrachtet und nicht nur auf Probleme fokussiert ist.

Hoffnung

Das sind Verkäufer, die glauben, mit ein bisschen Facebook-Werbung fliegen einem die Kunden schon zu. Passives Einkommen oder besser noch ohne Arbeit Geld verdienen. Ich kenne keinen, der nicht durch lange harte Arbeit sich einen Wohlstand aufgebaut hat. Selbst mit einer großen Firma gibt es immer Aufgaben, Hier hilft es, sich mal wieder mit der Realität zu beschäftigen, statt in Träumen zu verweilen. Ich habe das Gefühl, dass die Einzigen, die mit so einer Idee Geld verdienen, diejenigen sind, die den Verkäufern erzählen, wie man ohne Arbeit Geld verdient. Träume zu haben ist ein wesentlicher Bestandteil von Erfolg. Warum sonst sollten Sie sich als Verkäufer all die Schwierigkeiten antun, wenn Sie keine Träume hätten. Viele vergessen dabei zu arbeiten. Sie machen eine Zielcollage nach der anderen, hängen sich ihre Wunschautos an die Bürowand und vergessen vor lauter Träumen, dass sie telefonieren und verkaufen müssen, um diese Ziele zu erreichen. Ich kenne Menschen, die tatsächlich zu Hause sitzen und warten, bis sich Kunden melden. Gut gelaunt in Konkurs ist auch pleite. Aber glücklich ☺.

Die Überflieger

Alles richtig gemacht und dennoch zu wenig Kunden? Das sind Menschen, die gerne akquirieren, gerne Kunden beraten, selbstbewusst auftreten, klar und deutlich nach dem Umsatz fragen und ihn dennoch häufig nicht bekommen. In diesen Fällen hat der Kunde oftmals das Gefühl, nicht ernst genommen worden zu sein. Der Verkäufer ist vielleicht auch zu arrogant oder überrumpelnd. Vielleicht stimmt auch die Kommunikation nicht. Man redet aneinander vorbei oder der Verkäufer hört dem Kunden nicht zu. Auf jeden Fall stimmen in den meisten Fällen das Selbst- und das Fremdbild nicht überein und es bedarf einer intensiven Überprüfung.

Tausendsassa

Verkäufer, die tausend Ideen haben und sich dabei so verzetteln, dass sie zu wenig Fokus auf das Wichtigste legen. Genauso unstrukturiert sind auch die Verkaufsgespräche. Von Hölzchen aufs Stöckchen. Der Verkäufer findet vor lauter Informationen und Angeboten den Kern der Sache nicht. Der Kunde ist überfordert, sieht sich nicht wahrgenommen und fühlt sich teilweise wie in einer Achterbahn. Am Ende kauft er nicht und weiß auf Nachfrage hin nicht einmal warum. Es ist einfach ein Gefühl. Hier ist Strukturierung und Fokussierung der Schlüssel zum Erfolg.

Logorhoe

Im Volksmund auch Sprechdurchfall genannt. Verkäufer, die glauben, nur genug reden zu müssen, dann wird der Kunde schon unterschreiben. Das Gegenteil ist oftmals der Fall. Je mehr der Verkäufer redet, desto mehr zieht sich der Kunde zurück. Diese Menschen benötigen ehrliches Feedback und sollten sich auf das Zuhören fokussieren. Sie sollten sich auch mal fragen, warum Sie so viel reden? Ist es die Angst, dass in einer Pause eine Frage des Kunden kommen könnte, die Sie nicht beantworten können? Ist es die Angst, zu wenig Infos zu vermitteln, dass der Kunde nicht kauft? Ihr Ziel sollte sein, sich in jedem Gespräch ein bisschen mehr zurück zu nehmen. Hören Sie zu und gehen Sie auf den Kunden ein. Ich verspreche Ihnen, es werden Wunder passieren.

Fachbegriffe

Haben Sie auch eine Affinität zum pathologischen Usus von termini technici? Übersetzt heißt das: die Vorliebe zum krankhaften Gebrauch von Fachbegriffen. Das mag zwar kompetent wirken, verunsichert den Kunden aber eher. Wenn Menschen mit dieser Affinität lernen, ihr Fachwissen für sich zu behalten und nur das Notwendigste in einfachen Worten rüber zu bringen, werden sich neue Ebenen des Erfolges für sie eröffnen.

Erkennen Sie sich in dem einen oder anderen Abschnitt wieder? Keine Panik, für alle ist in diesem Buch etwas dabei. Es ist effektiver, wenn Sie das Buch aktiv lesen wollen, zu wissen, wo Sie stehen und wer Sie sind. Dann können Sie sich auf die für Sie wichtigen Punkte konzentrieren.

Der Schlüssel zum Erfolg

»Der Schlüssel zum Erfolg passt oftmals da,
wo wir es nie vermutet hätten.«
Udo Kerzinger

Verkauf heißt, mit Menschen in Beziehung zu kommen. Wie geht das genau? Wie funktioniert es, mit Menschen so in Beziehung zu kommen, dass sie gerne mit mir zusammenarbeiten wollen?

In all den Seminaren, die ich im Verkauf besucht habe, ging es immer um Techniken. Wie spreche ich, wie stelle ich Fragen, wie präsentiere ich oder wie gehe ich mit Einwänden um. Die etwas weitsichtigeren Seminare schulen, wie Sie empathiefähiger werden und wie Sie Vertrauen aufbauen können. Diese Tools sind wichtig und ich gehe auch später näher darauf ein. Der für mich wesentlich entscheidendere Part ist die Art und Weise wie Sie sind, wenn Sie mit dem Kunden umgehen, fernab von allem, wie Sie verkaufen oder wie Sie sich beim Kunden beliebt machen. Alles andere passiert nach meiner Ansicht danach völlig automatisch.

Wenn es um den Verkauf von Produkten oder Dienstleistungen geht, sind immer drei Bereiche mit zu berücksichtigen. Zum Einen ist es der Kunde, zum Zweiten das Produkt und zum Dritten der Verkäufer. Ich spreche bei dem Bereich des Produktes an dieser Stelle nicht von dem Fachwissen, das jeder in ausreichender Form benötigt. Das ist in diesem Buch generell nicht berücksichtigt. Ich gehe davon aus, dass jedem klar ist, dass ein Verkäufer alles über sein Produkt, den Markt und die Wettbewerber wissen muss. Mir geht es um den Teil, wie das Produkt platziert wird. Schauen wir uns die Symbiose zwischen dem Kunden, dem Produkt und dem Verkäufer etwas genauer an. In welchem Bereich wird meistens der Schwerpunkt gelegt? Womit beschäftigen sich die Verkäufer am meisten? Meiner Erfahrung nach beschäftigen sich die meisten Verkäufer grob geschätzt in der in Abbildung 2 dargestellten prozentualen Verteilung mit diesen drei Bereichen.

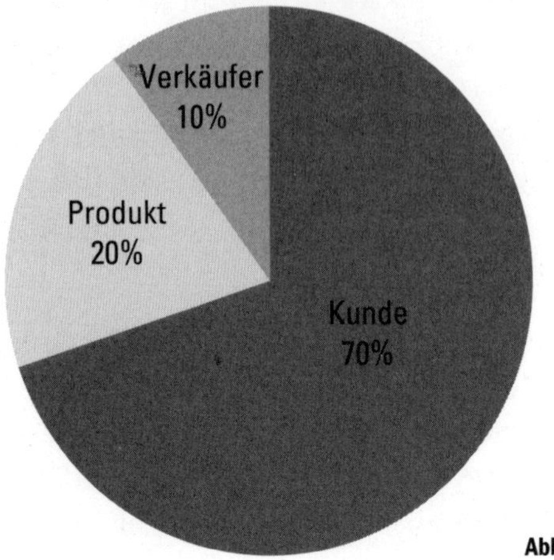

Abbildung 2: Verkaufssymbiose

70 Prozent damit, wie sie dem Kunden etwas verkaufen können, mit welchen Techniken sie den Kunden dazu bringen, ja zu sagen. Wie sie wirken müssen, etc. Etwa 20 Prozent der Zeit beschäftigen sie sich mit ihrem Produkt, was es kann, wie sie sich mit dem Produkt positionieren, wo sie das Produkt einordnen können oder wo sie damit eine Zielgruppe finden. Nur 10 Prozent verwenden sie damit, wie sie sich entwickeln müssen, um mehr Anziehungskraft zu erzielen und leichter in Beziehung mit Menschen zu kommen.

Die meisten Menschen versuchen sich Techniken, Tools oder andere Dinge anzueignen, wie sie den Kunden am besten zum Abschluss bekommen. Wie sie mit ihm umgehen, wenn er nicht will usw. Wenn es dann nicht klappt und der Kunde nicht so will, wie der Verkäufer, dann wird das Thema Verkauf meistens sehr anstrengend. Das ist die Situation, die keiner gern hat und die unter allen Umständen vermieden werden soll. Deshalb besuchen sie dann alle möglichen Seminare, in der Hoffnung, den Schlüssel zu bekommen, der es ermöglicht, den Kunden zum

Kauf zu überzeugen. Immer wieder höre ich, dass Verkäufer oder Unternehmer irgendwo hinrennen, um den neuesten Trick und damit den Schlüssel zum Herz des Kunden zu erhalten. Wenn es dann wieder nicht geklappt hat, versuchen sie es mit einem neuen Schlüssel.

Den Schlüssel für den persönlichen beruflichen Erfolg gibt es tatsächlich. Sie haben ihn auch alle mehrfach zu Hause liegen. Bei jedem Seminar gibt es einen Schlüssel. Manch einer hat einen ganzen Keller voll mit Schlüsseln. Diese Schlüssel passen auch. Sie probieren ihn nur immer an der falschen Stelle einzusetzen. Er passt, nur nicht bei den Kunden. Der Schlüssel, aus einem Sein heraus entspannt, leicht, erfolgreich, ehrlich und wertschätzend zu verkaufen, passt bei Ihnen. Wenn Sie mit Leichtigkeit, Anziehungskraft und Klarheit Ihre Produkte und Dienstleistungen erfolgreich anbieten wollen, müssen Sie bei sich beginnen. Bevor wir uns damit beschäftigen, wie wir anderen Menschen begegnen, ist es deshalb viel wichtiger, wie Sie mit sich selbst umgehen.

Meine Empfehlung ist, die Verteilung drastisch zu verändern (siehe Abbildung 3).

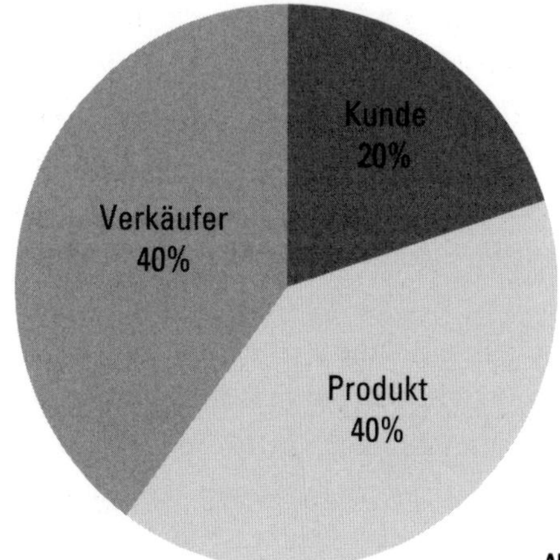

Abbildung 3: Ideale Verkaufssymbiose

Beschäftigen Sie sich zu 40 Prozent mit sich als Person, zu 40 Prozent mit Ihrem Produkt, Ihrer Positionierung und für wen das Produkt überhaupt interessant sein sollte und zu 20 Prozent mit dem Kunden.

Dazu gehört es im folgenden Kapitel ungeschönt und ehrlich mit sich selbst zu sein. Es bringt nichts, Dinge zu überspielen oder zu behaupten, das betrifft Sie nicht. Wenn Sie bei allem zustimmen können und sich sicher sind, dass die Teile bei Ihnen stimmig und in Ordnung sind, so ist das wunderbar. Oftmals ist es aber in dem einen oder anderen Bereich nicht so. Das zu leugnen, ist der denkbar schlechteste Ort. Sie tun sich keinen Gefallen damit und den anderen ist es egal. Sie kriegen es ja nicht mit. Es kostet Sie nur Umsatz oder Sie müssen wieder all die Techniken auspacken, sich verbiegen und aus meiner Sicht unnötig anstrengen. Es tut mir auch nicht leid, dass Sie vielleicht was ganz anderes erwartet hatten. Wer beschäftigt sich schon gerne mit sich selbst. Und schon gar mit seinen Defiziten. Das Schöne an der später gewonnenen Selbsterkenntnis ist, Sie müssen es keinem erzählen. Sie können es ganz für sich alleine behalten und erst das Ergebnis zu einem späteren Zeitpunkt sprechen lassen. Sollte dann mal jemand fragen, was denn mit Ihnen passiert ist, können Sie immer noch entscheiden, was Sie in welcher Intensität erzählen wollen. Eine gute Freundin erzählte mir mal ihre Lebensweisheit: Du darfst alle belügen, außer dich selbst. Den ersten Teil halte ich für sehr befremdlich, der zweite Teil ist für mich der entscheidende gewesen. Es ist einer der wichtigsten Schlüssel, die mich zu meinem Erfolg geführt haben. Ehrlich zu sich zu sein. Schonungslos und ungeschönt. Leistungssportler verlangen von sich alles ab, gehen oftmals sogar über die eigenen Grenzen hinaus, um wirklich gut zu werden. Wir als Verkäufer erzielen die Ergebnisse letztendlich durch unsere Persönlichkeit. Da sollten wir auch an unsere Grenzen und manchmal sogar darüber hinaus gehen. Spitzensportler vergleichen das sportliche Training mit dem geschäftlichen Erfolg. Nach dem Motto: In beiden Bereichen gibt es Niederlagen, die verkraftet werden müssen, in beiden Bereichen gibt es Schmerzen, die überwunden werden müssen. Ich sehe das ein bisschen differenzierter. Bei einem Marathonlauf tun die Knochen weh und Sie müssen sich durchbeißen. Sie verfluchen sich, nicht genug trainiert zu haben, den, der Sie auf den Marathonlauf motiviert hat, den lieben Gott, dass er Ihnen nicht mehr Kraft gegeben hat und wen auch immer. Sie sind körperlich ausgelaugt, kommen vielleicht sogar auf der letzten Kraftreserve ins Ziel, fallen um und haben tagelang Muskelkater. Emotional haben Sie auch Niederlagen zu erleiden, die sich bestimmt nicht schön anfühlen, wenn Sie sich ein Ziel vorgenommen haben. Die Metapher, den Sport mit Verkauf oder beruflichem Erfolg zu vergleichen, ist hilfreich, trifft meiner Meinung nach aber nicht ganz den Kern. Sich körperlich über Schmerzen hinwegzusetzen ist nicht so schlimm, wie emotional gedemütigt oder verletzt zu werden. Es geht wesentlich tiefer an die Urängste, allein gelassen oder abgelehnt zu werden, als ein Spiel zu verlieren oder Muskelkater zu haben. Deshalb sind Sportler zwar oftmals gute Verkäufer, weil sie gelernt haben, Ziele zu verfolgen, dran zu bleiben und Niederlagen zu verkraften. Alle schaffen es dann doch nicht, diese Erfolge zu wiederholen, obwohl sie im Sport gelernt haben, die Schmerzen auszuhalten. Die Ablehnungen und Niederlagen als Verkäufer wiegen noch mal eine Spur tiefer in unserer Psychologie. Deshalb habe ich so einen großen Respekt vor allen, die Produkte oder Dienstleistungen verkaufen. Für mich sind Sie als Verkäufer sinnbildlich gesprochen die stillen Helden.

Verkauf heißt, mit Menschen in Beziehung kommen.

Der Schlüssel, aus einem Sein heraus erfolgreich, ehrlich und wertschätzend zu verkaufen, passt bei Ihnen.

Für mich sind Sie als Verkäufer sinnbildlich gesprochen die stillen Helden.

Warum ist es so wichtig, sich mit sich selbst auseinanderzusetzen, um nachhaltig erfolgreich zu werden und es vor allem zu bleiben?

Innere Haltung

»Zuerst die innere Haltung, dann die äußere Form! Es ist wie beim Malen, wo man Glanzlichter zuletzt aufsetzt.«

Konfuzius

Es ist schon extrem viel Literatur geschrieben worden, wie Sie erfolgreich im Verkauf werden können. Sie können lernen, was Sie tun müssen, was Sie haben müssen, wie Sie auftreten müssen, was Sie können müssen. Das alles können Sie lesen, lernen und üben. Trotzdem funktioniert es bei vielen Kunden nicht, erfolgreich zum Abschluss zu kommen. Meiner Meinung nach fehlt ein ganz wichtiger Aspekt:

Wie müssen Sie sein?

Wie müssen Sie sein, um als Verkäufer authentisch und wahrhaftig zu erscheinen und nicht in eine der vorher beschriebenen Situationen hineinzugeraten? Dieser Aspekt ist nicht einfach umzusetzen, weil es hierbei nicht um eine reine Lernaufgabe geht, ein Tool, das Sie sich aneignen können. Es geht hier darum, wie Sie als Persönlichkeit wirken sollten, um bei Ihren zukünftigen Kunden erfolgreich rüberzukommen. Es geht auch nicht mit Hilfe eines guten Schauspielkurses. Wie müssen Sie sein, heißt tatsächlich eine eventuelle Veränderung Ihrer Persönlichkeit. Der Ausblick mag im ersten Moment erschreckend sein, ich verspreche Ihnen aber einen sehr positiven Effekt, wenn Sie die Dinge beherzigen, die ich im Folgenden beschreibe.

Hektik und Stress

»Nicht durch Hektik bringen
wir Ruhe in die Bewegung.«
Joachim Panten

Das Erste, was mir in den letzten Jahren aufgefallen ist, ist die Hektik, die sich in den Menschen befindet. Sie werden immer rastloser, hetzen von einem Termin zum anderen und sind unglaublich beschäftigt. Zeit für Freunde oder andere Freizeitbeschäftigungen wird ganz hinten angestellt. Das betrifft nicht nur Verkäufer, ist aber für eine authentische Ausstrahlung von großer Bedeutung. Von der Definition her werden wir als »human beings« beschrieben, also menschliches Sein. Die heutige Gesellschaft müsste sich in Anbetracht ihres Lebenstempos oder ihrer Informationsvielfalt eher »human doings« oder noch besser »human runnings« auf die Fahnen schreiben. Selbst Kinder haben heute schon Terminkalender, die an die eines Topmanagers der Deutschen Bank erinnern. In einer Studie der Techniker Krankenkasse zur Stresslage der Nation wird beschreiben, dass gestresst sein schon zum guten Ton gehöre. Nur wer ausreichend Stress hat, ist gefragt. 70 Prozent der arbeitenden Bevölkerung gibt an, manchmal bis häufiger unter Stress zu stehen.[14] Weil sie selbst nicht gern unter Stress stehen, sind Menschen auch nicht gerne unter diesen Artgenossen, die unter Dauerstrom stehen.

Je hektischer und unausgeglichener Sie als Verkäufer sind, umso unsicherer oder sogar unsympathischer wirken Sie auf den Kunden. Vielleicht kennen Sie solche Situationen? Verkäufer tun alles, um den Kunden zu überzeugen und merken, dass es nicht richtig funktioniert. Was tun die meisten an dieser Stelle? Richtig: Noch mehr von dem, was sie bisher schon getan haben. Es wird versucht, immer mehr bewusst oder unterbewusst auf den Kunden einzuwirken, dass sich dieser immer weiter zurückzieht. Je weiter sich der Kunde zurückzieht, umso mehr wirkt der Verkäufer auf ihn ein. Das ist ein Teufelskreis. Warum passiert solch ein Verhalten? Verkäufer neigen meiner Meinung nach deshalb dazu, so viel zu reden, weil sie einerseits glauben, nur so ihr Produkt oder ihre Dienstleistung anbieten zu können. Sie denken, dass sie nur genug erzählen müssen, dann wird der Kunde es schon verstehen und irgendwann kaufen. Dabei sind sie so sehr mit sich selbst beschäftigt, dass sie nicht bemerken, wie der Kunde sich immer weiter zurückzieht. Andererseits haben sie oftmals Angst, dass der Kunde in einer Redepause eine Frage stellen könnte. Und das, obwohl zahlreiche Studien immer wieder herausfinden, dass Kunden es gerne haben, wertgeschätzt zu werden und dass man ihnen zuhört. Adam Grant, Assistenzprofessor an der US-Business-School in Wharton, hat es sinngemäß in seiner Studie sehr schön auf den Punkt gebracht. »Ein guter Verkäufer kann gut und inspirierend reden, weiß aber auch genau, wann er die Klappe halten soll.«[15]

Sollten Sie auch dazu neigen, zu viel zu reden, brauchen Sie keine Angst zu haben, es mal anders auszuprobieren. Versuchen Sie sich mal zurückzunehmen. Einfach da zu sitzen und als Mensch zu sein und nichts zu tun. Das ist in einem Buch relativ schwer rüberzubringen. Ich bin kein Esoteriker, aber wenn ich es mit etwas vergleichen möchte, hat es tatsächlich am ehesten etwas mit einem indischen Mönch zu tun. Der sitzt an einem Platz und strahlt aus. Ohne irgendetwas zu tun. Der Effekt ist, dass eine kraftvolle und Sicherheit gebende Ruhe von ihm ausstrahlt. Es hat etwas Meditatives. Der Psychiater John Denninger hat an der Harvard Universität eine Studie durchgeführt, wie sich Meditation auf Gehirn und Körper auswirkt. An Hand eines MRT konnte nachgewiesen werden, dass stressbelastete Menschen durch regelmäßige Meditation ihren Stresslevel erheblich senken konnten.[16] Jetzt müssen Sie nicht gleich in einen Gebetsraum gehen und stundenlang meditieren. Aus meiner Sicht gibt es zahlreiche verschiedene Arten, den Effekt, den eine Meditation erzielen kann, zu realisieren. Sie können regelmäßig spazieren gehen, in Ruhe ein gutes Buch lesen, entspannt Musik hören oder Kuchen backen. Das Wichtigste ist, dass Sie sich wieder Zeit für sich nehmen und einen Ausgleich finden. Jeder Profisportler hat einen Ausgleich, sonst ist er nicht mehr lange Profisportler. Vom psychischen Anstrengungslevel her glaube ich, dass Verkäufer genauso viele Kraftreserven benötigen wie Spitzensportler. Deshalb ist es so wichtig, wenn Sie eine ausgeglichene und anziehende Ausstrahlung haben wollen, Ruhe zu finden, um sich für die nächsten Aufgaben zu sammeln. Das Gute daran ist, dass Sie sich aus beruflichen Gründen Freizeit, Ruhe und angenehme Aktivitäten verordnen können. Es ist naheliegend, dass es kein Mensch aushalten kann, außer schlafen und essen sich nur mit der Arbeit zu beschäftigen. Davon abgesehen, dass das gesundheitliche Konsequenzen haben wird, ist das auch nicht im Sinne des Kunden. Wer gute Produkte hat und diese auch seinen Kunden zeigen will, hat nur eine Chance, diese zu verkaufen, wenn der Kunde Ruhe und Sicherheit wahrnimmt. Mir hat das mit der Zeit sehr geholfen, gerade an heiklen Stellen im Gespräch ruhig zu sein, wenig zu sprechen und den Glauben an den Erfolg des Produktes oder der Dienstleistung zu festigen. In diesen Phasen benötigen Sie auch die Kraftreserven, die Sie daraus schöpfen können. Gleichzeitig geben Sie dem anderen den Raum, sich selbst zu entfalten und die Erlaubnis, Fragen zu stellen oder Anmerkungen zu geben. Ich habe noch keinen Menschen getroffen, den es genervt hat, wenn eine andere Person an dessen Seite einfach nur durch ihre bloße Anwesenheit eine Ruhe und Sicherheit ausgestrahlt hat. Es gibt aber jede Menge Menschen, die von Menschen mit ununterbrochenem Redefluss, Hektik, Selbstdarstellung, Unausgeglichenheit, Zerstreutheit und dergleichen genervt sind und sich am liebsten zurückziehen wollen. Als Verkäufer ist das eine denkbar schlechte Ausgangsposition. Die gute Nachricht ist, dass das »human being« jetzt recht einfach trainiert werden kann. Entspannung ist das große Zauberwort, was Ihnen bei der notwendigen Ausgeglichenheit hilft.

Was können Sie tun, um aus dieser Falle heraus zu kommen?

Das fängt beim Lesen der E-Mails an, die Sie nicht alle 5 Minuten abrufen müssen. Ich weiß, dass manche Kunden eine Mail schreiben und nach 5 Minuten anrufen, ob was passiert ist, weil Sie nicht antworten. Da müssen Sie diese Kunden ein Stück weit erziehen, dass es auch ein paar Stunden dauern kann. Ich habe im Handy die automatische Mail-Erreichbarkeit abgestellt. Abgerufen wird zwei- bis dreimal am Tag, wenn ich auch Zeit habe, diese zu beantworten. Ab 17.00 Uhr versuche ich, gar keine E-Mails zu lesen. Erstens kann ich sie sowieso nicht bearbeiten und zweitens vermiest es mir eventuell den ganzen Abend, wenn etwas Negatives drin steht. Das hat alles Zeit bis zum nächsten Tag. Es geht weiter über die ständige Erreichbarkeit per Telefon. Keiner, der nicht in einer Unfallchirurgie Notdienst hat, muss zu jeder Sekunde erreichbar sein. Ich nehme inzwischen das Telefon ganz oft nicht mehr ab. Wenn ich Ruhe und Zeit habe, rufe ich zurück. Das ist viel effektiver. Je nach dem, in welchem Prozess Sie gerade vertieft sind, bringt Sie ein Telefonat soweit aus dem Konzept, dass Sie danach wieder von vorne beginnen. Lassen Sie bitte auch diese Anrufe sein, bei denen Sie nur abnehmen und fragen, ob Sie in einer Stunde zurückrufen können. Das habe ich nie verstanden. Das kostet Zeit und bringt keinem etwas. Lassen Sie den anderen sein Anliegen auf die Mailbox sprechen und rufen Sie nach einer Stunde zurück. Es endet dabei, nicht pausenlos auf Facebook, Xing, n-tv oder anderen Webseiten zu surfen, um immer mehr Input in sich reinzuschaufeln. Entweder lesen Sie dort negative Nachrichten, die Sie weder ändern können, noch Ihnen wirklich weiterhelfen. Oder Sie laben sich an dem scheinbar tollen Leben der anderen und bekommen Neidanfälle, warum Sie arbeiten müssen und die anderen im Urlaub sind. Wenn Sie diese Zeit nutzen, die Sie bei all dem sparen, um sich auszuruhen, ein gutes Buch zu lesen, spazieren zu gehen oder selbst etwas zu schreiben, entschleunigt sich Ihr Leben und Sie werden deutlich mehr Power haben. Diese können Sie zu Ihrem Wohle und zum Wohle Ihres Kunden einsetzen. Unterschätzen Sie das nicht.

Die Macht der Langsamkeit oder Ruhe ist extrem effektiv für Ihren Erfolg. Wenn Sie das mal filmtechnisch erleben wollen, wie Sie langsam, ausgeglichen und dennoch extrem zielstrebig Ihr Ziel erreichen, empfehle ich Ihnen den Film: *The Straight Story – Eine wahre Geschichte.*

Die Antwort auf die Frage »Wie müssen Sie sein?« heißt tatsächlich eine eventuelle Veränderung Ihrer Persönlichkeit.

Je hektischer und unausgeglichener Sie als Verkäufer sind, umso unsicherer oder sogar unsympathischer wirken Sie auf den Kunden.

Ein guter Verkäufer kann gut und inspirierend reden, weiß aber auch genau, wann er die Klappe halten soll.

Wie gehen Sie mit sich selbst um?

»Der Begriff ›Authentizität‹ ist mittlerweile zu einem gesellschaftlichen Problem verkommen.«

Justus Vogt

Ein langfristig erfolgreicher Verkäufer ist durch und durch authentisch.

Über das Wort Authentizität wird inzwischen so viel gesprochen, dass gar nicht mehr klar ist, um was es dabei überhaupt geht.

Für mich ist eine authentische Person jemand, die vor allem ehrlich zu sich und anderen ist.

Eine authentische Person kennt ihre Stärken und Schwächen und steht vor allem auch zu diesen. Sie weiß, wie sie in bestimmten Situationen reagiert, ignoriert sie nicht und kann somit mit mehr Klarheit und Wahrheit anderen Menschen begegnen.

Sie verstellt sich nicht, nur um anderen zu gefallen oder um ein gewisses Ziel mit diesem Verhalten zu erreichen. Wenn sie versucht besonders cool zu sein, nur um damit erfolgreich zu sein, wirkt das, wenn überhaupt, sowieso nur kurzfristig, weil sie diese Rolle nicht ewig durchhalten kann.

Ein großer Bestandteil einer authentischen Person sind ihre Werte, die sie für sich definiert hat und nach diesen lebt.

Das Selbstbild, was so eine Person von sich hat, stimmt zu nahezu 100 Prozent mit dem überein, was auch andere Menschen mit dieser Person in Verbindung bringen.

Zusammen gefasst ist eine authentische Person jemand, die ehrlich, klar, echt und wahrhaftig erscheint. Sie kennt ihre Stärken und Schwächen und weiß genau, wie sie bei den anderen ankommt.

Es gibt einige Menschen, die glauben, dass sie authentisch sind und trotzdem weder Erfolg noch die notwendige Anzahl Kunden gewinnen. Es ist in diesem Fall auch nicht entscheidend, ob sie sich als authentisch empfinden, sondern ob andere Menschen diese Personen als authentisch wahrnehmen. Nur dann werden sie Erfolg haben.

Sind Sie authentisch und wenn Sie das über sich nicht wissen, wie kriegen Sie es raus? Oder was müssen Sie tun, damit Sie diesem Stadium ein großes Stück näherkommen?

Stärken und Schwächen

»Eine gute Schwäche ist besser
als eine schlechte Stärke.«

Charles Aznavour

An dieser Stelle möchte ich Sie vorwarnen. Die Zeit des reinen Lesens ist vorbei. Ab jetzt wird es handwerklicher, genauer gesagt: Jetzt wird gearbeitet. Wie in vielen Büchern hängt Ihr Ergebnis entscheidend davon ab, wie viel Sie mitarbeiten, um den gewünschten Erfolg zu haben.

Ich habe früher viele Einwandbehandlungstrainings geleitet. Erst kam die Theorie, das heißt die Teilnehmer haben Einwände formuliert und entsprechende Antworten darauf aufgeschrieben. Als ich sie fragte, ob sie es können, war konformes Nicken im Raum. Alle konnten es. Dann habe ich dem Ersten einen Einwand entgegen geworfen und ihn aufgefordert, diesen zu entkräften. Das Ergebnis: Es kam nichts.

Kennen heißt nicht können. Es muss geübt werden. Immer und immer wieder. Und es in einer Trainingsrunde zu können, heißt noch lange nicht, es auch in der Realität zu beherrschen.

Wenn es schon im Labor nicht funktioniert, klappt es unter realen Bedingungen erst recht nicht. Deshalb fordere ich Sie in Ihrem eigenen Interesse auf, die folgenden Übungen mitzumachen und radikal ehrlich mit sich zu sein. Sie werden einen Unterschied merken.

Vielleicht ist eine Ihrer Schwächen, zuzugeben, dass Sie diese Art von Übungen nicht mögen. Springen Sie über Ihren Schatten, ich verspreche Ihnen, es lohnt sich.

Jeder Mensch hat Stärken und Schwächen. Ohne Ausnahme. Menschen, die behaupten, keine Schwächen zu haben, sind meistens nur zu feige, diese zuzugeben. Menschen, die glauben, keine Stärken zu haben, leben allzu oft ein Leben voller Unsicherheit und Selbstzweifel und wurden bisher nicht darauf aufmerksam gemacht, welche Schätze sie in sich tragen.

Die Frage, die sich dabei stellt: Kennen Sie Ihre Stärken und Schwächen und haben Sie diese akzeptiert und anerkannt?

Übung

Wenn Sie diese und folgende Übungen nicht ins Buch reinschreiben wollen, können Sie die Vorlagen gerne auf meiner Webseite www.udokerzinger.de herunterladen.

Beginnen Sie damit, Ihre Stärken und Schwächen aufzuschreiben.

Schreiben Sie 20 Stärken und 20 Schwächen auf. Hören Sie bitte nicht auf, bevor Sie nicht jeweils 20 gefunden haben, auch wenn es schwerfällt.

Stärken können beispielsweise sein: gut zuhören, schnell Vertrauen aufbauen, eloquent reden, einfach erklären, komplexe Zusammenhänge schnell verstehen usw.

Schwächen können sein: zu viel reden, nicht richtig zuhören, zu kompliziert erklären, ungeduldig sein usw.

Stärken	Schwächen

Und? War es schwer? Sollten Sie es nicht auf Anhieb geschafft haben oder gar nicht wirklich wissen, welches Ihre Stärken und Schwächen sind, befinden Sie sich in guter Gesellschaft. Die Psychologen Robert Arkin und Jean Guerrettaz von der Ohio State University in Columbus haben festgestellt, dass die meisten Menschen keine rechte Ahnung haben, mit wem sie es da ihr ganzes Leben zu tun haben.[17] Bleiben Sie dran, in der Studie wurde ebenfalls herausgefunden, dass das Selbstbewusstsein steigt, wenn Sie sich Ihrer Stärken und Schwächen bewusst sind. Allein das sollte Motivation genug sein. Sich selbst bewusst werden. Darum geht es doch.

Jetzt kommt ein entscheidender Schritt, um authentisch zu werden. Seien Sie dankbar über Ihre Stärken und stehen Sie zu Ihren Schwächen, ohne sich deshalb komplett fertig zu machen. Sie sind damit nicht allein. Wie schon erwähnt, jeder Mensch hat Schwächen, auch oder gerade jene, die behaupten, keine zu haben. Der eine oder andere hat vielleicht gelesen, dass man an seinen Schwächen arbeiten soll, um sie abzustellen. Wieder andere Autoren schreiben, dass man die Schwächen ignorieren soll und nur seine Stärken weiter ausbauen muss. Ich sehe wieder den Mittelweg. Die Stärken auszubauen ist sinnvoll, weil es meistens auch die Eigenschaften sind, die Dinge betreffen, die man gerne tut, deshalb kann man es ja. Die Schwächen zu akzeptieren und heraus zu finden, wie ich durch diese Schwäche eine Stärke entwickeln kann, ist ein sehr inspirierender Weg.

Ich bin ein Mensch, der als Schwäche Konfrontationsfähigkeit angeben wird. Ich mag es nicht mit anderen zu streiten und ich mag es auch nicht, wenn sich andere in die Haare bekommen. Das plagte mich viele Jahre, weil ich glaubte, meine Ziele nicht durchzusetzen. Irgendwann ist mir aufgefallen, dass ich extrem gut schlichten und vermitteln kann. Als Stärke würde ich mir heute zutrauen, große Fähigkeiten in der Schlichtung komplexer Probleme zu haben. Diese Fähigkeit habe ich nur, weil ich keine Konfrontationsfähigkeit habe und möchte, dass es allen Seiten gut geht. Das hilft mir in der heutigen Zeit auch bei Kunden und beim Schreiben dieses Buches. Diese Schwäche ist die Basis für viele Stärken, die ich heute habe.

Das zu sehen und zu erkennen ist nicht einfach, ist aber ein Ansatz, über den es sich lohnt nachzudenken und nicht die Schwächen zu ignorieren oder sie mit Gewalt zu verändern.

> Die Schwäche gilt es zu akzeptieren, zu ihr zu stehen und sie zum eigenen Verbündeten zu machen.

Es ist eine unglaublich schöne Erfahrung, wenn Sie bei einem Kundengespräch zu einem bestimmten Zeitpunkt mit einer Ihrer Schwächen konfrontiert werden, diese wirklich von ganzem Herzen annehmen können und dem Kunden das auch kommunizieren. Ihr Kunde wird Sie in sein Herz schließen, weil es Sie schlichtweg menschlich macht. Wenn Sie dann noch eigenverantwortlich zu ihrer Schwäche stehen und versprechen, das Problem im Sinne des Kunden zu lösen, können Sie in der Gunst des Kunden ganz schnell zu einem Helden aufsteigen.

Ich war mir die ersten Jahre weder meiner Stärken noch meiner Schwächen wirklich bewusst. Ich arbeitete einfach stupide meine Verkaufsgespräche ab und mal gab es Umsatz, oftmals auch nicht (deutlich öfter nicht). Heute ist mir klar, dass ich mir so viel Zeit hätte sparen und so viel mehr Umsatz hätte generieren können. Warum? Ganz einfach. Eine meiner Stärken ist, dass ich sehr schnell Vertrauen aufbauen kann. Das war mir über viele Jahre nicht bewusst. Deshalb habe ich überhaupt nicht mitbekommen, dass die Kunden oftmals schon nach kurzer Zeit bereit gewesen waren, zu unterschreiben. Ich war aber der Überzeugung, dass ich alles Fachliche und Sonstige erzählen muss, was mir so im Kopf rumschwirrte, dass ich den Verkauf selbst zerredete. Meine Schwäche ist, dass ich zu viel rede und das vor allem zu schnell. Diese Kombination führte deshalb immer wieder zu den unerwünschten Ergebnissen. Seitdem ich mir bewusst war, dass meine Stärke Vertrauen aufzubauen und meine Schwäche zu viel zu reden, ist, habe ich daran gearbeitet. Ich beschloss von Gespräch zu Gespräch immer weniger selbst zu reden und den Kunden mehr reden zu lassen. Dafür hörte ich aufmerksam zu, um die Signale zu erkennen, wann er bereit für einen Abschuss war. So wurden die Verkaufserfolge deutlich mehr und vor allem kam ich deutlich schneller zum gewünschten Ergebnis.

Haben Sie eine Idee, warum in den Medien derzeit so viele sogenannten Doku-Soaps über den Sender flimmern und aus welchem Grund diese ganzen musikalischen Supersternchen gefeiert werden? Weil das Menschen sind wie Sie und ich und weil die Masse der Bevölkerung endlich sehen kann, dass auch andere Menschen unvollkommen sind. Das Dschungelcamp ist so ein Phänomen. Dort öffnen sich sogenannte Prominente und verraten öffentlich ihre Sorgen und Ängste. Die, die das am Ehrlichsten rüberbringen und dabei echt wirken, werden dafür mit einer Krone oder zumindest dem Finale belohnt. Menschen haben durchaus das Problem, dass sie immer denken, die anderen sind besser als sie. Wenn sie dann sehen, dass sogar prominente, angeblich fehlerfreie Menschen Ängste und Schwächen haben, die jeder Privatbürger auch schon mal hatte, werden sie auf das normale Niveau heruntergeholt. Menschen stehen darauf, zu sehen, dass sie nicht die Einzigen sind, die Probleme haben. Nico Selmsrott, ein neuer aufstrebender Kabarettist, hat viele witzige und auch nachdenkliche Sprüche geprägt. Ich möchte einen zitieren, der mir sehr gefällt und der wunderbar zu dem Thema passt (aus einem Fernsehmitschnitt):

> *»Möge dein Leben so sein, wie du es bei Facebook darstellst.«*
>
> Niko Selmsrott

Die meisten Menschen glauben inzwischen, dass die anderen irgendwie erfolgreicher sind und es denen immer gut geht. Dass das oftmals nur eine Fassade bzw. ein kleiner Ausschnitt des

Alltages ist, wird nicht bemerkt. Umso wichtiger ist es, seine Schwächen zuzugeben und zu ihnen zu stehen. Das macht menschlich.

Was damit nicht gemeint ist, ist, dass jemand vor Selbstmitleid zerfließt und dies auch von seinem Umfeld erwartet. Sich in seinen Schwächen aufzugeben und diese zum Lebensmittelpunkt zu machen, hilft auch keinem weiter und wird nur dafür sorgen, dass andere sich weiter entfernen. Ich gehe aber davon aus, dass das den meisten Verkäufern klar ist.

Ein Verkäufer, der fehlbar und nicht gelackt oder perfekt ist, ist in der heutigen Zeit ein besserer und authentischer Verkäufer. Damit Sie diese Stärken und Schwächen ehrlich zeigen können, müssen Sie diese kennen. Bleiben Sie dran.

> Die meisten Menschen haben keine rechte Ahnung, mit wem sie es da ihr ganzes Leben zu tun haben.
>
> Jeder Mensch hat Schwächen, auch oder gerade jene, die behaupten, keine zu haben.
>
> Ein Verkäufer, der fehlbar und nicht gelackt oder perfekt ist, ist ein besserer und authentischer Verkäufer.

Werte

»Willst du dich deines Wertes freuen,
so musst der Welt du Wert verleihen.«

Johann Wolfgang von Goethe

Über Werte kann man tonnenweise schreiben, weil jeder sie unterschiedlich interpretiert. Fragen Sie 3 Personen, was für sie Werte sind und Sie bekommen 4 Meinungen. Ich gebe Ihnen nur mal ein Beispiel, was für mich Werte sind. Dies hat keinen Anspruch auf Richtigkeit, schon gar nicht in irgendwelchem religiösen oder gesellschaftlichen Sinne. Das ist nur meine persönliche Meinung, wie ich damit umgehe und sie mir zu Hilfe nehme, um mich auszurichten. Werte sind für mich eine Art Vorstellung, wie es idealerweise in einer Welt zugehen sollte. Es sind Eigenschaften, die von vielen Menschen als wünschenswert anerkannt sind. Wenn viele Menschen nach gleichen Werten leben, entsteht irgendwann eine bestimmte Kultur. In Firmen nennt man das auch Unternehmenskultur. Es können Denkmuster sein, aber auch Verhaltensweisen, Glaubenssätze oder Charaktereigenschaften. Für eine Person selbst können Werte eine Art Orientierung sein oder dem Leben einen Sinn geben. Gleichzeitig helfen sie, Ziele zu kreieren und diese zu verfolgen. Brechen bestimmte Werte weg, kann das Menschen in ein tiefes Loch stürzen. Auch wenn Sie kein großes Unternehmen mit zahlreichen Angestellten besitzen, hilft es sich mal die Wertekultur von Unternehmen anzuschauen. Einer Studie von Management Partner nach sind Werte in Unternehmen folgendermaßen definiert[18]: »Grundwerte sind tief verankerte Überzeugungen, die die Idealvorstellung oder Erwartungen beschreiben, wie sich jeder im Unternehmen verhält.« Es ist eine Art Leitfaden für persönliche Verhaltensweisen. Interessanterweise hat diese Studie herausgefunden, dass fast alle Unternehmen Werte haben, diese aber grundverschieden interpretieren. Auch die Werte an sich sind verschieden. So haben erfolgreiche Unternehmen den Schwerpunkt mehr auf Zufriedenheit und Glaubwürdigkeit und weniger auf Innovation und Produktentwicklung gelegt. Es steht so gut wie immer der Kunde oder auch der Mitarbeiter im Zentrum der Wertedefinition. Nur 1 Prozent der Unternehmen betrachten Werte als Modeerscheinung. Das sollte zu denken geben und Grund genug sein, sich damit intensiv zu beschäftigen. Leider reicht es nicht aus, die Werte zu definieren. Die meisten Unternehmen leben die Werte oftmals nicht oder nur selten. Der eigentliche Schlüssel, wer hätte es gedacht, ist es, diese Werte anschließend auch mit Leben zu erfüllen und weiterzuentwickeln.

An dieser Stelle möchte ich eine Passage einer Webseite der Bundesvereinigung deutscher Arbeitgeberverbände zitieren:

»Um die eigene Zukunftsfähigkeit zu sichern, sind Unternehmen auch auf ethische Werte angewiesen. Denn wem kein Vertrauen entgegengebracht wird, der findet keine Kunden, Mitarbeiter oder Geschäftspartner. Nur wenn Werte in den Unternehmen auch gelebt werden, sind sie glaubwürdig und tragfähig.«[19]

Werte sind meiner Meinung nach für Sie als Verkäufer deshalb so wichtig, weil Sie als Person dadurch authentischer wahrgenommen werden. Wie sollen andere Menschen Sie einordnen, wenn Sie wie ein Blatt vom Winde verweht durch die Lüfte schweben, und der Kunde nicht verstehen kann, für was Sie stehen. Menschen benötigen Orientierung. Gerade bei Themen und Produkten, die sie selbst nicht verstehen. Sie sind in den Augen Ihres Kunden der Experte. Wenn Sie aber schon von rechts nach links schwanken, wie soll dann Ihr Kunde sich an Ihnen festhalten können. Es geht darum, wofür Sie stehen und aus welcher inneren Haltung heraus Sie handeln. Gleichzeitig werden Sie auch damit Ihre Zielgruppe finden. Wenn einer Ihrer Werte Ehrlichkeit ist, werden kaum Menschen zu Ihnen kommen, für die das keine Rolle spielt. Und das ist auch gut so, sonst passt es sowieso nicht zusammen und eine schwierige Kundenbeziehung ist vorprogrammiert.

Meine persönlichen drei Hauptwerte sind Wertschätzung, Respekt und Klarheit. Weitere könnten sein: Stärke, Mitgefühl, Liebe, Loyalität, Pünktlichkeit, Gerechtigkeit, Dankbarkeit oder Optimismus. Sie werden bestimmt auch andere finden, die zu Ihnen passen.

Wir sprechen in diesem Buch immer wieder über Chancen, den Umsatz auf ehrliche und wertschätzende Art zu steigern. Hier ist ein weiterer. Denn es ist zwar wichtig, Werte zu definieren und diese nach außen zu kommunizieren, genauso wichtig ist es, diese zu leben. Genau da hapert es bei vielen Unternehmen. Ich bin überzeugt, dass Sie in diesem Bereich den anderen einen großen Schritt voraus sind, wenn Sie sich damit beschäftigen.

In meiner Anfangszeit als Verkäufer war ich mir dessen keineswegs bewusst. Ich kommunizierte mit Kunden heute auf die eine und morgen auf die andere Weise. Schwierig wurde es dann, wenn ich mit einem Kunden mehrere Gespräche hatte. Das erste lief sehr gut, weil der Kunde mich so nahm, wie ich an diesem Tag war. Beim zweiten Gespräch entstand eine Art Distanz, weil ich plötzlich aus einer anderen Haltung heraus agierte. Seit mir klar ist, dass ich jedem Menschen mit Respekt, Wertschätzung und Klarheit begegnen möchte, fällt es mir deutlich leichter, mit Kunden eine erfolgreiche Beziehung aufzubauen. Wenn es mal nicht klappt und ich das im Nachhinein analysiere, stelle ich immer wieder fest, dass es mir nicht gelungen ist, meinen Gegenüber mit dem nötigen Respekt, der nötigen Wertschätzung oder Klarheit zu begegnen.

Es bedeutet nicht, dass, wenn Sie sich klar über Ihre Werte sind, Sie ein leichtes Spiel haben werden. Es wird immer Hindernisse bzw. Niederlagen geben. Daran können Sie wachsen, wenn Ihnen zumindest bewusst ist, warum das so passierte.

Steigen wir in eine zweite Übung ein.

Übung

Schreiben Sie dieses Mal alle Werte auf, die Ihnen so einfallen. Danach suchen Sie sich 2-5 aus, die Sie so motivieren, dass Sie für sie wirklich bereit sind, ihr Leben danach auszurichten.

____

____

____

____

____

____

____

Vielleicht leben Sie schon so. Dann herzlichen Glückwunsch. Sollte das nicht so sein, haben Sie gerade ein riesen Potenzial entdeckt, wie Sie authentischer werden, damit deutlich mehr Anziehungskraft ausstrahlen und mehr Umsatz bei Ihren Kunden erzielen. Wenn Sie Ihre 2-5 Werte gefunden haben, machen Sie sich Gedanken, wie Sie diese Werte mit Leben füllen wollen. Es muss eine Bedeutung hinter das Wort. Nur wenn Sie Ehrlichkeit als Wert haben, passiert noch nichts. Beschreiben Sie, was es für Sie bedeutet, ehrlich zu anderen zu sein und welche Erwartungen Sie an andere haben. Je genauer Sie das tun, umso klarer sind Sie ausgerichtet. Eine weitere Hilfe, die mir sehr viel gebracht hat, kann sein, sich zu jedem Wert eine gewisse Anzahl von Dingen, Handlungen oder Menschen, die sie damit verbinden, aufzuschreiben. Danach schreiben Sie auf, was Sie tun können, um diese Werte in Ihrem Leben und insbesondere im Verkaufsgespräch zum Leben zu erwecken.

Beispiel Vertrauen:

Sollte einer Ihrer Werte Vertrauen sein, dann suchen Sie Menschen, Dinge, Handlungen oder auch Filme, die für Sie Vertrauen ausstrahlen. Sei es, dass Sie diesen Personen vertrauen oder dass viele Menschen diesen Personen vertrauen. Nun beobachten Sie genau, wie diese Menschen sind, wie sie sich verhalten usw. Je mehr Sie in die Tiefe einsteigen, umso mehr werden Sie finden. Einiges, was Sie da finden, können Sie für sich übernehmen. Denn wenn es Ihnen gefällt, es Sie positiv berührt, ist es sowieso ein Teil von Ihnen.

Sie erkennen auch relativ leicht, ob der Wert zu Ihnen passt. Wenn Sie die Menschen analysieren und beobachten und merken, dass diese Art der Vorgehensweise genau die ist, die Sie inspiriert, dann geht der Weg in die richtige Richtung.

Für mich ist zum Beispiel Götz Werner, der Gründer der dm-Kette, ein Mann, den ich mit den Werten Klarheit und Wertschätzung verbinde. Bei dem Buch, was ich über ihn gelesen habe oder auch die Interviews, die ich von ihm gesehen habe, haben mich immer wieder diese Werte und Eigenschaften inspiriert. Ob er diese wirklich für sich kreiert hat und es wirklich diese sind, spielt für diese Übung keine Rolle. Es geht um Inspiration für meine Ausrichtung. Ich habe diesen Mann studiert und seine Einstellung zum Unternehmertum, zu Kunden und Mitarbeitern genauestens analysiert. Einiges habe ich mir davon zu eigen gemacht.

Ich hoffe, ich konnte Ihnen mit diesem kurzen Beispiel ein wenig Ideen und Anregungen geben

Das ist eine besonders schöne und spannende Aufgabe, bei der ich Ihnen viel Spaß wünsche.

> Es ist wichtig, Werte zu definieren und diese nach außen zu kommunizieren, es ist genauso wichtig, diese zu leben.

Selbstbild / Fremdbild

»Das Ich, das Ich ist das tief Geheimnisvolle!«

Ludwig Wittgenstein (Tagebücher 5.8.1916)

Der dritte wichtige Punkt, um wirklich authentisch zu wirken, wird oftmals völlig vergessen. Das ist der Unterschied zwischen Ihrem Selbstbild und dem Fremdbild. Mit anderen Worten: Passt das, was Sie über sich selbst denken bzw. wie sie sich wahrnehmen, zu dem, was andere über Sie denken oder wie sie Sie wahrnehmen?

Sollten Sie sich zum Beispiel selbst total unsicher fühlen, die anderen Menschen in Ihrem Umfeld finden aber, dass Sie ein total gefestigter Mensch sind, wirken Sie nicht authentisch. Genau so, wenn Sie glauben ein guter Zuhörer zu sein, ihre Mitmenschen aber der Meinung sind, Sie plappern zu viel. Das Entscheidende an einer wahrhaftigen Authentizität ist meiner Meinung nach die Übereinstimmung zwischen dem, was Sie über sich selbst denken, wie sie sich selbst fühlen und handeln und dem, was andere in Ihnen sehen und mit Ihnen fühlen, wenn sie mit Ihnen zusammen sind.

Wie kommen Sie jetzt dazu, die Aufgabe so zu lösen, dass Sie wissen, woran Sie sind?

Ganz einfach. Sie haben Ihre Stärken und Schwächen aufgeschrieben. (Haben Sie doch, oder?)

Übung

Fassen Sie in der folgenden Tabelle zuerst ihr Selbstbild zusammen. Das heißt, tragen Sie bei allen Punkten ein, wie Sie aus Ihrer Sicht sich selbst bewerten. Schätzen Sie sich bei all den Punkten selbst ein, ob Sie diese viel, wenig oder gar nicht besitzen.

Im zweiten Schritt rufen Sie Freunde, Eltern, nette Kollegen etc. an und fragen Sie mal nach ehrlichem Feedback über Ihre Person. Fragen Sie mal Ihre Mitmenschen, wie sie Sie sehen. Wenn Sie die Tabelle nicht nutzen wollen, weil Sie was für Sie Passenderes gefunden haben, nur zu. Es geht auch auf anderen Wegen.

Ein Gespräch mit einem guten Freund könnte folgendermaßen ablaufen:

Sie: Ich ruf dich an, weil ich an Deiner Meinung interessiert bin. Bist du bereit, mir über mich ein ehrliches Feedback zu geben?

Er: Ja gerne. (Eventuell: Warum?)

Sie: Ich arbeite gerade daran, als Verkäufer authentischer bei meinen Kunden rüberzukommen und dabei möchte ich das Fremdbild über mich erfahren. Dabei glaube ich, dass du mich weiterbringen kannst, denn du kennst mich gut.

Selbstbild / eigene Einschätzung					Fremdbild			
Qualitäten	**Zu viel**	**Gut**	**Wenig**	**Gar nicht**	**Zu viel**	**Gut**	**wenig**	**Gar nicht**
Selbstvertrauen								
Sicheres Auftreten								
Positiv eingestellt								
Negativ eingestellt								
Kann gut zuhören								
Erreiche meine Ziele								
Schaffe, was ich will								
Mache Dinge nicht zu Ende								
Ehrlich								
Zielstrebig								
Empathisch								
Ordentlich								
Herzlich								
Ungeduldig								
Unsicher								
Emotional								
Ehrgeizig								
Klar in den Aussagen								
Wertschätzend								
Zuverlässig								
Kontaktfreudig								
Selbstkritisch								
Unsicher								
Redselig								

Er: Okay, wie kann ich dir helfen?

Sie: Ich habe eine kleine Tabelle vorbereitet, bei dem ich dich bitte, mich einzuschätzen. Das heißt, ob ich diese Qualität oder Eigenschaft zu viel besitze, sie gut, kaum besitze oder gar nicht habe.

Wenn dir zu den von mir genannten später noch was einfällt, darfst du diese gerne ergänzen.

Er: Okay.

Machen Sie bei dem Fremdbild eine Strichliste, so können Sie mit mehreren Personen telefonieren und am Ende schauen, in welchem Bereich die meisten Striche sind.

Wenn Ihnen noch andere Qualitäten oder Eigenschaften einfallen, können Sie die hier ergänzen.

Qualitäten	Zu viel	Gut	Wenig	Gar nicht	Zu viel	Gut	Wenig	Gar nicht

Einen Satz zur Auswertung: Wenn Sie zum Beispiel bei »zielstrebig« sich selbst gut einschätzen und ein Bekannter meint, Sie erfüllen das so gut wie gar nicht, werfen Sie bitte nicht die Flinte ins Korn oder vergraben sich schmollend im Bett. Jede Umfrage hat auch den Nebeneffekt, dass dort eigene Befindlichkeiten Ihrer Gesprächspartner mit eine Rolle spielen. Es kann in diesem Falle auch sein, dass Ihr Bekannter selbst ein Problem damit hat, zielstrebig zu sein. Sollte also der eine oder andere aus der Reihe tanzen, nehmen Sie es als Hinweis, bewerten es dabei nicht zu hoch. Sollte die Mehrheit der gleichen Meinung sein, gilt es nun herauszufinden, was die Gründe für die Differenzen zwischen Ihrer Einschätzung und der Ihrer Mitmenschen ist. In der Art erhalten Sie wertvolles Feedback und können sich weiter entwickeln.

Egal ob Sie sich besser oder schlechter einschätzen als Ihr Umfeld, ist eine Diskrepanz zwischen Selbst- und Fremdbild meiner Erfahrung nach einer der Hauptgründe, warum der Verkauf Ihrer Produkte noch nicht so läuft, wie Sie es sich vorstellen. Denn Ihr Kunde will spüren, dass Sie zu 100 Prozent von dem überzeugt sind, was Sie tun. Er möchte Sicherheit spüren. Die spürt er nicht, wenn sein Gefühl über Sie nicht mit Ihrem eigenen über sich selbst übereinstimmt. Sind Sie überzeugt von Ihren Produkten, ducken sich aber, weil das Selbstvertrauen fehlt, wirken Sie auf verquere Art nicht authentisch. Sie meinen es vielleicht sogar gut, weil Sie nicht zu forsch auftreten wollen. Nimmt Sie Ihr Kunde aber kraftvoll wahr, Sie sich selbst aber nicht, kann es leicht zu Irritationen führen.

Ich kenne schon einige Jahre lang eine junge Frau, die von ihrem Aussehen, ihrer Ausstrahlung, ihrer Kleidung und ihrem gesamten Erscheinungsbild bei mir und vielen anderen locker als Vorstandsvorsitzende eines großen Konzernes durchgehen würde. Wir sind jedes Mal geflasht, wenn diese Frau den Raum betritt. Es gab aber vor einigen Jahren noch Zeiten, wo sie das selbst über sich überhaupt nicht so gesehen hat. Machte sie daher früher den Mund auf, weil sie etwas präsentieren wollte, kam dabei eine große Unsicherheit zum Vorschein, dass alle im Raum irritiert waren. Wir dachten, dass sie sehr erfolgreich sei, sie dachte, sie sei eine einfache Hausfrau, die nichts beizutragen habe. Das Bild, das wir hatten, stimmte nicht im Geringsten mit ihrem Selbstbild überein. Heute ist diese Frau sehr erfolgreich, weil sie unser Feed-

back ständig angenommen und umgesetzt hat und inzwischen Selbstbild und Fremdbild übereinander passen.

In diesem Zusammenhang möchte ich noch einen Schritt tiefer gehen, weil mir das am Herzen liegt, dass Menschen, die per se ehrlich beraten wollen, auch so rüberkommen können. Dazu ist es extrem wichtig, dass Verkäufer sich so gut wie möglich selbst kennen und wissen, wie sie in ihrer Umwelt ankommen. Die Sozialpsychologen Joseph Luft und Harry Ingham entwickelten in den 50er Jahren das sogenannte Johari Fenster. Diese Fenster beschreiben dabei 4 Bereiche über die eigene Person.[20]

Es geht dabei um sämtliche Persönlichkeitsmerkmale Ihrer Person. Alles was ein Mensch ausmacht. Dabei kann man alle Aspekte in zwei Bereiche einteilen. Zum einen sind das Dinge, Eigenschaften, Angewohnheiten und vieles mehr, was Sie über sich wissen oder auch nicht. Zum anderen sind es die Dinge, die andere über Sie wissen oder nicht. Als Sie vorhin Ihre Stärken aufgeschrieben haben, sind das alles Eigenschaften und Merkmale gewesen, die Sie über sich wussten. All diese Dinge können wir in das Johari Fenster eintragen.

Das Johari Fenster wird auch als Kreuz dargestellt, welches in 4 Bereiche eingeteilt wird.

Dieses Kreuz hat auf der linken Seite die Bereiche, die Ihnen bekannt sind und auf der rechten Seite die Angewohnheiten, die Ihnen unbekannt sind. Im oberen Bereich sind es Dinge, die andere an Ihnen sehen und im unteren Bereich, die Gewohnheiten, die andere nicht an Ihnen erkennen können.

Im ersten Bereich oben links befindet sich demnach alles, was Sie über sich selbst wissen und auch anderen klar ist. Wenn Sie über sich selbst der Meinung sind, eine Menge Fachkompetenz zu besitzen und die anderen das auch tun, ist das ein öffentlich anerkannter Bereich, der nicht zu diskutieren ist. Dieser Bereich ist prozentual gesehen ziemlich klein, da es nur die offensichtlichen Eigenschaften, Handlungen usw. betrifft.

	Mir bekannt	Mir unbekannt
Anderen bekannt	Öffentliche Person	Blinder Fleck
Anderen unbekannt	Mein Geheimnis	Unbekanntes

Abbildung 4: Das Johari Fenster

Im Bereich des blinden Flecks oben rechts ist alles, was andere an Ihnen bemerken, was Sie selbst nicht bemerken. Offensichtliche Beispiele wären ein Nutella Fleck auf der Wange oder dass Ihr Reißverschluss an der Hose offen steht. Dieser Bereich kann durch Feedback bewusst gemacht werden und somit in den öffentlichen Bereich verschoben werden. Wenn Ihnen jemand höflich zu verstehen gibt, dass Ihr Hosenladen offen steht, wissen Sie es ab dem Zeitpunkt auch und das Thema wandert für ein paar Sekunden in den für alle bekannten Bereich. Wenn Sie den Reißverschluss schließen, können auch alle sehen, dass er zu ist. Dann ist auch das eine allen bekannte Information im oberen linken Bereich. Diesen Ihnen unbekannten Bereich können Sie extrem erweitern, wenn Sie die obere Übung zum Thema Selbstbild und Fremdbild mit Ihren Bekannten gemacht haben. Je mehr Diskrepanzen sie entdeckt haben, umso mehr dürfen Sie sich freuen. Wenn Sie mit Ihrem Umsatz unzufrieden sind, aber nichts mehr ändern können, dann wird es schwierig, was Neues auszuprobieren. Wenn Sie noch Luft nach oben haben, ist es das Beste, was Ihnen passieren kann.

Der dritte Bereich unten links ist das Geheimnis. Es sind all die Dinge, die die betreffende Person über sich weiß, anderen aber nicht preisgibt. Auch hier ist ein einfaches Beispiel, wenn Sie schon mal einen Kunden aus reiner Provisionsabsicht heraus beraten haben und das Produkt nicht wirklich zu Ihrem Kunden gepasst hat, wissen Sie das, ihre Umwelt aber nicht. Oder wenn Sie viele Dinge über Ihr Produkt nicht wissen. Dann wissen Sie das, Ihre Kunden aber noch nicht. Der Nachteil ist, dass bei einer Häufung unschöner Geheimnisse Ihre Authentizität leidet, weil es die Menschen eben doch unterbewusst spüren. Hier können Sie selbst dafür sorgen, die Dinge in den öffentlichen Bereich zu schieben, indem Sie dazu stehen und Fehler und Schwächen zugeben können. Das macht aus meiner Sicht eine wahrhaft großartige Persönlichkeit aus. Es ist keine Größe, cool zu sein und alles unter den Teppich zu kehren. Die wahre Größe eine Person zeigt sich darin, Schwäche zu zeigen und dazu zu stehen. Da Sie durch das Behüten der eigenen Geheimnisse eine Menge energetischer Kraft benötigen, gewinnen Sie eine Menge an Ausstrahlung, wenn Sie die Kraft für andere Dinge verwenden können.

Der letzte Bereich ist das große Unbekannte. Das ist erstmal beiden Parteien verborgen und für die eigene Wahrnehmung erst in einem späteren Schritt wichtig.

Die Idee von Johari ist es, durch Kommunikation mit Mitmenschen und das Mitteilen der eigenen Geheimnisse den oberen linken Quadranten immer größer werden und dafür die anderen immer kleiner werden zu lassen. Durch die permanente Kommunikation lüften sich auch automatisch Elemente aus dem 4. Quadranten und wandern so zwangsläufig in den ersten. Allein dadurch wird sich Ihr Selbstbild dem Fremdbild annähern.

Wenn Sie diese Übungen – zur Ruhe kommen, Ihre Schwächen und Stärken, Ihre Werte und Ihr Selbstbild/Fremdbild erkennen – konsequent angehen und umsetzen, kann es sehr herausfordernd werden. Sollten Sie dabei an Ihre Grenzen kommen, möchte ich Ihnen Mut und Geduld zusprechen.

Das Schöne ist: Es ist noch kein perfekter Verkäufer geboren worden, aber schon viele gestorben. Also muss dazwischen etwas Magisches passiert sein. Ich bin überzeugt, dass jeder zum perfekten Verkäufer auf eine authentische Art und Weise werden kann. Die Übungen in diesem Kapitel sind ein wichtiger, wenn nicht der entscheidende Teil dazu. Haben Sie viel Spaß. Sollte etwas nicht so gelingen, wie Sie es sich wünschen, dürfen Sie mir gerne ein E-Mail schreiben.

> Welches sind Ihre Geheimnisse?
>
> Je mehr Diskrepanzen sie entdeckt haben, umso mehr dürfen Sie sich freuen.
>
> Es ist noch kein perfekter Verkäufer geboren worden, aber schon viele gestorben. Also muss dazwischen etwas Magisches passiert sein.
>
> Die Person, bei der das Selbstbild und das Fremdbild übereinstimmen, wird zwangsläufig erfolgreich werden.

Bitten Sie um Feedback bei Kunden

»Das Feedback des Kunden ist manchmal schmerzhaft, aber immer gut.«

Rolf Hansen

Feedback ist eine sehr spannende und wertvolle Sache, wenn es richtig genutzt wird. Vielen Menschen geht gerade negatives Feedback ganz schön auf die Nerven, weil sie es wahrscheinlich direkt persönlich nehmen und überhaupt nicht lösungsorientiert benutzen.

Können Sie sich noch als Kind an das Spiel Topfschlagen erinnern? Sie, mit verbundenen Augen und einem Holzlöffel bewaffnet, krabbelnd auf dem Wohnzimmerfußboden eines schicken 60er-, 70er- oder 80er-Jahre-Wohnzimmers? Sie krochen auf dem Boden rum, wild auf den Boden schlagend und eine Horde schreiender Kinder rief Ihnen ständig zu: kalt, kälter, sehr kalt oder warm, heiß, heißer …

Was war das? Das war nichts anderes als Feedback. Die Aufgabe war, den Topf zu finden. Da Sie nichts sehen konnten, waren Sie auf die Führung Ihrer Freunde angewiesen. Jedes kalt, kälter usw. hat Sie ein Stück weiter weg von Ihrem Ziel gebracht. Das Feedback war also streng genommen negativ, weil der Erfolg oder das Ziel immer weiter weg ging. Haben Sie das damals persönlich genommen und vielleicht sogar nach 3-4-mal beleidigt aufgegeben? Hätten Sie das damals persönlich genommen, wäre das Spiel schnell vorbei gewesen und Sie hätten das Ziel nicht erreicht. Ohne dieses Feedback wären Sie zumindest wesentlich langsamer oder später an das Ziel gekommen. Bei genauerer Betrachtung ist also das sogenannte negative Feedback eine sehr effektive Form, damit Sie schneller Ihr Ziel erreichen. Bei jedem »Kalt« wissen Sie sofort, okay, da geht es nicht lang und Sie können schnell die Richtung ändern. Bei jedem »Heiß« wissen Sie, so ist es richtig und können die Richtung verstärken und vielleicht Tempo aufnehmen.

Jede Form von Feedback ist auf seine Weise zielführend. Nur weil wir irgendeine Form von Bewertung eingebaut haben, haben wir Angst, dass irgendwas kommen könnte, was uns blamiert. Aus diesem Grunde stellen die Menschen keine Fragen oder fragen nicht mehr direkt nach Feedback.

Sollte tatsächlich ein Feedback in folgender Form auf eine Ihrer Fragen kommen: »Das war doof.« Dann seien Sie auch nicht direkt auf Konfrontation oder Rückzug aus, sondern fragen einfach mal ganz trocken nach: »Was meinen Sie damit?« Spätestens dann wird was kommen. Sollten die Kommentare nicht konstruktiv sein, dürfen Sie das gerne abhaken und nicht weiter bewerten. Es wird in den seltensten Fällen passieren. Das ist zumindest meine Erfahrung.

Genau wie bei der Übung gerade eben, wo Sie bzgl. der Fremdwahrnehmung Ihre Bekannten gebeten haben, Ihnen Feedback zu geben, können Sie auch hier Kunden befragen, wie authentisch Ihr Verkaufsgespräch angekommen ist und was eventuell gefehlt hat. Wenn Sie Ihre Kunden sogar noch bitten, das schriftlich zu tun, haben Sie einen fast unerschöpflichen Schatz für Ihren Erfolg bei sich.

Entweder erhalten Sie ein tolles und konstruktives Feedback, was und wie Sie es besser oder anders machen können, was Ihnen die Gelegenheit bietet, sich bei jedem Gespräch Stück für Stück zu verbessern oder Sie bekommen schriftliches Lob, was alles toll war und dass der Kunde sich sehr gut aufgehoben und beraten gefühlt hat. In diesem Fall haben Sie sogar einen doppelten Effekt. Sie können sich diese Zeilen in schwierigen Zeiten immer wieder durchlesen. Das gibt eine unglaubliche Motivation. Gerade, wenn Sie mal einen Abschluss in den Sand gesetzt haben oder der Meinung sind, keiner interessiert sich für Ihr Produkt. Zum anderen haben Sie hiermit eine tolle Auswahl von authentischen und wahrhaftigen Referenzen erhalten. Veröffentlichen Sie diese mit der Erlaubnis Ihrer Kunden auf Ihrer Webseite, Sie werden einen gewaltigen Schub nach vorne bekommen.

Einen großen Schritt nach vorne habe ich vor einigen Jahren gemacht, als ich mir eine ganze Zeit lang jeden Abend aufgeschrieben habe, was ich am nächsten Tag besser machen kann. Wenn mir nichts eingefallen ist, habe ich am folgenden Tag Kunden und Geschäftspartner gefragt und mir Ideen, Tipps und Anregungen geholt. Das war sehr wertvoll.

Im Prinzip ist es egal, wen Sie fragen. Das Komische an unserer Persönlichkeit ist, dass wir bei anderen sehr schnell sehen, was nicht funktioniert, es aber bei uns selbst nicht sehen können.

Eine Kollegin von mir ist eine ausgezeichnete Kommunikationstrainerin und macht bei ihren Unternehmerkunden einen extrem guten Job. Sie analysiert die Kommunikationswege, deckt schonungslos die Probleme auf, bringt die Parteien dazu, sie zu ändern und hat dadurch schon viele Firmen vor dem Ruin gerettet. Die gleiche Trainerin hat auch eine zweite eigene Firma, die sie auf Grund mangelnder Kommunikation in ihrem Hause nicht ans Laufen bekommt. Im Gegenteil, die Firma steht aus ähnlichen Gründen vor dem Aus, die sie bei ihren Kunden brillant gelöst hat.

Dass sie die Probleme bei sich nicht erkannt hat, finde ich nicht mal tragisch. Denn meiner Meinung nach ist es oft so, dass man bei anderen die Mängel erkennt und bei sich die eigenen Probleme übersieht. Was ich persönlich tragisch finde, ist, dass sie sich keine Hilfe von außen geholt hat, da sie ja als Kommunikationstrainerin weiß, wie es geht und woran es krankt.

Sie sehen, wie entscheidend für Ihren Erfolg Feedback ist. Nutzen Sie diesen Schatz. Wenn ich Menschen frage, wie oft sie schon von anderen Personen nach Feedback gefragt wurden, kommt meistens: »Noch nie.« Da Gefragt-werden die höchste Form der Anerkennung ist und die meisten stolz sind, wenn ihre Meinung gefragt wird, können Sie allein damit einen riesen Schritt nach vorne kommen.

> Jede Form von Feedback ist auf seine Weise zielführend.
>
> Fragen Sie nach Feedback und erhalten damit authentische und wahrhaftige Referenzen.
>
> Schreiben Sie eine Zeit lang jeden Abend auf, was Sie am nächsten Tag besser machen können.

Vor dem Gespräch

»Die Einstellung zu einer Sache ist entscheidend, nicht die Sache selbst.«
Katharina Eisenlöffel

Wenn ich von einer inneren Haltung spreche, fängt das Verkaufsgespräch schon deutlich vor dem eigentlichen Dialog an. Mit welcher inneren Haltung fahren Sie zu dem zukünftigen Kunden? Rechnen Sie den Umsatz aus? Überlegen Sie sich, wie viele und welche Einwände Ihr zukünftiger Kunde gleich bringen wird? Gehen Sie davon aus, dass Sie Umsatz machen werden oder rechnen Sie mit Schwierigkeiten? Meiner Meinung nach führt das alles zu mehr oder weniger Stress und Druck. Ich habe jahrelang so gearbeitet. Manchmal saß ich sogar im Auto und habe laut Musik gehört, um mich emotional hochzupeitschen. Aus heutiger Sicht denke ich mir, was ich mir damit für einen unnötigen Druck auferlegt habe. Ich wusste es einfach nicht besser.

Wenn ich Verkäufer frage, wer ihr Produkt denn braucht, höre ich ganz oft: Jeder oder alle. Auch das erzeugt einen so großen Druck, den die meisten gar nicht wahrnehmen. Wenn ihr Ziel ist, dass alle das Produkt benötigen, haben sie schon vor dem Gespräch verloren. Das geht einfach nicht. Nicht mal Apple bekommt 100 Prozent der Kunden. Wenn Sie sich den Satz zu Herzen nehmen, dass jeder das Produkt braucht, der es haben will und sich leisten kann, nehmen Sie sich eine ganze Portion Stress weg. Mag sein, dass Sie ein paar mehr Gespräche führen müssen, um auf Ihr Ergebnis zu kommen, sie können aber entspannter in die Gespräche gehen. Meistens führen Sie gar nicht mehr Gespräche. Logischerweise werden Sie trotzdem jeden ansprechen. Sie nehmen es nur nicht mehr persönlich oder zweifeln gar an sich selbst, wenn von 10 Gesprächen »nur« 5 kaufen. Wenn Sie von 10 Gesprächen 10 verkaufen wollen, haben Sie eben schon vorher verloren. Das spüren Sie unterbewusst auch. Und es führt langfristig wieder zu Frust und Ausgebranntsein.

Ich gehe heute völlig relaxed, neutral und ohne eine einzige Erwartung in das Gespräch. Natürlich will ich Umsatz machen, denn davon lebe ich. Meine innere Einstellung ist, dass ich mich darauf freue, einen neuen Menschen kennen zu lernen und ihm absichtslos zu begegnen. Ich möchte seine Geschichte hören, mir seine Probleme und Wünsche erzählen lassen und schauen, ob und wie ich ihm helfen kann. Und sollte ich nicht helfen können, empfehle ich ihm, was ich persönlich an dieser Stelle tun würde. Das ist so entspannend und trotzdem mache ich jede Menge Umsatz. Wenn ein Kunde Sie anruft und einen Termin haben will bzw in Ihren Laden reinkommt, will er doch etwas. Das heißt, er hat Bedürfnisse oder Probleme, die gelöst werden wollen. Gleichzeitig will er gesehen und ernst genommen werden. Seien Sie gierig auf die Geschichten des Kunden. Sie werden wahre Wunder erleben. Nebenbei erleben Sie so viele schöne Dinge, die ihr Leben bereichern. Mit der Zeit wird der Beruf des Verkäufers der Schönste, den Sie sich vorstellen können. Vertrauen Sie darauf, dass Sie auch oder gerade auf diese Weise Umsatz machen und Geld verdienen können.

Jeder braucht mein Produkt, der es will und sich leisten kann.

Seien Sie neugierig auf die Geschichten des Kunden.

Freuen Sie sich darauf, Probleme zu lösen.

Fazit:

Das zweite Kapitel war schwere Arbeit, weil es ein Thema ist, bei dem es um die eigenen Defizite geht. Damit beschäftigt sich niemand gerne. Merken Sie sich für die Zukunft die vier Bereiche: zur Ruhe kommen, Stärken und Schwächen, Werte, Selbstbild/Fremdbild und arbeiten Sie Stück für Stück daran. Dazu nutzen Sie alle Formen des konstruktiven Feedbacks.

Verkäufer werden ist schwierig, Verkäufer sein ist leicht.

Deswegen hören Sie auf, etwas zu werden und fangen an, jemand zu sein.

Es geht um die Entwicklung und das Herausarbeiten der eigenen persönlichen und sozialen Kompetenz.

Das wirkt sich auch in alle anderen Bereiche des Lebens aus. Das gefällt mir so an dem Beruf des Verkäufers. Die persönliche Entwicklung ist nicht zwischen Beruf und Privatleben trennbar. Wenn Sie beruflich in sich stimmig sind, sind Sie das auch privat. Bleiben Sie bei sich und bleiben Sie dran. Das geht nicht von heute auf morgen. Aus 16 Jahren persönlicher Weiterentwicklung darf ich Ihnen sagen, es hat sich gelohnt. Und keine Angst, Sie werden auch währenddessen Umsatz generieren und Geld verdienen. Sollten Sie mal etwas verwirrt sein, versuchen Sie entspannt zu bleiben. Verwirrung ist ein Zustand, der sich manchmal sehr unangenehm anfühlen kann, da man nicht genau weiß, was gerade passiert und die aktuelle Situation etwas auf dem Kopf steht. Wenn es dann noch im beruflichen Umfeld passiert, wo es um Umsatz und das Überleben geht, ist es nicht einfach, die Ruhe zu bewahren. Aus eigener Erfahrung kann ich Ihnen versprechen, dass dieser Zustand einen großen Schritt zur Weiterentwicklung beiträgt. Wenn etwas Neues entsteht, brechen die alten Mauern schon mal ein. Konzentrieren Sie sich auf das Neue und versuchen Sie nicht krampfhaft das Alte zu erhalten. Das macht es nur noch schwieriger. Haben Sie Vertrauen in sich.

3 Selbstreflexion

Ehrlichkeit in Ihrer eigenen Klarheit und Ausrichtung

»Klarheit ist ein seltenes
›Feature‹ der Realität.«
Stefan Radulian

Bevor Sie anderen Menschen authentisch und in sich stimmig begegnen können, sollten Sie ganz klar und deutlich wissen und fühlen, was Sie wollen, wen Sie wollen, wie sie die Dinge angehen und warum und wie Sie das alles machen. Dazu möchte ich voranstellen, dass es für mich wichtig ist, in allen Bereichen des Lebens erfolgreich zu sein. Ausschließlich finanziell oder beruflich erfolgreich zu sein, hält entweder nicht lange an oder die anderen Bereiche leiden darunter, was wiederum auf die Psyche schlägt und Energie kostet. Ich glaube nicht, dass Menschen wirklich in Kauf nehmen, für den finanziellen Erfolg Krankheit oder in die Brüche gehende Beziehungen zu akzeptieren. Leider tun es trotzdem viele, weil ihnen nicht bewusst ist, dass es auch ganzheitlich geht. Man kann nicht 100 Stunden arbeiten und dann ernsthaft glauben, dass die Beziehung über die kommenden Jahre die gleiche Qualität hat. Das ist wieder das Schöne im Verkauf. Gerade als Selbstständiger können Sie sich die Zeit einteilen und sich so effektiv aufstellen, dass die anderen Bereiche eine ähnliche gute Gewichtung bekommen. Die 5 Bereiche, die ich meine und die für mich wichtig sind:

1. Gesundheit,
2. Partnerschaft,
3. Freundschaften,
4. Beruf/Finanzen,
5. Wohnen.

Das heißt, die folgenden Punkte, die ich beschreibe, müssen immer so ausgerichtet sein, dass auch die anderen Bereiche davon profitieren. Wenn jemand zum Beispiel als Vision eine

Villa haben möchte, ist die Frage, warum. Wollen Sie damit angeben? Wollen Sie zeigen, dass Sie erfolgreich sind? Oder haben Sie einfach Spaß, in einer Villa zu wohnen? Und vor allem, müssen die anderen 4 Bereiche darunter leiden, wenn Sie sich für diese Villa verausgaben müssen? Es gibt eine tolle Übung, die Ihren Grundmotiven etwas auf die Schliche kommt. Bei all den Wünschen und Zielen, die Sie erreichen wollen, können Sie sich immer die Frage stellen, ob Sie dies auch tun würden, wenn es kein Mensch mitkriegen würde. Ich habe eine Menge Menschen kennen gelernt, die alles verloren haben, nur weil sie einem finanziellen Ziel gefolgt sind. Die einen hatten das Ziel zwar erreicht, dafür aber alles andere verloren. Die meisten hatten nicht mal das Ziel erreicht. Meine persönliche Situation ging in eine sehr ähnliche Richtung. Ich ordnete dem finanziellen Erfolg alles unter. 12 Jahre lang. Das Ergebnis: eine Scheidung, eine berufliche Basis, die mir nichts mehr gegeben hat, eine Vision, die sich in Wohlgefallen aufgelöst hat und einen Körper, der gesundheitlich ausgelaugt war. Ich entschied mich, dass ich definitiv anders verkaufen und arbeiten wollte als früher. Das Ergebnis kann sich sehen lassen. Weniger Arbeit, mehr Sinnhaftigkeit in dem was ich den ganzen Tag unternehme, mehr Zeit für Partner und Freunde, bessere Gesundheit und mehr Geld. Der Schritt war nicht einfach und hat einige Jahre des Nachdenkens gebraucht. Auch die Schritte, die ich gehen musste, haben ihre Zeit gebraucht. Manche Erkenntnis setzte ich direkt um, andere schob ich einige Jahre vor mir her. Es gehört eine Menge Mut dazu, sich so etwas zuerst mal einzugestehen. Danach gehört noch mehr Mut dazu, diese notwendigen Schritte umzusetzen. Dessen muss man sich bewusst werden. Das gehört aber zur Ehrlichkeit sich selbst gegenüber dazu. Es hat niemand behauptet, dass dieser Weg ein Spaziergang werden würde. Und der, der behauptet, dass es einfach wäre, hat es selbst nie durchgemacht oder versucht, sich besser darzustellen, als er ist. Schauen wir nun die wichtigsten Punkte an, die Sie klar definieren und inhaltlich leben müssen, um ganzheitlich und authentisch erfolgreich zu sein.

Vision

»Am Anfang eines großen Erfolges
steht immer eine Vision.«
Prof. Dr. Hermann Simon

Eine unternehmerische Vision ist das Basis-Statement zu Ihrer Firma. Sie ist die Begründung, warum es Ihre Firma geben muss und welchen Nutzen Sie für andere erbringen. Auch wenn Sie Verkäufer in einer Firma sind, hilft es Ihnen, der Arbeit einen Sinn zu geben und den Menschen spüren zu lassen, dass es Ihnen nicht nur um den Umsatz, sondern um etwas Größeres geht. Als Verkäufer in einer Firma, völlig egal ob Sie dort angestellt oder selbstständig sind, ist es sinnvoll, sich mit der Vision der Firma zu identifizieren und sich Ihren Platz dort zu suchen. Welchen besonderen Stellenwert wollen Sie einnehmen? Vielleicht, das wichtigste Standbein in Ihrer Region zu werden. Sollte Ihre Firma keine Vision haben, Sie aber trotzdem stolz sind, dort zu arbeiten und Ihre Produkte lieben, arbeiten Sie die folgenden Schritte so aus, als wenn Sie selbstständig wären.

Im ersten Schritt müssen Sie sich klar werden, warum Sie überhaupt jeden Tag aufstehen. Warum machen Sie den Job tagein und tagaus? Warum lassen Sie die Ablehnung, die Angst über sich ergehen? Viele Menschen, die ich gefragt habe, warum und wofür sie jeden Tag aufstehen, haben keine wirklich überzeugende Antwort. Einige, die mir eine Botschaft mitgeben wollen, antworten mit Aussagen wie: ein großes Haus, Millionär, finanzielle Freiheit, Weltreisen usw. Auch das überzeugt mich nicht. Es mag Einzelfälle geben, die das zu 100 Prozent so meinen und dafür brennen. Diese sind dann auch finanziell sehr erfolgreich. Schaut man etwas genauer hinter die Fassade dieser Menschen, fällt auf, dass zur gleichen Zeit das Privatleben, die Gesundheit oder andere Elemente des Lebens unzufrieden oder anstrengend verlaufen. Gerade bei Verkäufern erlebe ich immer wieder, dass diese Personen oftmals ein Bild von sich haben, verkaufen zu müssen, weil sie nichts anderes gelernt haben oder nichts anderes angeboten bekommen. Sollten Sie sich da wiederfinden, haben Sie zwei Möglichkeiten. Hören Sie sofort auf und suchen Sie sich in dem Bereich etwas, das Ihnen mehr Freude bereitet. Oder finden Sie etwas an dem Beruf Verkauf, das Sie inspiriert und motiviert, Ihre Botschaft in die Welt hinaus zu tragen. Es gibt ein tolles Buch, das ich diesen Personen ans Herz legen möchte. Es ist von Bronnie Ware mit dem wundervollen Titel: *5 Dinge, die Sterbende am meisten bereuen – Einsichten, die Ihr Leben verändern werden.* Der Punkt Nummer eins, der von einem Großteil der Sterbenden genannt wurde, war, nicht das Leben gelebt zu haben, das man leben wollte. Das ist genau das, was ich vorher meinte. Warten Sie nicht, bis Sie in die Situation kommen. Dann ist es zu spät. Meiner Meinung nach sollten das alle Menschen bereits mit Anfang 20 lesen. Tun Sie jetzt das, was Sie möchten. Das Leben ist dafür echt zu kurz. Zusätzlich kommt noch verschärfend hinzu, dass auch die Kunden wieder spüren, dass diese Person eigentlich was ganz anderes machen will und den Beruf des Verkäufers nur aus Not heraus annimmt. Absagen, Ausreden und Einwände sind da vorprogrammiert. Dazu ein gutes Beispiel aus meinem Leben:

> *Eine gute Freundin von mir wollte Schauspielerin werden und hatte als Vision, einen Oscar zu gewinnen. Ich fand das als deutsche Schauspielerin durchaus ehrgeizig. Auf meine Frage, warum sie denn das alles möchte, war die Antwort, dass sie Schauspiel so liebt und mit ihrer Kunst Menschen glücklich machen und inspirieren möchte. Meine Wahrnehmung war eine komplett andere (Selbstbild/Fremdbild). Ich war der Meinung, dass sie das nur machen wollte, um Anerkennung zu bekommen, die sie sonst nicht bekommen hat, dass es aber überhaupt nicht ihr Traumberuf ist. Es vergingen Jahre und sie hatte nicht einen einzigen Auftritt, bei dem sie Geld verdient hatte. Durchaus aber zahlreiche kostenlose Auftritte, die ihr zumindest das Gefühl der Zufriedenheit hätten geben müssen, weil sie durch ihre Auftritte die Menschen inspi-*

riert hat. Als wir uns mal wieder trafen, war sie stattdessen ziemlich fertig. Ich fragte sie, warum sie nicht glücklich ist. Sie macht doch genau das, was sie wollte: Menschen durch ihre Schauspielerei glücklich zu machen. Leider war sie nicht glücklich. Deshalb fragte ich sie weiter, was denn nach den ganzen Auftritten emotional mit ihr passiert ist. Sie antwortete mir, dass sie in der Garderobe saß und völlig ausgebrannt war, obwohl die Zuschauer begeistert waren. Sie fühlte sich leer, verlassen und hatte überhaupt nicht die Gefühle, die sie sich durch ihre Arbeit versprochen hatte. Ich wiederholte meine Frage von vor einigen Jahren, warum sie Schauspielerin werden wolle. Sie wieder: Weil sie Menschen inspirieren möchte. Darauf meinte ich, dass das meine Frau mit Yogastunden auch erreicht. Sie war völlig verdattert, denn in ihrer Welt hatte sie keine Vorstellung, dass man auch mit etwas viel kleinerem als einem Oscar Menschen inspirieren kann. Sie ging einige Wochen später zu einer dieser Yogastunden, um sich eine Stunde anzuschauen, weil sie wissen wollte, was ich damit meinte. Am Ende war sie völlig ergriffen von der Stimmung. Die Teilnehmer waren berührt, glücklich, fast schon beseelt und bedankten sich bei meiner Frau auf die unterschiedlichste Art und Weise. Die gute Freundin war selbst so inspiriert, dass sie kurze Zeit später eine Yogalehrer-Ausbildung machte und heute begeistert Kinderyogaunterricht gibt, ihre eigenen Texte für den Unterricht als Hörbücher veröffentlicht und glücklicher ist denn je.

Hinterfragen Sie sich wirklich ernsthaft. Was wollen Sie? Warum und wofür wollen Sie es? Denn letztlich können Sie mit jedem Job der Welt Ihre Ziele erreichen. Es geht um die Idee dahinter. Es ist einerseits wieder die richtige Einstellung zu Ihrer Arbeit und andererseits benötigen Sie genau diese Motivation, die einen Job zu einer Berufung werden lässt. Vielleicht haben Sie als Verkäufer erlebt, wie andere Menschen über den Tisch gezogen werden und haben das tiefe Bedürfnis, es anders oder besser zu machen. Welche Dinge in der Welt gehen Ihnen gegen den Strich und wo haben Sie ein tiefes Bedürfnis, das zu ändern? So ist übrigens die Idee dieses Buches entstanden. Mir ging es einfach gegen den Strich, wie viele Menschen andere nur als Melkkuh betrachten und möglichst schnell möglichst viel verkaufen wollen. Ich habe hunderte Verkäufer erlebt, die nur aus Profitgier und Sucht nach irgendwelchen Statussymbolen anderen Menschen vieles zu völlig überzogenen Preisen verkauft haben, nur um viel Geld zu verdienen und mit Autos, Häusern oder anderen Dingen anzugeben. Ich hatte auch das Glück, mit vielen von diesen Menschen an irgendwelchen Bars in den besten Hotels Europas zu verweilen und Sie glauben nicht, was diese Personen reden, wenn der Alkoholpegel ansteigt und die Wahrheit kommuniziert wird (In vino veritas).

Mir erzählte ein Verkäufer, der in seinen besten Zeiten 5 Millionen € pro Jahr verdient hat, dass er seinen Ferrari immer in die Hoteleinfahrt mitten in den Weg stellt, sich ein Zimmer geben lässt, aus dem er sein Auto sehen kann und dann den ganzen Abend am Fenster sitzt und die Menschen beobachtet, die neidisch um seinen Ferrari laufen. Das Blöde war, ich war weder beeindruckt noch neidisch. Ich stellte ihm nur ein paar Fragen über Sinn und Glück im Leben und seine immateriellen Ziele für die Zukunft. Sein Ferrari und sein Geld hatte ich nicht gelobt, noch nicht mal erwähnt. Er wurde ziemlich kleinlaut und das ganze Kartenhaus brach zusammen. Ich schien wohl der Erste zu sein, der sich in der Anwesenheit eines so erfolgreichen Menschen nicht ehrfürchtig gezeigt hat. Er hat sich fast für sein Verhalten entschuldigt. Daraufhin bedankte ich mich für seine Ehrlichkeit und seine Herzlichkeit, die er mir plötzlich entgegengebracht hat. Ich sprach ihm meine Anerkennung aus, wie viel sympathischer er plötzlich auf mich wirkte, als diese ganze Maske abgefallen war. Der Mann war so gerührt und hatte Tränen in den Augen.

Ich habe nichts gegen Geld und Autos. Ich bin auch schon Porsche und Jaguar gefahren und habe in einem Traumhaus gewohnt. Hat es mich glücklich gemacht? Nicht wirklich. Doch dazu später mehr.

Das will ich ändern und dafür brenne ich. Mich motiviert es, Menschen ein Stück näher zu sich zu bringen und dabei zu sehen, wie sie erfolgreicher werden als vorher. Und das ganzheitlich.

Brauchen Sie überhaupt eine Vision?

Dazu möchte ich auf eine Studie der Personalberatung Rochus Mummert verweisen. In ihrer Veröffentlichung »Einfluss des HR-Managements auf den Unternehmenserfolg« hat sie herausgearbeitet, dass große Unternehmen fast alle überzeugt sind, dass Visionen zur Orientierung wichtig sind. Trotz alledem haben nur etwa 40 Prozent überhaupt eine Vision und diese zeigt bei den meisten noch erhebliche Schwächen. Sie wird oftmals nicht verstanden oder nicht richtig gelebt.[21] Sollten Sie noch keine Vision haben, befinden Sie sich auch hier wieder in bester Gesellschaft. Gleichzeitig können Sie sich mit einer Vision klar positionieren und abheben, wenn Sie sich damit beschäftigen. Sie dient dazu, sich konkret Gedanken über die Gestaltung seiner zukünftigen Arbeit zu machen. Zusätzlich hilft sie, sich klar zu werden, was man wann wie tun möchte und gibt einen größeren Sinn, morgens aufzustehen.

Was sollte eine Vision enthalten?

Das Wichtigste an einer Vision eines Unternehmers oder Verkäufers in der heutigen Zeit ist, wie Sie anderen Menschen helfen, erfolgreich zu werden. Welchen Nutzen bieten Sie anderen Menschen? Viele Menschen, mit denen ich Zielarbeit gemacht habe, schrieben die vorhin genannten üblichen Floskeln auf. Was bei all der Visionsarbeit gerne vergessen wird: Je reicher Sie werden wollen und je mehr materielle Wünsche Sie haben, desto mehr Menschen müssen Ihnen Geld geben, damit Sie sich diese Punkte erlauben können. Wenn Sie sich nur auf die materiellen Dinge konzentrieren, ist der Kunde, den Sie dafür benötigen, aus meiner Sicht nur noch Mittel zum Zweck. Ganz krass gesprochen habe ich mal das Wort Umsatzvieh in den Mund genommen. Das geht in der heutigen Zeit überhaupt nicht mehr.

Wenn Sie sich darauf konzentrieren und Kunden wirklich helfen, haben Sie mehrere Sachen gleichzeitig beachtet: Zum einen ist Ihr ganzes Auftreten nutzenorientiert. Menschen spüren das. Zum anderen tun Sie sich leichter, Menschen anzusprechen und ihnen über Ihre Produkte zu erzählen. Die Folge daraus wird zwangsläufig Geld sein und damit die Basis, dass Sie alles kaufen können, was Sie sich vorgenommen haben. Nehmen Sie sich in den nächsten Tagen und Wochen immer wieder mal eine Stunde Zeit und gehen die folgenden Fragen exakt und ausführlich durch. Sie müssen brennen, um andere zu begeistern. Wichtig ist, dass es nachhaltig und fundiert ist. Sonst verbrennen Sie. Sie erinnern sich.

Ihre Vision

1. Notieren Sie kurz und knapp die derzeitigen Probleme mit denen Ihre Kunden zu kämpfen haben. Was läuft Ihrer Meinung nach nicht richtig?

   ____

   ____

   ____

   ____

2. Wie können Sie das lösen, was sind Ihrer Meinung nach die notwendigen Schritte, die getan werden müssen?

   ____

   ____

   ____

   ____

3. Schreiben Sie auf, wie Sie damit als Verkäufer oder Unternehmer in Zukunft das Leben anderer Menschen positiv beeinflussen wollen.

   ____

   ____

   ____

   ____

4. Schreiben Sie auf, für welche positive Sache Ihr Unternehmen oder Ihr Produkt steht. Wie werden Kunden, Mitarbeiter und Lieferanten durch Ihr Unternehmen profitieren?

   ____

   ____

   ____

   ____

5. Prüfen Sie noch einmal, ob Sie die Fragen tatsächlich nutzenorientiert beantwortet haben und nicht Ihre egoistischen Ziele (zum Beispiel »Ich will 1 Mio. Umsatz im Jahr und 2 Ferraris«) in den Vordergrund gestellt haben. Die Vision muss die Steigerung der Lebensqualität Ihrer Kunden zum zentralen Inhalt haben.
6. Prüfen Sie, ob Sie die getroffenen Aussagen persönlich motivieren und ob Sie selbst begeistert sind. Eine gute Vision ist anziehend, motivierend und hilft auch dabei, schlechte Zeiten zu überstehen.
7. Fassen Sie die Erkenntnisse zusammen.

   ____

   ____

   ____

   ____

   ____

8. Zeigen Sie Ihre formulierte Vision wieder anderen Menschen, bitten um Feedback und feilen so lange, bis Sie damit vollständig zufrieden sind.

Eine Vision steht normalerweise im Kern. Gleichzeitig ist sie auch ein Gebilde, was sich mit den Jahren ändern kann und wird. Als kleine Anregung stelle ich Ihnen meine Vision hier zur Verfügung. Nicht um anzugeben, sondern weil mir solche

Beispiele immer geholfen haben, mich besser darauf einzulassen und daraus mein eigenes Ding zu machen.

Meine Vision

Ein wertschätzender und ehrlicher Verkauf trägt ganz allgemein in allen Wirtschaftszweigen dazu bei, dass sich Beziehungen zwischen Herstellern und Kunden positiv entwickeln.

Da sich auf ehrliche Art und Weise dauerhaft nur hervorragende Produkte verkaufen lassen, kommt dem Verkauf die wesentliche Schlüsselposition in der Kundenkommunikation zu. Verkäufer sind es, die gute Produkte an geeignete Kunden weitergeben, damit diese danach durch die gute Beziehung zu ihrem Hersteller und ihrem ständigen Feedback dazu beitragen, dass sich die Produkte verbessern und weiter verbreiten. Dies führt zu zwei Entwicklungsspiralen: Die Produkte werden immer besser und die Beziehung zum Kunden vertieft sich immer weiter. Das führt zu einem doppelten Effekt, die sogenannte Verkaufsevolutionsspirale, mit der sich für die Unternehmen ein unschlagbarer Wettbewerbsvorteil ergibt, der in der heutigen Zeit weder durch immer mehr verkaufen noch durch ein besseres Marketing erreicht werden kann. Kerzinger Trainings ist Motor und Antrieb für diese Evolution. Mit unseren Trainings sorgen wir dafür, dass Hersteller, Verkäufer, Kunden und Produkte ihr volles Potenzial entfalten und sich kontinuierlich weiterentwickeln, um auch in Märkten zu bestehen, die ständigen Veränderungen unterworfen sind. Damit schaffen wir die Basis für die Entwicklung einer Gesellschaft, für die nur das Beste gut genug ist!

Sie sehen, dass auch in der Vision die Wertschätzung vorkommt, das mir Feedback und Kommunikation sehr wichtig sind sowie eine gut funktionierende Beziehung zwischen Kunde und Verkäufer. Deshalb stehe ich für das Thema Verkauf der neuen Zeit.

Ob Sie die Vision veröffentlichen oder für sich behalten, bleibt Ihnen überlassen. Wichtig ist, dass Sie morgens motiviert aufstehen und abends beseelt ins Bett gehen.

Mission

»A life without a couse is a life without an effect.« (Ein Leben ohne Sinn ist ein Leben ohne Auswirkung.)

P. Coelho

Während eine Vision das unternehmerische Bild in der Zukunft beschreibt, ist eine Mission eine Formulierung, wie in der jetzigen Zeit das Bild einer Vision erfüllt werden soll. Wenn Sie Menschen zu irgendetwas verhelfen wollen, sagt die Mission etwas darüber aus, wie Sie das angehen wollen und werden. Ihre Philosophie beschreibt anschließend einen Weg, wie Sie arbeiten, um zu Ihrer Vision zu gelangen. Es ist eine Handlungsbeschreibung Ihrer Tätigkeit. Es sollte ein Hauptsatz über allem stehen, der dann im Detail gefolgt von mehr oder weniger ausführlichen Beschreibungen untermauert wird. Ein schönes Beispiel aus der Filmwelt ist für mich der Film *Die Blues Brothers*. Ihre Mission war es, ihrer Heimmutter das Geld für das Fortbestehen des Heimes zu beschaffen. Dabei haben sie ein Konzert organisiert, um das notwendige Geld einzusammeln. Sie hätten auch Zaubertricks oder etwas anderes dafür nutzen können, die Musik war aber das, was ihnen am besten zusagte. Während des Filmes kam immer wieder der Spruch: »Wir sind im Auftrag des Herrn unterwegs.« Das war ihre Mission, das, was sie geleitet und motiviert hat. Sie fühlten sich von höherer Stelle berufen, diesen Job durchzuführen. Im Auftrag des Herrn hätten sie im Prinzip auch Zahnpasta verkaufen können, um das Geld zusammenzubekommen.

Es ist völlig unerheblich, welchen Beruf Sie ausüben und welches Produkt Sie verkaufen. Die meisten können alles so lassen, wie es ist. Wenn es zum Beispiel Ihr Leitbild ist, Menschen glücklich zu machen, können Sie das als Kung-Fu-Trainer, als Zahnarzt, als Yogalehrer oder als Verkäufer mit nahezu allen Produkten, die dem Kunden helfen, glücklich zu werden. Die Frage ist also nicht, was Sie tun, sondern wie und vor allem warum Sie es tun. Das einzig Hinderliche wäre, wenn Sie eine Person wären, die in ihrer ganzen Ausrichtung nirgendwo stehen hat, dass Sie andere Menschen mit Ihrer Arbeit glücklich machen wollen. Sollte Ihre Lebensmission sein, in Ruhe gelassen zu werden und einfach nur Bäume zu pflanzen, dann sollten Sie das auch tun. Dann nützt es auch nichts, die Firma A wegen Erfolglosigkeit zu verlassen und zur Firma B zu wechseln, in der Hoffnung, dort den richtigen Schlüssel für Ihren Erfolg zu bekommen. Sie erinnern sich noch an die Stelle, an der der Schlüssel passt? In allen anderen Fällen können Sie dort bleiben, wo Sie sich jetzt gerade befinden. Sie ändern nur Ihre Einstellung und Haltung zu Ihrer Arbeit und definieren Ihre Handlungen neu.

Die Grundprinzipien einer Mission sind einfach:

1. Die Mission besteht darin, anderen zu helfen.
2. Die Mission ist durch mich und ohne Hilfe von anderen machbar.
3. Die Mission muss nicht groß sein.
4. Die Mission ist mehr als nur ein Job.
5. Die Mission erfüllt einen ein Leben lang.
6. Manche leben ihre Mission jetzt schon.
7. Die Mission ist immer positiv ausgerichtet.
8. Die Mission verbindet das Berufliche und das Private.
9. Die Mission muss Leidenschaft enthalten.

Für Wen:

Zuerst muss Ihnen klar sein, wen Sie mit Ihrer Mission erreichen wollen. Im Bereich Zielgruppe erarbeiten wir zwar genau das Klientel, für das Sie Ihre Produkte vermarkten wollen, bei einer Mission ist die Gruppe etwas größer gefasst. Das können Menschen im Allgemeinen, aber auch speziell Frauen, Männer, Kinder, die Natur oder etwas anderes sein.

Mehrwert:

Im zweiten Schritt geht es um das Ziel, was Sie mit Ihrer Leistung für diese Gruppe erreichen wollen. Im Volksmund sagt man dazu auch Nutzen oder Mehrwert. Wobei der Mehrwert meiner Meinung nach bei einer Mission weiter gefasst und emotionaler formuliert wird. Es geht hier nicht darum, bei einem Auto den extra Service oder einen speziellen Sitzbezug zu ergänzen. Es geht um die Qualität, die Sie antreibt und motiviert, diesen Beruf auszuüben, weil sie die Menschen weiterbringt. Es ist die Qualität, die Ihre Zielgruppe durch sie erreichen wird. Ist es Glück, Zufriedenheit, Leichtigkeit, Freude, Harmonie, Selbstbewusstsein, Entspannung, Anerkennung, Stärke, Lebensqualität, mehr Geld, weniger Aufwand oder etwas anderes? Kein Mensch kauft einen Fernseher, weil er einen Fernseher möchte. Er möchte entspannen, genießen, durch die Spielfilme tolle Momente erleben oder Ähnliches. Wenn jemand Finanzprodukte kauft, möchte der Kunde beispielsweise Sicherheit oder passives Einkommen, aber auch das möchte er vielleicht nur, weil er weniger arbeiten möchte, weil er mehr reisen möchte, weil er mehr Entspanntheit mit seiner finanziellen Situation haben möchte usw. Das heißt, alle Produkte sind nur Mittel zum Zweck. Die meisten Verkäufer verkaufen ihre Produkte und präsentieren diese auch genauso. Dabei konzentrieren sie sich zu sehr auf die technischen Details und versuchen über diese den Kunden zu überreden oder überzeugen. Der Kunde will auch das Produkt, aber er muss einen Sinn darin sehen. Wenn es den nicht gibt, kauft er es beim günstigsten Anbieter. Wenn er spürt, dass Sie komplett dahinter stehen und wirklich den Nutzen, den Mehrwert und den Sinn hinter dem Produkt vermitteln, spielt der Preis eine untergeordnete Rolle. Mit Ihrer Mission sind Sie so gut aufgestellt, dass Sie eine Idee und einen Plan hinter Ihren Produkten bekommen. Sie sollten sich also immer die Frage stellen, welche Motivation, welches Grundmotiv bzw. Grundbedürfnis hinter der Frage nach einem Produkt steckt.

Hier ein paar Beispiele:

Blues Brothers: Wir helfen der Heimmutter, eine Zukunft in finanzieller Sicherheit zu leben und dabei weiter Kinder unterstützen zu können.

Ich helfe Menschen, ihr Leben selbstbewusst in Harmonie und Leichtigkeit zu leben.

Ich unterstütze Menschen, später ein entspanntes Leben zu führen, damit sie sich all die Ziele erfüllen, die sie sich vorgenommen haben.

Ich helfe Menschen, ihr volles Potenzial zu entdecken und unterstütze sie mit meiner Erfahrung, es zur vollen Entfaltung zu bringen.

Ich befähige Verkäufer durch meine sympathische Art, mit Wertschätzung und Ehrlichkeit zu verkaufen und begleite sie dabei, überdurchschnittlich erfolgreich zu werden.

Ihre Mission

____

____

____

Ziele

»Wer keine eigenen Ziele hat, der verwirklicht die Ziele anderer.«

Unbekannt

Logischerweise sollen Sie sich auch über Ihre Ziele klar werden und sprechen.

Wenn Sie nämlich anderen helfen, ihre Ziele zu erreichen, werden diese Menschen auch Ihnen helfen, Ihre Ziele zu erreichen.

Dazu müssen Sie wissen, was Sie wollen. Frei nach dem Motto »Vor dem Verdienen kommt das Dienen« helfen Sie anderen durch Ihre Vision, sind motiviert, morgens aufzustehen und dürfen sich selbst jetzt nicht vergessen. Es gibt in diesem Bereich diejenigen, die alles für andere tun und sich selbst dabei völlig verlieren. Sie geben Produkte kostenlos weiter, geben Rabatte auf alles Mögliche, nur um des Helfens willen. Die Gründe dafür sind sehr vielschichtig. Meistens fehlt diesen Menschen die eigene Wertigkeit hinter ihrer Arbeit. Aufopferung ist nicht Ziel eines wertschätzenden und ehrlichen Verkäufers. Das ist nicht Sinn dieser Übung und führt dauerhaft auch zu Unzufriedenheit oder Frust. Deshalb muss sich das die Waage halten. Die Geschäfte und Beziehungen zu Kunden müssen auf Augenhöhe verlaufen. Im Volksmund würde man von einer Win-win-Situation sprechen. Die Reihenfolge ist einfach ein wenig anders, wenn man zuerst den Kunden wahrnimmt und danach sich selbst.

Ich kenne viele Menschen, die jetzt sicherlich tief durchatmen und widerwillig auf das Thema blicken. Frei nach dem Motto: »Muss ich schon wieder mich damit beschäftigen, ich brauch das doch nicht.« Dafür habe ich vollstes Verständnis. Mir ging es in den ersten Jahren nicht anders. Ich dachte immer, das ist was für Anfänger, ich habe meine Ziele im Kopf. So schleppte ich mich von Jahr zu Jahr und es wurde finanziell nicht besser. Auf einem Seminar, bei dem es zum x-ten Mal um Ziele ging, habe ich es einfach mal ausprobiert. Das war 2007. Davon abgesehen, dass es danach tatsächlich bergauf ging, was ich erst Jahre später rückblickend realisierte, war ich doch sehr beeindruckt, als ich vor einigen Monaten bei meinem Umzug den Zettel wiedergefunden habe. Bis auf ein Ziel war alles erreicht. Und bei diesem Ziel war es aus heutiger Sicht auch besser so. Unterstrichen wird die Wichtigkeit, Ziele aufzuschreiben von Jordan Peterson, Psychologe an der Universität von Toronto. Er unterstrich in seiner Studie die Kraft von schriftlich formulierten Zielen und ist der Überzeugung, dass die Menschen das total unterschätzen. Weiter stellte er fest, dass die Gruppe, die ihre Ziele schriftlich festlegte, sich im Laufe der Zeit positiv weiterentwickelte[22]. Deshalb habe ich an alle, die damit Schwierigkeiten haben, die Bitte, es als Experiment zu nehmen und in den nächsten Monaten zu sehen, was passiert.

Ihre Ziele

Jetzt sind Sie dran. Es geht nur um Sie und Ihre Familie. Es geht um Ihre persönlichen Ziele.

1. Definieren Sie, wie viel Arbeitszeit Sie pro Woche investieren möchten (vor allem die Selbstständigen von Ihnen). Schreiben Sie auf, wie viel Stunden Sie pro Woche arbeiten wollen, wie viele Pausen und Urlaub Sie wünschen und wie die Arbeitszeit (zum Beispiel vormittags, an Wochenenden) verteilt sein muss.

   ____

   ____

   ____

   ____

2. Rechnen Sie aus, wie viel Geld Sie benötigen. Schreiben Sie dazu auf, welche regelmäßigen Zahlungen (zum Beispiel Kredite, Versicherungen, Miete, Telefon etc.) Sie bedienen müssen. Addieren Sie dazu die Wünsche, die Sie in der Zukunft (zum Beispiel Haus, Auto, Urlaube, Ausbildungen) haben wollen.

____

____

____

____

3. Errechnen Sie aus den Ergebnissen die folgenden Zahlen: Mindestgehalt pro Monat. Wunschgehalt pro Monat.

____

____

____

____

4. Entwickeln Sie am Anschluss einen Aktivitätsplan, wie viele Kunden pro Monat Sie brauchen und wie viele Gespräche Sie aus Erfahrung dafür führen müssen.

____

____

____

____

Die Kunst besteht nun darin, trotz der eigenen Zieldefinition in die Gespräche völlig absichtslos zu gehen und darauf zu vertrauen, dass genug Kunden unterschreiben werden, wenn Sie sich darauf konzentrieren, diesen zu helfen. Für mich klingt das inzwischen total logisch, dass mehr Kunden einen Vertrag abschließen, wenn ich ihnen helfe, ihre Probleme zu lösen, als dann, wenn ich versuche, Umsatz zu machen. Es ist eine kleine Veränderung der inneren Haltung und dennoch hat es eine gravierende Auswirkung.

Sollten Sie bei Ihrer Planung festgestellt haben, dass Sie für Ihr Wunschgehalt beispielsweise 8 Kunden brauchen und jede Woche 2 Kunden gewinnen wollen, sollten Sie das auch ernst nehmen. Immer wieder stelle ich fest, dass man sich überarbeiten kann, wenn man keine Ziele hat. Haben Sie 5 Termine an einem Tag gehabt, könnten Sie abends ins Bett gehen und das Gefühl haben, da wären auch noch zwei mehr gegangen. Aus diesem Grunde sollten Sie sich einen Plan machen und wenn Sie den erfüllt haben, auch frei machen können. Haben Sie als Ziel, pro Woche 5 Termine telefonisch auszumachen und diese bereits am Dienstag erledigt, haben Sie auch das Recht die Woche ruhiger angehen zu lassen und die anderen Lebensbereiche wie Partnerschaft, Freunde oder Gesundheit in den Vordergrund zu stellen. Nutzen Sie die Vorteile, die dieser Beruf mit sich bringt. Das ist das Glück, nach Ergebnissen und nicht nach Zeit bezahlt zu werden.

> Warum machen Sie den Beruf?
>
> Wie profitieren andere durch Ihre Arbeit?
>
> Wie helfen Sie anderen Menschen erfolgreich zu werden?
>
> Welchen emotionalen Nutzen generieren Sie für Ihre Kunden?

Zielgruppe

»Denken Sie immer an die Interessen
Ihres Gegenübers.«
*Lee Iacocca (*1924), amerik. Topmanager,*
1979-92 Vorstandsvorsitzender Chrysler Corp.

Jeder Mensch findet genau die Menschen, die er für seine Ideen und Produkte benötigt. Davon bin ich zu 100 Prozent überzeugt. Die meisten tun sich nur deshalb so schwer, weil ihnen nicht klar ist, wer der genaue Kreis der Personen ist, für den sie die passenden Lösungen haben. Gleichzeitig muss auch der potenzielle Kunde schnell spüren, ob Sie der richtige Verkäufer oder die richtige Person sind. Wenn Ihre Zielgruppe der lebende Mensch ist, wird sich keiner angesprochen fühlen. Wenn Ihre Zielgruppe Männer ab 50 sind, weiß jeder sofort, ob Sie für ihn was tun können oder nicht.

Je genauer Sie die Zielgruppe definieren, umso besser können Sie Ihre ganze Kommunikation auf diese Gruppe ausrichten und diese damit besser erreichen. Machen Sie sich ausführlich Gedanken, wie Ihr Zielkunde sein soll. Dabei können Sie auf verschiedene Arten herangehen:

- Demografische Merkmale: Sind es Menschen bestimmten Alters, Männer, Frauen, Kinder, Singles oder Personen, die in einer bestimmten Gegend wohnen?
- Ökonomische Merkmale: Wollen Sie eine Gruppe mit einem bestimmten Bildungsstand, einem Mindestgehalt, eine bestimmte Berufsgruppe erreichen?
- Psychologische Merkmale: Sind es Menschen, die eine bestimmte Lebenseinstellung haben oder eine bestimmte Meinung über ein Thema (zum Beispiel alle, die sich für Gesundheit interessieren)?
- Kaufverhalten: Suchen Sie preisbewusste Kunden, Menschen, die auch bereit sind, weite Wege zurückzulegen usw.?

- Organisatorische Merkmale: Suchen Sie Kunden mit einer bestimmten Firmengröße, ab einem bestimmten Marktanteil, einer bestimmten Anzahl von Mitarbeitern?

Eventuell glauben Sie, dass Sie Ihr Potenzial einschränken, wenn Sie sich im Punkt der Zielgruppe beschränken. Das habe ich lange selbst geglaubt. Ich bin im Laufe der Zeit eines Besseren belehrt worden. Es gibt einen großen Unterschied, ob Ihre Zielgruppe alle 18-Jährigen eines 2000-Einwohnerdorfes sind, die Paul heißen oder alle lebenden Menschen dieser Erde. Finden Sie eine gute Mischung.

Harte Faktoren sind Männer, Ärzte, Akademiker, Rentner. Ich bin ein Freund von sogenannten weichen Faktoren. Menschen, die bereit sind, für gute Beratung zu bezahlen. Menschen, die Service schätzen. Menschen, die sich für präventive Gesundheitsmaßnahmen interessieren. Dabei können genauso alle Gruppen, wie Männer oder Ärzte, mit dabei sein. Nur sind es genau die Ärzte, die bereit sind, für Beratung zu bezahlen. Wenn Sie sich darüber klar werden, sich entsprechend ausrichten, werden Sie erstaunliche Ergebnisse erleben dürfen.

Bedürfnisse, Ängste und Lösungen

»Keine Religion kann die Bedürfnisse
aller Menschen befriedigen.«

Dalai Lama

Auch kann kein Produkt oder Verkäufer alle menschlichen Bedürfnisse befriedigen. Deshalb ist es so wichtig, eine Zielgruppe zu definieren, die so klein ist, dass Sie alle dieselben Bedürfnisse, Probleme und Ängste haben. Denn dann haben Sie es leicht, Ihre gesamte Kommunikation auf diese Gruppe auszurichten. Je ähnlicher die Wünsche der Zielgruppe sind, umso leichter und konkreter können Sie diese ansprechen.

Definieren Sie Ihre Zielgruppe:

Wer hat einen Bedarf für mein Produkt, für meine Dienstleistung, für meine Kompetenz?

Mit welchen Menschen kann ich besonders gut? Mit wem will ich gerne zu tun haben?

Welche Eigenschaften soll meine Zielgruppe haben?

Passt die Gruppe zu meiner Person?

Haben Sie Ihre Zielgruppe definiert, kümmern Sie sich exakt um die Bedürfnisse, Probleme und Ängste dieser Menschen.

Welche Bedürfnisse, Wünsche, Ängste, Träume oder Ziele hat Ihre Zielgruppe? Dabei können Sie auch Ihre bereits bestehenden Kunden fragen, sofern diese in das Raster fallen.

Was mir an dieser Methode so gut gefällt, ist, dass Sie auf einer absoluten Nutzenbasis aufgebaut ist. Sie verkaufen den Menschen nicht einfach so viel von Ihrer Ware, wie nur möglich, sondern Sie schauen, wo diese Personen ein echtes Problem haben bzw. ein Bedürfnis. Wenn Sie dann die genau passende Lösung für diese Gruppe haben, werden Sie wie von selbst Ihre Abnehmer finden. Ich habe mir deshalb einen Satz ins Gehirn gebrannt:

> Definiere eine genaue Zielgruppe, erkenne deren größtes Problem, löse es und du wirst dich nie wieder um Neukunden und Einkommen kümmern müssen.

Die Probleme sollten am besten von Ihrer Zielgruppe selbst erkannt worden sein. Wenn die Kunden aus Ihrer Sicht Ihr Produkt brauchen, die Kunden selbst das aber nicht erkennen, ist es mühselig. In meiner Zeit als Finanzberater war ich lange Zeit der Meinung, dass alle Menschen eine private Altersvorsorge brauchen. Laut Rentenkasse und allen objektiven Quellen ist das richtig. Es gab aber Kunden, die der Meinung waren, dass das sie nicht betrifft. Aus welchen Gründen auch immer. Das kann nicht meine Zielgruppe sein. Meine Zielgruppe waren Menschen, die sich bewusst waren, dass private Altersvorsorge wichtig ist und nach Beratung zu diesem Thema suchen. Das ist eine Zielgruppe, die groß genug ist.

Das Schöne an dieser Arbeit ist, dass ich immer nutzen- und lösungsorientiert arbeite. Ich versuche nie, jemandem etwas zu verkaufen, was derjenige eventuell gar nicht haben will, sondern konzentriere mich auf das Lösen seiner Themen. Deshalb ist es leichter und ich bin aus der Perspektive des Kunden immer mit einem guten Gefühl verbunden.

Sollten Sie jetzt erkennen, dass Ihre Zielgruppe Ihr Produkt gar nicht benötigt, haben Sie vielleicht schon den Hauptgrund für den ausbleibenden Erfolg herausgefiltert. Dann seien Sie ehrlich zu sich und verändern die Zielgruppe oder das Produkt. Oftmals genügen kleine Justierungen. Man muss nicht gleich sein ganzes System über den Haufen werfen.

Haben Sie eine Zielgruppe?

Kennen Sie die Probleme Ihrer Zielgruppe?

Braucht Ihre Zielgruppe Ihr Produkt?

Wettbewerber

»Wenn man weiß, was man will, hat es der Wettbewerb schwer.«

Prof. Dr. Hermann Simon

In der heutigen Zeit ist es zwar einerseits genial, dass Sie nahezu alles tun können, was Sie wollen, andererseits ist es so, dass Sie fast nirgendwo mehr alleine mit Ihrem Produkt oder Ihrer Idee sind. Vielleicht noch für kurze Zeit, wenn Sie eine Chance früher erkannt haben als andere. Um in den Augen der Zielgruppe als Experte wahrgenommen zu werden und den Zuschlag zu erhalten, ist es existenziell wichtig, den Wettbewerber zu kennen, damit Sie sich selbst eine Lücke suchen und in dieser Ihre Stärken genau einordnen können. Vor allem ist es wichtig, auch die Wettbewerber zu kennen, die im ersten Moment gar nicht als Wettbewerber erscheinen.

Eine frühere Klientin hat sich als Kinder- und Jugendcoach selbstständig gemacht und auf meine Frage hin, wer denn die Wettbewerber seien, kam die schnelle Antwort, dass es sich um Psychologen und Sozialpädagogen handelt. Da sie aber keine der Ausbildungen hat, kann und will sie gar nicht bei diesen Personen ansetzen, sondern den Kindern viel mehr den Spaß an der Schule vermitteln und ihnen helfen, eine Vision und Berufsfindung mitzuentwickeln. Dabei kam heraus, dass die tatsächlichen Wettbewerber Eltern und Lehrer sind. Diese verlangen zwar kein Geld und haben auch nicht diese Berufsbezeichnung. Dennoch ist es eine Gruppe von Menschen, die sich fragen muss, warum brauchen die Kinder einen Coach, wenn sie doch uns (aus Sicht der Lehrer und Eltern) haben. Wir haben deshalb uns auf den Flyern und Präsentationen darauf konzentriert, diese Gruppen in einem besonders guten Licht darzustellen und die Arbeit meiner Klientin als Ergänzung anzubieten, weil die Eltern vielleicht zu nah an dem Kind sind und den Lehrern einfach die Zeit für Einzelgespräche fehlt.

Haben Sie Ihre Wettbewerber identifiziert, hilft es, deren Stärken, Schwächen und Lücken herauszufinden. Genau da können Sie ansetzen, um anders zu sein. Ein ganz einfaches Beispiel. Sollten alle um Sie herum über den billigsten Preis verkaufen, dafür auf Service, Qualität oder etwas anderes verzichten, von dem Sie wissen, dass es den Menschen wichtig ist, setzen Sie genau da an.

Es hilft dabei, nur zu schauen, in der Handlungsweise dabei völlig bei sich zu bleiben. Immer wieder erlebe ich, dass Verkäufer große Konzerne versuchen zu kopieren. Wenn Sie sich zu klein fühlen, schauen Sie sich die Situation an, in der Sie Ihre geringe Größe gegenüber anderen als Vorteil einsetzen. Durch Schnelligkeit, Wendigkeit, Kundennähe usw.

Welches sind Ihre Wettbewerber?

____

____

____

Was können die Wettbewerber besser als Sie?

____

____

____

Worin sind Sie besser? Was können Sie anders machen?

____

____

____

Es gibt Platz für viele Marktteilnehmer. Aus sportlicher Sicht mag es inspirierend sein, die Nummer eins zu werden. Aus einer eher entspannten Sicht kann man auch als zweiter, vierter oder zehnter seiner Kategorie gutes Geld verdienen. Vielleicht haben die anderen mehr Erfahrung oder andere Qualitäten. Leben und leben lassen ist die Devise.

Wie verhalten Sie sich anderen, vor allem Kunden, gegenüber, wenn Sie auf Ihre Wettbewerber angesprochen werden? Es sollte als ehrlicher und wertschätzender Verkäufer eine Selbstverständlichkeit sein, diese weder schlecht zu machen noch über sie in irgendeiner Art und Weise zu lästern. Ich nehme den vorhergehenden Absatz sehr ernst. Ich versuche von den Wettbewerbern zu lernen, gebe mich auch gerne geschlagen und wachse an den Aufgaben.

> Man muss das Licht des anderen nicht ausblasen, um selbst heller zu erscheinen.

Das beste Beispiel hierfür finde ich in der Fußball-Bundesliga. Da gibt es Vereine, die schon immer im Mittelfeld spielen und Spieler kaufen und entwickeln. Die großen Vereine Bayern oder Dortmund kaufen die guten mit der Zeit auf. Dass junge Menschen bei den großen Vereinen spielen wollen, ist nachvollziehbar. Dass kleinere Vereine darunter leiden, ist auch verständlich. Geschäftlich gesehen haben es die guten unter ihnen verstanden, dass genau darin ihr Potenzial liegt. Junge unbekannte Spieler zu entdecken, danach zu entwickeln und teuer an die großen zu verkaufen. Ein Geschäftsmodell, was auch einen kleinen Verein gutes Geld verdienen lässt. Finden Sie ihren ganz eigenen Weg und versuchen Sie nicht, die Großen nachzumachen. Dann können Sie auch die anderen so lassen, wie sie sind. Auch das wirkt sich wieder extrem entspannend auf Ihre ganze Person aus. Menschen, die sich ständig darum kümmern, was andere machen bzw. warum diese besser sind oder warum man nicht da oder dort ist, werden es immer schwerer haben. Seien Sie mal radikal ehrlich zu sich selbst und gehen in sich: Wie reden und denken Sie über Wettbewerber?

___

___

___

___

Alleinstellungsmerkmal

»Einzigartigkeit lässt sich nicht vergleichen,
und damit ist jeder Mensch unvergleichbar.«
Alexandra Herdt

Karl Pils hat mal einen Satz geprägt. Was haben andere Menschen davon, dass es mich gibt? Anders ausgedrückt: Warum soll ein Kunde bei Ihnen Kunde werden? Gerade dann, wenn es so viele Wettbewerber gibt? Mein Marketingberater meinte, dass die meisten Firmen kein echtes Alleinstellungsmerkmal haben. Deshalb benötigen sie Marketingfirmen, die dann irgendeines kreieren. Das finde ich gar nicht so weit hergeholt. Wenn Sie nicht nachweisbar der Schnellste, Beste oder sonst was sind, wird es schwer DAS Alleinstellungsmerkmal zu kommunizieren. Auf der anderen Seite haben die Wissenschaftler Qing Wang von der Warwick Business School und Paurav Shukla von der Glasgow Caledonian University London die Wirkung von Alleinstellungsmerkmalen untersucht und interessante Entdeckungen gemacht. Verbraucher fanden es vertrauenswürdiger, wenn Produkte Ähnlichkeiten aufweisen, als wenn sie nicht vergleichbar sind. Sie legten keinen großen Wert auf ein produkttechnisches unvergleichbares Alleinstellungsmerkmal.[23]

Für mich ist ein Alleinstellungsmerkmal auch eher ein Versprechen an die Kunden. Einen einzigartigen Service, eine Zufriedenheitsgarantie, eine Umsetzungsgarantie oder ähnliche Dinge. Für mich persönlich muss ein Alleinstellungsmerkmal auch nicht einzigartig auf der gesamten Welt sein. Das gelingt sowieso den wenigsten. Es geht viel mehr wieder darum, dem Kunden das Gefühl zu geben, wofür Sie stehen, wie Sie arbeiten und was Ihr Kunde von Ihnen erwarten kann. Gepaart mit der Lösung der Probleme Ihrer Kunden ist das hervorragend.

Ein Finanzmakler aus Berlin, der sich auf Apotheken spezialisiert hat, garantiert, dass spätestens 2 Stunden nachdem der Einbruch bei ihm gemeldet wird, die Sache für den Apotheker gelöst ist. Dieser dürfte nämlich aus gesetzlichen Gründen die Apotheke nicht verlassen, wenn diese nicht abgeschlossen werden kann, weil die Medikamente nicht ohne Aufsicht gelassen werden dürfen. Wie kann dieser Makler diese Garantie halten? Er hat Verträge mit Handwerkern, die zu entsprechender Zeit vor Ort sind, Tür oder Fenster reparieren oder direkt ersetzen. Sollte das passende Material nicht vorhanden sein, stellt der Makler einen Wachdienst mit Wachhund zur Verfügung. Versetzen Sie sich mal in die Lage eines Apothekers. Wenn Sie die Wahl zwischen verschiedenen Versicherungsmaklern haben, würden Sie zu einem »normalen« gehen oder zu einem, der so eine Garantie ausspricht?

Das ist jetzt keine große Sache. Manchmal sind es Kleinigkeiten, die den Unterschied ausmachen. Wenn Sie zu 100 Prozent ehrlich, authentisch und wahrhaftig sind, haben Sie aus meiner Sicht das perfekte Alleinstellungsmerkmal. Sich selbst. Das Praktische daran ist. Keiner ist so wie Sie, keiner wird so sein wie Sie und wenn Sie kopiert werden würden, würden nur schlechte Kopien rumlaufen.

Die Frage ist, ob Sie mit Ihrem Alleinstellungsmerkmal gefragt sind. Apple hatte mit seinem iPod anfangs ein echtes Alleinstellungsmerkmal. Wenn es aber niemand gekauft hätte, hätte das ganze Alleinstellungsmerkmal nichts genützt. So schließt sich der Kreis. Einerseits genau zu erarbeiten, welchen Nutzen Sie anderen bringen, welche Lösungen Sie für andere anzubieten haben. Andererseits sich mit all den Punkten vorher intensiv zu beschäftigen, dass Sie eine natürliche Anziehungskraft entwickeln und von Kunden gesehen werden.

So einfach kann das in der Theorie sein. In der Praxis ist es nicht immer einfach, ein echtes Alleinstellungsmerkmal zu finden. Geben Sie sich dafür Zeit. Wenn, dann sollte das Alleinstellungsmerkmal auch aus Sicht des Kunden kommuniziert werden.

Wo sehen Sie die größten Probleme des Kunden bzgl. Ihrer Branche? Wo gibt es die meisten Beschwerden und warum?

___

___

___

Wie können Sie das lösen?

___

___

___

Warum soll der Kunde bei Ihnen Kunde werden? (Wie viel Jahre Erfahrung? Wie viele Kunden haben Sie bereits? Welche schwierigen Fälle haben Sie schon gelöst?)

Sammeln Sie hier alle Punkte, die Sie in den letzten Jahren ausgezeichnet haben. Schnelle Regulierung in Problemfällen usw. Fragen Sie ruhig Kunden, mit was Sie bei Ihnen am zufriedensten sind. Welches Versprechen können Sie Ihrem Kunden guten Gewissens machen?

___

___

___

Welche besonderen Dinge können Sie Ihrem Kunden bieten?

___

___

___

Bekommen Sie das in einen Satz verpackt?

Hier ein paar Beispiele:

1. Zufriedenheitsquote von 1,4. (Führen Sie eine Kundenbefragung durch und nutzen Sie diese für das Versprechen.)
2. Über 300 Schäden erfolgreich abgewickelt. (Für Versicherungsmakler. Hier nutzen Sie ein Leistungsversprechen, vor dem viele Kunden Angst haben.)
3. 100 Prozent transparent und ehrlich. (Sie sollten diesen Service anbieten wollen und nachweisen können.)
4. Serviceleistung innerhalb von 2 Stunden (Versicherungsmakler aus Berlin).

Positionierungsaussage

»Die Botschaft hör ich wohl,
allein mir fehlt der Glaube.«

Johann Wolfgang von Goethe

Wenn Sie all die Punkte zusammenfassen, werden Sie sich immer klarer ausrichten können. Dadurch kann ein zukünftiger Kunde immer konkreter einschätzen, ob er mit Ihnen zusammenarbeiten möchte. Um das in einem kurzen Statement rüberzubringen, sollten Sie eine kraftvolle Botschaft formulieren, die den anderen sofort zeigt, wer Sie sind, was Sie tun und für wen Sie einen konkreten Vorteil haben können. Die Botschaft sollte einfach verständlich sein, sodass ein anderer den Sinn verstehen und glauben kann. Sie sollte in wenigen Sätzen formuliert werden, sodass sie in 30 Sekunden präsentiert werden kann. Es sollten die Zielgruppe, der Tätigkeitsort, die Leistung und der Nutzen darin enthalten sein.

Ein Kunde hat das Recht zu wissen, für was Sie stehen, um sich frei entscheiden zu können, ob er mit Ihnen arbeiten möchte.

Auch hier stelle ich Ihnen meine Positionierungsaussage zur Verfügung, damit Sie eine Idee bekommen und sich daran orientieren können.

Kerzinger Trainings ist ein bundesweit agierendes Unternehmen, welches mit Trainings und einer exzellenten Unternehmensentwicklung dafür sorgt, dass unsere Kunden sich erheblich klarer aufstellen und durch einen wertschätzenden Verkauf eine exzellente Marktposition erreichen.
Wir richten uns an Unternehmen, Selbstständige und Verkäufer, die sich damit beschäftigen, aktiv auf Kunden zuzugehen.
Durch praxiserprobte Prozesse, Strukturen und Kommunikationsmodule erreichen wir, dass unsere Kunden weniger arbeiten und dennoch das verdienen, was sie sich wünschen. Dabei geben wir eine Umsetzungsgarantie auf unsere Trainingsinhalte.

Ein Beispiel, wie es formulierungstechnisch aussehen könnte, können Sie hier mal ausprobieren:

____

____

____

Wenn Sie das alles ausführlicher beschreiben und Ihre Arbeitsweise etwas konkreter beschreiben, entwickeln Sie mit der Zeit ein eigenes Unternehmens- bzw. persönliches Leitbild und ihre eigene Philosophie. Das macht Sie so kraftvoll und anziehend, dass es keiner unterschätzen sollte.

Als konkretisierenden Schritt sollten Sie sich nun folgende Frage stellen:

Wie ist Ihre Arbeitsweise?

Wie beschreiben Sie konkreter Ihre Werte, die Sie weiter vorne definiert haben?

Wie gehen Sie mit Kunden um?

Geben Sie dem Kunden ein Gefühl, warum es sich lohnt, mit Ihnen zusammenzuarbeiten.

Da ich hier immer wieder kleinere Änderungen vornehme, können Sie diese gerne auf meiner Webseite nachlesen, um sich Inspiration zu holen.

Was gibt mir Energie?

»Energie ist ewige Freude.«
William Blake

Der eine oder andere, der das alles liest, mag sich denken, dass es besser sein mag, den Job zu wechseln, weil die Themen mit seiner aktuellen Firma offensichtlich nicht umsetzbar sind. Das muss nicht sein, bringt in den meisten Fällen auch nichts. Immer wieder sollten sich Menschen fragen: Was macht mir Spaß und gibt mir Energie? Was macht mir keinen Spaß und raubt mir Energie? Tendenziell sollten Sie sich auf die Dinge ausrichten, die Spaß bringen. Das können Sie in der heutigen Zeit in zahlreichen Lebensratgebern nachlesen. Diese haben sich auch weit in der Berufswelt ausgebreitet. Wenn man das alles durchliest, könnte man meinen, das Leben ist ein einziger Vergnügungspark. Es ist alles wunderschön und leicht. Das klingt auch verlockend, wenn man nur alles tun muss, was einem Spaß macht und das Leben danach einfach wie eine rauschende Party verläuft. Diese Ausrichtung birgt extreme Gefahren in sich. Für die meisten Verkäufer ist die Akquise etwas, was ihnen keinen Spaß macht, genauso wenig macht vielleicht der Chef Spaß, die Stammkunden oder andere Kleinigkeiten. Frei nach dem oberen Motto müsste man dann den Job, die Firma oder die Branche verlassen und was anderes beginnen. Das Blöde dabei ist, dass man sich selbst auch mitnimmt und die Probleme sich an anderer Stelle wiederholen. Die Ursachen finden Sie im 2. Kapitel. Sollte etwas nicht rund laufen, gilt es sich zu hinterfragen und an sich zu arbeiten. Wenn Sie bis hierhin alles unternommen haben, sich ausgerichtet haben, von außen die entsprechenden Feedbacks bekommen und den aktuellen Job rein von den Anforderungen erfolgreich die nächsten Jahre ausüben können, sollten Sie tatsächlich etwas ändern, wenn Sie keinen Sinn mehr verspüren oder sie nur noch mit Magenschmerzen in das Unternehmen gehen und keinen Spaß mehr haben. Aus Erfahrung bin ich mir sicher, dass es in den meisten Fällen nicht am Produkt oder der Firma liegt, sondern an den vorher genannten Punkten. Zudem ist es manchmal so, dass Sie bestimmte Dinge tun müssen, die Ihnen nicht so schmecken, um an Ihr Traumziel zu gelangen.

Sie erinnern sich noch an die Inselgeschichte? Sie erblicken als einsamer Mensch auf einer Insel eine andere Insel und haben das Gefühl, dass sich dort Ihr Lebenstraum erfüllt. Sie erkennen, dass Sie ein Floß bauen müssen, um dahinzukommen. Dann muss Ihnen das Bauen eines Floßes keinen Spaß machen. Es lohnt sich aber, denn danach erwartet Sie ein Lebenstraum. Wenn Sie ein Leben in Luxus führen möchten, haben Sie im Verkauf die größten Chancen, das zu erreichen. Es muss aber nicht alles Spaß machen, was Sie bis dahin führen wird. Das, was Sie dabei tiefgründig hinterfragen müssen, ist, wie viel Entbehrungen und unschöne Dinge Sie sich antun wollen, um dahin zu kommen, wo es sich Ihrer Meinung nach lohnt, zu leben. Kurzfristig ist das völlig in Ordnung. Sollte sich das über Jahre hinziehen, kann es sein, dass es tatsächlich besser ist, einen anderen Weg einzuschlagen. Dabei sollten Sie immer Vorsicht walten lassen. Gestatten Sie mir einen kleinen Ausflug in die Seminarwelt, die doch viele Verkäufer immer und immer wieder besuchen und sich davon den gewünschten Erfolg versprechen, der sich bisher nicht eingestellt hat. Ich habe Menschen erlebt, die auf Grund bestimmter Empfehlungen in Seminaren ihren ganzen Besitztum verkauft haben, das ganze Geld in irgendwelche Projekte und Zukunftsträume investiert haben, weil sie geglaubt haben, dass dann die Erfüllung eintritt. Leider hat ihnen keiner erzählt, dass jede Erfüllung eines Traumes auch mit Arbeit zu tun hat. Wer das vergisst oder unterschätzt, bei dem tritt leider oftmals der Bankrott ein. Aus dieser Situation kraftvoll und wertschätzend nur das zu verkaufen, was der Kunde braucht, ist nahezu unmöglich. Auch habe ich erlebt, dass nach einem Seminar sich Menschen Hals über Kopf von ihrem Partner getrennt haben, weil dieser ihnen keine Energie und Spaß mehr bringt. Auch da würde ich mir wünschen, dass die Seminarbranche etwas mehr Wertschätzung und Ehrlichkeit ihren Teilnehmern gegenüber mitbringt. Die Konsequenzen, die sich zum Teil aus solchen Entscheidungen ergeben, können langfristige Auswirkungen haben. Meine Empfehlung ist bei allem, was Sie hören oder welche Seminare auch immer Sie noch besuchen: Treffen Sie keine Entscheidungen aus einer Laune an einem Wochenende heraus. Schlafen Sie ein paar Nächte darüber und treffen Sie die Entscheidungen, wenn Sie wieder etwas mehr im Alltag sind. Notieren Sie genauso alles, was Sie durch dieses Buch an Erkenntnissen gewinnen, wägen Sie Ihre Entscheidungen ab, überprüfen Sie die möglichen Konsequenzen, sowie die auftretenden Vor und Nachteile, Danach denken Sie ein paar Tage darüber nach und fangen erst dann an, es Stück für Stück umzusetzen. Es hat bei den meisten bis jetzt auch funktioniert. Auch wenn es deutlich besser laufen könnte, muss es mit Sinn und Verstand passieren. Sonst kann es in die falsche Richtung gehen und die macht dann definitiv keinen Spaß. Ich bin ein großer Freund, die Dinge sowohl ganzheitlich zu betrachten und gleichzeitig die Details zu sehen. Steve Jobs ist so ein Beispiel. Es ist gerade in Mode, seine Präsentationstechnik anzusehen, seine Kreativität und dabei treffen viele die Entscheidung, es einfach so zu tun wie Steve Jobs, dann wird man schon erfolgreich. Er hat es ja schließlich vorgemacht. Ich habe mir vieles von Steve Jobs abgeschaut und bewundere diesen Mann für sein Lebenswerk. Gleichzeitig erkenne ich neidlos an, dass er ein Genie war und ich diese Gabe in diesem Leben nicht mehr erreichen werde. Also muss ich meinen eigenen Weg finden und werde auch nicht versuchen, eine zweite Firma Apple zu gründen. In verschiedenen Videos habe ich gesehen, dass erklärt wird, wie Steve Jobs es schafft, in wenigen Minuten dutzende technische Details so zu präsentieren, dass es jeder versteht. Er macht das genial, nur darf man nicht vergessen, dass in seinem Plenum meistens die eigenen Mitarbeiter saßen. Ob das Endkunden genauso interessiert hätte, ist die Frage. Aus diesem Grunde sollte man auch das als Möglichkeit nutzen, sich inspirieren zu lassen, aber nicht alles blind 1 zu 1 kopieren. Denn die Gegebenheiten sind meistens ganz anders.

Fazit:

Dieses Kapitel ist vielleicht nicht so emotional wie das 2. Kapitel. Es ist aber genauso wichtig und nicht weniger komplex. Je klarer Sie werden, je mehr Sie sich damit beschäftigen, desto mehr verziehen sich die typischen Nebelschwaden und desto weiter und besser können Sie schauen. Auch die Kunden können Sie besser finden.

Sie wirken wie ein Leuchtturm und sind einfach anziehend für Kunden.

Das Leben wird deutlich einfacher. Sie wissen nun, warum Sie Ihr Geschäft betreiben, wen Sie als Kunden haben wollen, warum diese bei Ihnen Kunden werden sollen, was Sie besonders auszeichnet und haben dies in der Positionierungsaussage so formuliert, dass es nach außen kommuniziert werden kann. Das ist 80 Prozent des Weges. Mit dieser Basis haben Sie meiner Erfahrung nach mehr erreicht, als die meisten Verkäufer oder Unternehmer. Zusätzlich haben Sie ein Auftreten entwickelt, den Kunden zu schätzen und zu honorieren. Sie bekommen Sicherheit und die anderen das Gefühl, dass es sich lohnt, mit Ihnen ins Gespräch zu gehen.

Als Nächstes müssen wir uns damit beschäftigen, wie Sie anderen Menschen gegenübertreten, um sie wahrhaftig wertzuschätzen, ernst zu nehmen und respektvoll zu behandeln.

Man muss das Licht des anderen nicht ausblasen, um selbst heller zu erscheinen.

Alleinstellungsmerkmal ist ein Versprechen an Ihre Kunden.

Positionierung bringt Klarheit und die erfolgreiche Ausrichtung, wahrgenommen zu werden.

Suchen Sie etwas, was Ihnen Spaß bereitet. Seien Sie dabei umsichtig und wägen Sie Vor und Nachteile ab.

4 Ehrlichkeit gegenüber anderen

»Ehrlichkeit ist ein schönes Juwel,
aber ganz außer Mode.«
Aus England

Wie begegnen Sie anderen Menschen? Haben Sie jetzt bereits eine klare Vorstellung, wie Sie ehrlich, wahrhaftig und authentisch anderen begegnen. So klar dass diese Menschen sich wohlfühlen?

Durch eine wahrhaftige Art einer inneren Haltung im letzten Kapitel haben Sie schon eine sehr gute Basis geschaffen. Wenn die nicht stimmig ist, wird das folgende Kapitel keine positiven Ergebnisse bringen. Wie so oft im Leben gilt der Leitsatz, dass man zuerst bei sich anfangen soll, bevor man die Dinge auf andere Menschen überträgt.

Je mehr ich mich gerade wissenschaftlich mit der Thematik beschäftigt habe, desto wichtiger finde ich das Thema Ehrlichkeit. Als ich das Buch geplant und anderen davon erzählt habe, war das gängige Feedback, dass es eigentlich kein Thema für ein Buch sein dürfte, da es eine Selbstverständlichkeit sein müsste, ehrlich und wertschätzend miteinander umzugehen. Gleichzeitig ist es wichtiger denn je, darüber nachzudenken, weil es dennoch zu wenig in unserer Gesellschaft vorkommt. Das Interessante ist, dass für die Menschen der heutigen Zeit ein ehrlicher Umgang mit ihnen selbst an oberster Stelle steht. Das ist auch das Ergebnis einer Studie von SCOPAR – Scientific Consulting Partners. Für mich ist dieser Wunsch mehr als nachvollziehbar, ist doch leider oftmals das Gegenteil der Fall. Seien es die ganzen Prominenten, die wegen Steuerhinterziehung aufgefallen sind, Finanzprodukte, die Menschen in den Ruin getrieben haben, Flughäfen, Bahnhöfe oder all die anderen Dinge, die durch die Medien wandern. Des Weiteren beschreibt SCOPAR: »Wer glücklich sein will, wer inneren Frieden anstrebt, wer beruflich nachhaltig erfolgreich sein will, muss sich selbst, anderen und der Sache gegenüber ehrlich sein.«[24] Neben Verlässlichkeit ist Respekt der drittwichtigste Wert der befragten Personen. Sie wollen respektvoll behandelt werden. Jetzt könnte man sagen, dafür wird man selbst relativ selten respektvoll behandelt. Meine Einstellung dazu ist, den ersten Schritt zu tun und anderen zuerst ehrlich und respektvoll zu begegnen. Auch mir passiert es noch sehr oft, dass ich nicht so behandelt werde. Wenn ich dann durch ein Gespräch oder auch nur durch Blicke diese Menschen näher betrachte, merke ich, dass diese Personen es sehr oft gar nicht merken. Da kann man ihnen auch keinen Vorwurf machen. Der Zukunftsforscher Horst W. Opaschowski hat einen neo-konservativen Wertewandel in Deutschland festgestellt. Wo Anfang der 80er Jahre noch Selbstbewusstsein an erster Stelle stand, ist es heute Ehrlichkeit. Die Menschen sehnen sich in Zeiten von Terror und Finanzkrisen sowie einer immer schneller werdenden Informationswelt nach Vertrauen und anderen bewährten Werten zurück.[25] Zu dem Thema könnte ich noch zahlreiche weitere Beispiele bringen, die das untermauern. Ich hoffe, dass dem letzten kritischen Leser auch klar geworden ist, dass ein wertschätzender, respektvoller und ehrlicher Verkauf im Umgang mit Kunden zeitgemäß ist und es sich lohnt, diesen Weg in Zukunft zu gehen.

Im Gespräch mit einem neuen Interessenten

All die Vorbereitungen, die Sie bis jetzt getroffen haben, werden es Ihnen ermöglichen, dass Sie schon viele Menschen rausfiltern, die gar nicht zu Ihnen passen. Menschen, denen die Authentizität des Verkäufers egal ist, weil sie nur Knowhow abziehen oder das Billigste kaufen wollen, sollten sowieso nicht Ihre Zielkunden sein. In vielen Fällen werden Sie deshalb nur noch mit denen kommunizieren, die sowieso schon auf Ihrer Seite stehen und das anerkennen, wie Sie mit Ihnen umgehen. Nichtsdesto-trotz sind auch innerhalb einer Begegnung mit anderen

Menschen viele Fehler möglich, sodass es einem schon passieren kann, das wieder einzureißen, was vorher aufgebaut wurde. Wenn Sie das eine oder andere beherzigen, wird auch dieser Teil wesentlich leichter und erfolgreicher ablaufen.

Dazu möchte ich die Dinge beschreiben, die ich wichtig und elementar finde. In den 16 Jahren, die ich nun im Verkauf bin, haben sich für mich diese Punkte als Basis herausgestellt, um eine wirklich ehrliche Kommunikation zu führen. Die folgenden Aspekte sind übrigens nicht nur im Verkaufsgespräch zielführend, sondern in jeder Art von Kommunikation. Auch privat.

Verkäufer oder Berater?

Wenn ich mit Menschen zu tun habe, die durch ihre Persönlichkeitsstruktur ehrlich und gutmütig sind und mehr durch Zufall und Begeisterung für ein Produkt in den Verkauf gerutscht sind, höre ich immer wieder, dass diese Personen gar nicht verkaufen. Das Wort wird um alles in der Welt vermieden. Wenn ich diese Menschen frage, was sie sind, kommt alles Mögliche: Man ist Berater, Vermittler, hilft Menschen glücklich zu werden usw. Die Angst, das Image aus dem ersten Kapitel auf sich aufgestülpt zu bekommen, ist zu groß. Das Bild eines gegelten, aalglatten Verkäufers im Maßanzug mit goldener Uhr und teurer Luxuslimousine möchte man auf keinen Fall auf sich übertragen bekommen. Deshalb versucht man alles zu kommunizieren, außer dass man Verkäufer ist. Auch wenn die zukünftigen Kunden fragen, was die Personen denn verkaufen wollen, versucht man mit allen Mitteln darum herum zu kommen. Man will ganz unverbindlich beraten. Man will Lösungen aufzeigen und was ich da noch so alles gehört habe. Zu Ehrlichkeit anderen gegenüber gehört auch, offen zu kommunizieren, um was es geht und was man will. Sollte jemand pro Stunde bezahlt werden, in der er Tipps und Hilfestellungen gibt, ist er ein Berater.

Das mag ein Anwalt sein, ein Psychologe oder ein Heilpraktiker. Wenn eine Person nur dann Geld verdient, wenn der Kunde ein Produkt gekauft hat, ist man ein Verkäufer, völlig egal, wer diese Person bezahlt, Punkt. Dabei ist auch völlig egal, was Sie rechtlich sind. Viele Finanzberater sind rechtlich gesehen Vermittler, weil sie für eine Gesellschaft Produkte vermitteln. Wichtig bei allem ist zu sehen, wie der Kunde es sieht. Denn aus dieser Perspektive müssen wir es betrachten. In den Augen des Kunden ist man jemand, der einem etwas verkaufen will. Deshalb ist man ein Verkäufer, völlig egal, wie der Begriff rechtlich oder firmentechnisch definiert ist. Fragt ein zukünftiger Kunde, ob man etwas verkaufen will oder etwas aggressiver, dass man doch sowieso nur etwas verkaufen will, ist die einzige sinnvolle Antwort: Ja, das will ich. Denn das ist die Wahrheit. Auch hier sollte man den Kunden nicht für doof verkaufen. Sie wissen es doch sowieso. Die Aufgabe ist es jetzt, dem Vorwurf durch wertschätzende Art des Zuhörens und all der Werkzeuge dieses Buches so zu begegnen, dass der Kunde entspannter wird und bemerkt, dass nicht alle Verkäufer nur sein Geld und um jeden Preis irgendetwas verscherbeln wollen. Ich habe nie behauptet, dass es einfach sei. Die Vorurteile sitzen bei manchen Kunden extrem tief. Für mich ist das eine tiefe Freude, die Wandlung eines skeptischen Kunden, der mich als Verkäufer direkt in eine Ecke schiebt, zum Umdenken zu bewegen.

Als Verkaufstrainer bin ich auch allen möglichen Vorurteilen ausgesetzt. Die meisten denken im Vorfeld Folgendes: Wieder so ein Theoretiker, einer der nur erzählt und es nie wirklich umgesetzt hat. Wenn er das doch könnte, warum macht er es dann nicht selbst? Wenn ich mit meinem Vortrag anfange und in die skeptischen Blicke der Teilnehmer schaue, ist es total schön anzusehen, wie sich die Blicke und Körpersprache mit jeder Minute lockern, weil sie merken, da spricht jemand, der sein Werk versteht, der schon über 2500-mal bei Kunden gesessen hat und die Beispiele, die er bringt, sind wirklich umsetzbar, weil sie aus der Praxis und nicht aus dem Lehrbuch kommen. Der ist einer von uns. All das haben mir Teilnehmer erzählt, nachdem sie mich erlebt haben. In diesen Augenblicken merke ich, wie befriedigend es ist, Menschen zu vermitteln, dass es auch anders geht.

So oder so ähnlich empfehle ich Ihnen, mit dem Begriff Verkauf umzugehen. Seien Sie gnadenlos ehrlich. Manchmal mag das eine Art Schocktherapie sein. Wenn sich die Menschen von dem Schock erholt haben und sie merken, dass Sie anders sind, wird sich auch bei Ihren Kunden die Haltung Ihnen gegenüber ändern. Dann werden Sie die Kunden nicht mehr los. Dafür lohnt es sich, am Anfang mit den Vorurteilen konfrontiert zu werden.

Verschiedenen Arten des Zuhörens

»Gehe nie aus einem Gespräch,
ohne dem anderen die Gelegenheit zu geben,
mit Dankbarkeit an dieses Gespräch
zurückzudenken.«

Adolph Freiherr von Knigge

Allein der Titel wird in unserem Kulturkreis bei vielen Menschen auf völlige Verwirrung stoßen. Sie kennen bestimmt den Spruch: »Da stößt du auf taube Ohren.« Wenn eine Person einem anderen Menschen etwas erzählt, ist es meistens so, dass sie mitten im Satz unterbrochen wird und der andere meint, dass das bei ihm auch so gewesen ist. Noch besser ist es, wenn die andere Person direkt ein Beispiel bringt, bei dem es noch viel krasser war.

Ein Beispiel:

Person A: *»Ich war letztens im Urlaub, der Service dort war eine einzige Katastrophe. Und das zu dem Preis. Ich werde mich noch beim Veranstalter beschweren.«*

Person A kann noch nicht weiter erzählen, kontert Person B schon mit seiner Story.

Person B: »*Und bei mir erst. Mir ist vor ein paar Wochen schon beim Einchecken die Einzigartigkeit der Servicewüste Deutschlands begegnet. Ich kann dir sagen, da war dein Erlebnis nichts dagegen.*«

Person A: »*Das ist doch noch gar nichts ...*«

Kennen sie solche »Unterhaltungen«? Davon abgesehen, dass sich alle Beteiligten hier mal fragen sollten, welchen Sinn und Zweck es hat, so ein Gespräch zu führen, wer war jetzt der Zuhörer? Gab es überhaupt einen?

Das können Sie in allen möglichen Situationen beobachten. Auf einem Geburtstag, wo die letzten Urlaubserfahrungen ausgetauscht wurden, im Sport, wo über den letzten Bundesligaspieltag geklönt wurde, wer denn nun wirklich der schlechteste Verein war usw.

Ich nenne das Sprechdurchfall. Jeder will seinen Senf loswerden und interessiert sich in seinem tiefsten Innern nicht dafür, was der andere wirklich Wichtiges zu sagen hat. Es könnte natürlich in diesen Fällen auch genau daran liegen, dass es nichts Wichtiges zu sagen gibt. Die Grundtendenz, dass Menschen tendenziell immer das Gefühl haben, nicht gehört zu werden und deshalb ständig und überall los plappern, bleibt davon unberührt.

Sie werden feststellen, wenn Sie sich in der Kunst des Zuhörens üben, dass Reden dem Körper Energie gibt und Zuhören den Körper Energie kostet. Je mehr Menschen reden, desto besser fühlen sie sich. Der Zuhörer dagegen wird mit jedem Satz müder und müder. Irgendwann schaltet er schon aus Selbstschutz seine Ohren auf Durchzug oder kontert mit noch tolleren Geschichten. Auch um die angestaute Energie wieder loszuwerden. Die Menschen glauben auch, dass sie andere überzeugen können, wenn sie nur oft genug und deutlich mehrmals wiederholend ihre Meinung sagen. Leider denkt die andere Person das Gleiche, sodass es in den meisten Fällen wie das Hornberger Schießen ausgeht. Wenn Sie diese Art des Sprechdurchfalls in seiner Reinkultur erleben wollen, schauen Sie sich einfach Talkshows an. Ging da jemals eine Sendung mit einem Ergebnis zu Ende, wo einer zufrieden war und vielleicht sogar aus Überzeugung die Meinung des anderen angenommen hat? Mir ist das noch nie aufgefallen, wobei die Zeiten, in denen ich mir so etwas angetan habe, schon lange vorbei sind.

Jeder will seine Meinung loswerden und am Ende soll alles sein wie vorher.

Der Theologe Helmut Stich hat bereits 1977 die Kunst des Zuhörens wie folgt definiert:

»Zuhören ist eine Kunst, die in ihrer Bedeutung für das menschliche Wohlsein sehr unterschätzt ist. Aber das rechte einfühlende Zuhören vermag das Beste im Menschen zu wecken und zu fördern. Wer deshalb seine eigene Fähigkeit zuzuhören nicht ausbildet, begeht eine ernsthafte Unterlassungssünde; er erschwert den Menschen, die mit ihm sind, sich voll zu verwirklichen.«[26]

Da wir uns als Verkäufer intensiv mit Kommunikation beschäftigen, sollten wir uns etwas intensiver mit dem Zuhören beschäftigen. Das tun wir in der heutigen Zeit viel zu wenig. Ich versuche die aus meiner Sicht verschiedenen Stadien des Zuhörens zu beschreiben. Dabei können Sie sich kritisch hinterfragen, wo Sie stehen.

Die unterste Stufe ist das des gegenseitigen Sprechdurchfalls. Man hat auf die Aussage eines anderen direkt wie oben beschrieben ein eigenes Beispiel parat. Es interessiert einen nicht, was der andere sagt. Schlimmer noch, man will nur seine eigenen Geschichten in den Vordergrund drängen. Aus Verkäufersicht gesehen ist das auch deshalb kontraproduktiv, weil Sie sich zum einen in den Vordergrund gespielt und zum anderen absolut nichts über Ihren Kunden in Erfahrung gebracht haben. Auf dieser Basis kann zu einem späteren Zeitpunkt das Produkt gar nicht verkauft werden, weil man nur im Nebel rumstochert.

Die zweite Stufe ist eine Form der Ignoranz. Man hört zwar zu, das heißt der andere erzählt, der Zuhörer ist ruhig. Wenn der Erzähler nachfragt, was er gesagt hat, kann derjenige den Inhalt nicht wiedergeben. Er ist mit seinen Gedanken ganz woanders. Aus welchen Gründen auch immer ignoriert er die Ausführungen des Erzählers. Wenn man genau hinschaut, sieht man in seiner ganzen Haltung das Desinteresse. Es sind diese Menschen, die auch gerne während eines Gespräches ans Telefon gehen oder ähnliche Dinge tun. Die Menschen haben irgendwo mal gehört, dass Zuhören gut für den Verkauf ist, warten aber einfach nur ab, bis der Erzähler fertig ist, um dann loszulegen. Auch hier spürt der Kunde zu einem späteren Zeitpunkt das. Dann muss der Verkäufer sich wieder mit der Einwandbehandlung rumschlagen.

Die dritte Stufe ist die des Egoismus. Man hört nur das oder den Teil, den man hören will. Der Erzähler spricht mehr oder weniger an eine Wand, sobald aber etwas erzählt wird, was den Zuhörer von Nutzen ist, ist er hellwach, interessiert und versucht das Thema zu seinem Vorteil zu nutzen. Oder der Zuhörer dreht das Thema dem Erzähler im Mund herum und interpretiert es so, wie er es gerne hätte. Auch »schön« ist es, wenn ein Zuhörer ruhig ist und bei einem bestimmten Stichwort plötzlich hellwach wird und von einem völlig anderen Thema anfängt. Das sorgt für Verwirrung, Unverständnis und zuletzt Frust und Enttäuschung, wieder mal nicht ernst genommen worden zu sein.

Die vierte Stufe ist die der Manipulation. Man hat gelernt, dass Zuhören einen Kunden zur Unterschrift bringt, und dass die Fragen das Gespräch lenken werden. Das tun diese Menschen auch. Sie stellen solche Fragen, dass am besten das herauskommt, was der Zuhörer erreichen will, um seinen Vorteil durchzusetzen. Das ist deshalb eine höhere Stufe als die anderen, weil es die Kunden zuerst als angenehm empfinden und gar nicht bemerken, was vor sich geht. Sie kaufen auch schon mal das Produkt und merken erst später, dass sie es gar nicht haben wollten. Der Frust ist dann umso größer. In der heutigen Zeit auch indiskutabel, schon deshalb, weil sich viele dieser Kunden im Internet Luft machen und den Ruf der Firma oder des Produktes zerstören. Das schadet langfristig auch anderen Verkäufern.

Die fünfte und höchste Stufe ist die der Wahrhaftigkeit. Man hört mit allen Sinnen zu, hinterfragt aus einem ureigenen Interesse für sein Gegenüber heraus, zeigt Mitgefühl und Verständnis. Man versucht nicht, das Gespräch in irgendeine Richtung zu drängen, sondern lässt den Erzähler die Richtung bestimmen. Das geht nur, wenn man aufhört, seinen eigenen Vorteil im Gespräch zu suchen und das Verstehen und die Wertschätzung des Erzählers in den Vordergrund stellt. Wahrhaftiges Zuhören ist nur möglich, wenn das eigene Ego runtergeschraubt wird und man sich nicht in den Mittelpunkt stellt. Diese edelste Form wirklichen Zuhörens ist, wenn Sie den anderen eine Frage stellen und dann zuhören, was er zu sagen hat. Im Laufe seiner Ausführungen fragen Sie nach, merken sich im Idealfall das, was er gesagt hat und stellen immer tiefer gehende Fragen. Sie werden feststellen, dass Ihr Gegenüber immer mehr zu strahlen beginnt, weil er wahrscheinlich lange keinen so aufrichtigen Zuhörer mehr hatte.

Technisch gesehen ist das für die meisten von Ihnen sicherlich nichts Neues. Fragetechniken und deren Erfolgsmodelle gibt es wie Sand am Meer. Mir geht es nicht darum, das technisch sauber und umsatzorientiert anzuwenden. Es geht darum, sich wirklich für das Gegenüber zu interessieren, auch oder gerade wenn dabei kein Umsatz in Aussicht stehen sollte. Sollten Sie

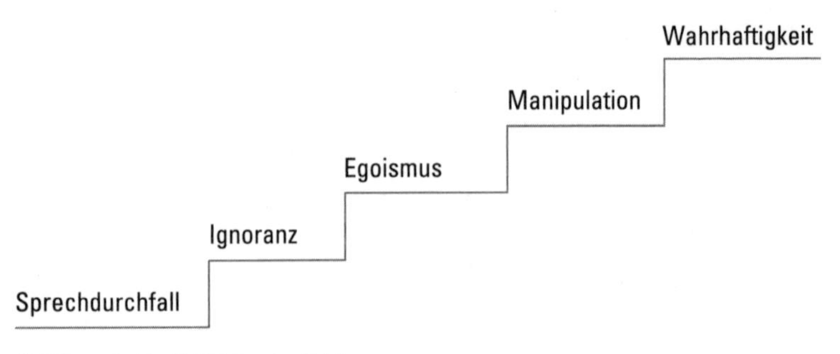

Abbildung 5: Die fünf Stufen des Zuhörens

also ein Mensch sein, den es von Hause aus gar nicht interessiert, was andere Menschen erlebt haben, wo sie im Leben gerade stehen und welche Probleme ihnen bevor stehen, werden Sie es ganz schwer haben, in der Form des authentischen Verkaufens erfolgreich zu sein. Denn das ist die Basis.

> Sie müssen vom tiefsten Herzen her ein Menschenliebhaber sein.

Sie müssen gierig nach den Geschichten und Erlebnissen der Menschen sein und ihre Erzählungen sammeln, wie andere Briefmarken. Je mehr die Leidenschaft in Ihnen spürbar ist, dass Sie Spaß am Zuhören haben, umso befreiter wird das Gegenüber Ihnen mehr und mehr von sich erzählen. Wie wichtig das dann für das spätere Verkaufsgespräch ist, werden Sie im nächsten Kapitel lesen, in dem es um das für mich ideale Verkaufsgespräch geht.

Die Form des manipulativen Zuhörens wird in Verkaufstrainings gerne geschult, weil die Psychologie um dessen Effekt weiß. Genau so kann man mit dieser Methode natürlich auch Menschen in eine Richtung bringen, in die diese vielleicht gar nicht wollen. Sie können mit Fragen Menschen führen und in die Richtung lenken, die Ihnen mehr nützt als dem Gegenüber. Das sind zum Beispiel subtile Fragen oder Alternativfragen. (»Hätten Sie gerne ein oder zwei Pullover?« Damit unterstellen

Sie dem Kunden, dass er auf jeden Fall einen haben möchte.) Ich habe selbst diese Methoden jahrelang angewendet und sie funktionieren. Heute kann und will ich mit den Methoden keinen Kunden mehr gewinnen, mich lässt das nachts nicht mehr schlafen. Ich war nur auf meinen Verkauf fokussiert und hatte kein wirkliches Interesse, was der Kunde haben will.

Die wahrhaftige Form des Zuhörens ist, ohne wirkliches Ziel und Hintergedanken den Kunden nach seiner Meinung, seinen Problemen und seinen Erkenntnissen zu fragen. Es fühlt sich so an, wie wenn Sie absichtslos zum Ziel gelangen. Wenn ein Kunde mit seinen Ausführungen am Ende ist, probieren Sie mal aus, einfach nichts zu sagen. Sie werden feststellen, dass das Gegenüber in den meisten Fällen nach maximal 3 Sekunden weiterreden wird. Sollte er irgendwann an den Punkt kommen, dass er nichts mehr sagt, können Sie einfach den letzten Satz oder die letzten drei Worte als Frage wiederholen und das Gespräch geht weiter. Ohne Manipulation oder dass Sie ihn in eine Richtung drängen. Ihr Gegenüber entscheidet dann, in welche Richtung das Gespräch weitergeht. Wenn der Kunde auch dann nichts mehr sagt, wissen Sie, dass er jetzt am Kern des Themas angekommen ist.

Befinden Sie sich am Ende einer solchen Zuhörphase, können Sie Ihrem Kunden dann gerne fragen, ob ihn Ihre Meinung interessiert. Somit holen Sie sich die Erlaubnis und plappern nicht ungefragt irgendwelche Tipps, Ratschläge oder Sonstiges rein, was der andere zumindest zu dem Zeitpunkt vielleicht gar nicht hören möchte. Das ist auch eine Form von Respekt und Wertschätzung.

Führen Sie ein solches Gespräch, in welchem Sie während der Ausführungen Ihres Gesprächspartners den einen oder anderen Ansatz gefunden haben, bei dem Sie mit Ihren Produkten helfen können, sollten Sie dann an der Stelle fragen, ob es okay wäre, wenn Sie Ihre Meinung und Lösungen präsentieren. In nahezu allen Fällen wird Ihr Gegenüber das bejahen, schon allein aus zwei Gründen. Erstens, weil er bisher fast nie wirklich einen Menschen vor sich sitzen hatte, der so empathisch und aufmerksam zugehört hat und zweitens, weil Sie auch noch um Erlaubnis gefragt haben. Somit hat das Gegenüber immer die Wahl, auch Nein sagen zu können. Das entspannt und lässt einfach Raum für mehr Entfaltung. Zudem befinden Sie sich in einem Raum von Respekt und gegenseitiger Wertschätzung. Das ist für mich die moderne Form des Zuhörens und auch der Kommunikation.

Die gleiche Wellenlänge

Es gibt eine ganz einfache Systematik in der Kommunikation mit Menschen. Sympathie entsteht immer dann, wenn man auf der gleichen Wellenlänge schwingt. Der Satz »Wir hatten einfach nicht die gleiche Wellenlänge« über unsympathische Personen, kommt nicht von ungefähr.

Sie könnten es jetzt dem Zufall überlassen und schauen, bei wem Sie mitschwingen und bei wem nicht. Das würde ziemlich viel Zeit in Anspruch nehmen und es gibt durchaus Möglichkeiten, auch auf eine wertschätzende Art, mit anderen Menschen rein »technisch« in Beziehung zu gehen. (Zumindest geht das am Anfang eine gewisse Zeit. Wenn Sie sich aber zu sehr dafür verbiegen, wird auch das nicht funktionieren.)

Wenn Sie Menschen beobachten, die sich super sympathisch sind, dann können Sie verschiedene Parallelen der beiden Personen erkennen. Zum einen interessieren sie sich natürlich für ähnliche Themen. Auch da gibt es aus Ihrem Alltag genügend Beispiele. Sie kommen auf eine Party, lernen neue Menschen kennen, stellen sich vor und checken Gemeinsamkeiten ab. Je mehr Sie finden, umso lockerer und angenehmer wird der Kontakt. Man kann aber auch verschiedene andere Gemeinsamkeiten erkennen. Die beiden Personen nehmen in der Regel ähnliche Körperhaltungen ein, benutzen zum Teil den gleichen Wortschatz und, wenn Sie ganz genau hinschauen, können Sie sehen, dass sie sogar einen ähnlichen Atemrhythmus haben. Wenn Sie also mit einer anderen Person auf derselben Wellenlänge schwimmen, beobachten Sie doch mal spaßeshalber, was denn die Ähnlichkeiten zwischen Ihnen und Ihrem Gegenüber sind.

Mit diesem Knowhow könnten Sie jetzt, wie viele, Unsinn treiben und versuchen, das Vertrauen einer anderen Person zu erschleichen, indem Sie schauen, wie diese redet, wie sie sitzt, wie sie atmet usw. Dann gleichen Sie Ihre Art der des Gegenübers an und Sie werden merken, wie die Person immer vertrauensvoller mit Ihnen umgeht.

Sollten Sie das nicht ernst meinen, wird das Glück nur von kurzer Dauer sein. Denn Sie können die Maske nicht wirklich lange aufrecht halten und der andere wird das in absehbarer Zeit merken. Vielleicht reicht es, um einen Verkauf zu erzielen, langfristig werden Sie sich damit eher schaden, als nutzen.

Eine Beziehung aufzubauen, nur um Umsatz zu machen und sich dann wieder zurückzuziehen, wird auf Dauer nicht funktionieren. Bauen Sie Beziehungen zu Ihren Kunden auf, als wären sie gar keine Kunden und als wollten Sie überhaupt nichts verkaufen. Bauen Sie die Beziehungen auf, weil Sie den Menschen mögen und an ihm interessiert sind. Sind Sie jemand, der von sich behaupten kann, dass Sie den Menschen auch dann mögen, wenn er kein Kunde wird oder ist? Dann machen Sie doch den Test, der ihren Gedanken auf die Schliche kommt: Sollte ein Kunde bei Ihnen abschließen, zu einem späteren Zeitpunkt wieder kündigen oder das Produkt weiter verkaufen, können Sie ihm trotzdem in die Augen schauen und sich gut mit ihm verstehen? Oder nehmen Sie das persönlich? Versuchen Sie diese Themen zu trennen. Sie werden merken, das entspannt und auch das spürt Ihr Kunde. Wenn ein freundschaftliches Verhältnis nur mit vertraglichen Unterschriften verbunden ist, ist das keine freiheitliche Basis. Ich habe es immer so gehandhabt, dass ich auch mit Exkunden oder Exgeschäftspartnern versucht habe, freundschaftlich umzugehen. In einem späteren Kapitel werden wir das Thema Empfehlungen genauer behandeln. Ich selbst habe als Verkäufer Empfehlungen von Menschen bekommen, die kein Kunde wurden bzw. auch, die ein Produkt gekündigt haben. Wir glauben gerne, dass eine freundschaftliche Basis zu einem Kunden nur dann existiert, wenn er mein Produkt kauft. Soll heißen: Bis er kauft, ist er kein Freund und wenn er das Produkt storniert, kündigt er auch die Freundschaft. Das ist totaler Blödsinn, wird aber bei sehr vielen Verkäufern und sogar Unternehmen so gesehen. Lösen Sie in Zukunft die Verbindung zwischen dem Aufbau von Beziehungen zu potenziellen Kunden und einem eventuellen Umsatz. Betrachten Sie das Gegenüber als Mensch und nicht als Umsatzmaschine, die funktionieren und Sie glücklich machen muss. Sollte er dann noch Ihr Produkt kaufen, umso besser.

Praktische Ansätze

Kommen wir nach den technischen Möglichkeiten, wie man die gleiche Wellenlänge zu einem Menschen herstellen kann, zu den praktischen. Möglichkeiten, die in einem Gesprächsverlauf eventuell auch leichter umzusetzen sind. Aber Vorsicht: Haben Sie das noch nie bisher so betrieben, wird auch das etwas sein, das Sie üben müssen.

Ein wichtiger Punkt, um wahrhaftig und nicht technisch eine Wellenlänge zum Kunden herzustellen ist, wie Sie mit den Eigenarten und Schwächen des Gegenübers umgehen.

Jeder Mensch hat Schwächen und Macken. Können Sie diese akzeptieren? Sind Sie in der Lage, diese anzunehmen und gleichzeitig weiterzumachen? Oder lästern Sie gleich über diese Angewohnheiten und werten den Menschen dadurch ab?

Ein typisches Beispiel in meiner Zeit als Finanzberater war im Kollegenkreis die Aussage:

»Lehrer und Ingenieure kannst du vergessen. Die sind nicht zu beraten.«

Witzigerweise waren durch viele Empfehlungen meiner Mutter am Anfang meiner Laufbahn eine große Anzahl Lehrer dabei. Ich hatte damit nie Probleme. Mag sein, dass Ingenieure und Lehrer einen Drang haben, mehr wissen zu wollen oder sogar auch glauben, viele Dinge zu wissen, die in der Welt der Verkäufer nicht so richtig stimmen. Eventuell sind diese Personengruppen sehr gründlich im Verarbeiten von sachlichen Informationen. Das mag dem einen oder anderen Verkäufer lästig erscheinen. Viele Verkäufer hätten gerne, dass die Kunden ihnen möglichst schnell vertrauen und nehmen eine zu intensive Fragestunde als Bruch der Vertrauenswürdigkeit wahr. Das ist in meisten Fällen nichts Persönliches gegen die Verkäufer. Es ist einfach eine persönliche Art dieser Personen. Gerade Ingenieure sind mit verantwortlich, dass der Standort in Deutschland weltweit immer noch gut dasteht. Gründlichkeit ist einer ihrer Eigenschaften. Verkäufer sind in der Mehrzahl Menschen, die sich eher auf das große Ganze anstatt auf Details fokussieren. Sie sehen alles eher oberflächlich, bringen dafür die Dinge aber auch mehr voran, weil sie auf Menschen zugehen usw. Treffen die beiden Gruppen jetzt aufeinander und kommunizieren jeweils aus ihrer Persönlichkeitsstruktur heraus, kommen wir zu genau den Ergebnissen.

Lassen Sie sich auf die Sprache des Kunden ein (Lehrer etc.) und geben diesem völlig wertfrei die Informationen, die er haben möchte, dann werden Sie sehen, wie leicht einem Lehrer oder Ingenieur Produkte zu verkaufen sind. Denn auch diese Gruppe möchte menschlich und respektvoll behandelt werden.

Was auch oft falsch gemacht wird, ist, dass Verkäufer dem Kunden auf einen aus ihrer Sicht falschen Einwand hin direkt widersprechen.

Kunde: *»Ich denke, dass der Markt die nächsten Jahre nicht so stark wachsen wird …«*

Verkäufer: *»Nein, das stimmt nicht, er wird durch die Decke gehen.«*

Wenn Sie sich in die Situation des Kunden versetzen und so eine Antwort bekommen, wie ist es jetzt um Ihren Gemütszustand bestellt? Fühlen Sie sich angenommen, ernst genommen?

Eher nicht. Der Kunde hat ja nicht ohne Grund diese Aussage getroffen. Irgendetwas wird ihn dazu bewogen haben, diese Meinung zu haben und dem Verkäufer mitzuteilen. Durch so eine Reaktion seitens des Verkäufers wird eine gemeinsame Wellenlänge gebrochen oder zumindest stark gestört. Der Verkäufer hat es jetzt deutlich schwerer, den Kunden von seinem Produkt zu überzeugen. Solche Kleinigkeiten passieren Verkäufern meistens unbewusst. Es ist so eine Art Merkmalsreflex und im schlimmsten Fall fühlen sich die Verkäufer sogar angegriffen. Hinterher heißt es dann: Der Kunde war schwierig. Nein, der Kunde wollte im besten Fall schon nach dem ersten Satz kaufen, hatte nur diese eine Frage, die er vielleicht etwas unglücklich formuliert hat und der Verkäufer hat es durch mangelndes Interesse oder dumme Widersprüche selbst zerstört. Entwickeln Sie eine Art kindlicher Neugierde, wie und warum ein Kunde zu so einer Aussage gelangt ist. Versuchen Sie, wertfrei und unschuldig diese Hintergründe herauszufinden. Das ist manchmal so spannend, dass ich dabei fast vergesse, was ich verkaufen wollte. Oftmals ist es mir passiert, dass mich dann der Kunde darauf hingewiesen hat, was er denn eigentlich wollte.

Eine alternative Antwort könnte erst mal eine Frage sein:

Verkäufer: »*Wie kommen Sie darauf? Das ist ja eine spannende These.*«

Lassen Sie den Kunden reden, fragen Sie tiefer und mit etwas Erfahrung werden Sie genau den richtigen Moment erspüren, wann Sie tatsächlich Ihre Aussage bringen können, dass er Unrecht hat. Wenn Sie es dann noch wertfrei formulieren und dem Kunden die Chance lassen, seine Meinung zu behalten, wird er auch eher die Ihre überdenken und annehmen.

Verkäufer: »*Das ist ein sehr interessanter Ansatz. Möchten Sie auch meinen hören?*«

Kunde: »*Ja.*«

Verkäufer: »*Ich glaube, dass es durch die Decke gehen wird.*«

Und jetzt begründen Sie das auch.

Sollte er Ihnen danach immer noch nicht zustimmen, wobei Sie in dieser Stelle eine weitaus größere Chance haben, dann suchen Sie nach einer Lösung, wie Sie mit der Antwort des Kunden weiterkommen. Das ist zwar nicht das Schema F, hat aber sehr viel mit Respekt und Wertschätzung der Meinung des Kunden zu tun.

Achtsamkeit

»Achtsamkeit bedeutet, dass wir
ganz bei unserem Tun verweilen,
ohne uns ablenken zu lassen.»

Dalai Lama

Nun können Sie die ganzen Dinge rhetorisch umsetzen, im Kopf für sich zu Recht rücken und dennoch einen weiteren sehr wichtigen Punkt vergessen. All das, was ohne Worte zwischen zwei Menschen passiert und was ohne Worte von einem Kunden Ihnen vermittelt wird, auf das Sie achten oder reagieren müssen. Eine Art nonverbale Wertschätzung: Achtsamkeit.

Der Begriff Achtsamkeit ist in den letzten Jahren immer populärer und wichtiger geworden. Achtsamkeit bedeutet, voll und ganz mit all seinen Sinnen im Hier und Jetzt zu sein. Es geht um die Fähigkeit, zu wissen, was gerade in und um einen herum geschieht.

Im Wörterbuch habe ich folgende Definition des Wortes Achtsamkeit gefunden:

Achtsamkeit ist eine bestimmte Form der Aufmerksamkeit, die

- absichtsvoll ist,
- sich auf den gegenwärtigen Moment bezieht,
- nicht wertend ist.

Das spricht mir aus der Seele. Zu 100 Prozent aufmerksam zu sein und dem Gegenüber im Hier und Jetzt vollständig zu folgen.

Die Psychologin Ute Hülsheger hat mit ihrem Forscherteam untersucht, wie Achtsamkeit das eigene tägliche Leben beeinflusst. Das Ergebnis ist so gut, dass es sich auch von einem wissenschaftlichen Blick aus lohnt, sich damit zu beschäftigen. Menschen, die sich Achtsamkeit antrainierten, waren weniger erschöpft, mit ihrem Beruf zufriedener und hatten keinen aufgesetzten Gefühlausdruck. In dieser Studie waren auch Verkäufer mit dabei. Diese fühlten sich ebenfalls zufriedener und kraftvoller. Das Fazit dieser Studie: »Die Ergebnisse zeigen, dass Achtsamkeit ein ertragreicher Weg ist, um mit einem emotional fordernden Beruf besser umgehen zu können.«[27]

Achtsamkeit bedeutet, dass Sie auch kleine Regungen und Reaktionen Ihres Gegenübers bemerken und darauf reagieren. Die Menschen zeigen kleine Reaktionen in vielfältiger Art und

Weise. Wenn Sie Ihrem Gesprächspartner etwas erklären und dieser seinen Blick verändert oder sich innerlich wegdreht, hilft es, direkt Ihre Ausführungen zu unterbrechen und Fragen zu stellen, ob irgendwas unklar ist, irgendetwas nicht gefallen hat oder irgendetwas nicht gefällt. Sie sollten nicht weiter reden, weil es sonst in eine falsche Richtung gehen kann. Der Kunde schaltet auf Durchzug und Sie wundern sich, warum zu einem späteren Zeitpunkt Einwände kommen oder er noch überlegen muss. Ein guter Augenkontakt ist wichtig. Wenn Sie mit Ihrer vollen Aufmerksamkeit im Laptop oder anderen Unterlagen sind, kriegen Sie im Zweifelsfall nicht mit, was bei Ihrem Gegenüber vorgeht.

Achtsamkeit heißt auch, dass Sie alles um sich herum vergessen. Ihr Gegenüber ist jetzt in diesem Moment der Mittelpunkt Ihres Universums und kein anderer darf diesen Raum betreten. In einer Welt, in der wir alle hektischer werden, Smartphones unser Leben bestimmen, wir keine Zeit mehr für den anderen haben und mehr und mehr in die virtuelle Welt abdriften, ist es ein Geschenk, wirklich so wahrgenommen zu werden, dass alles um einen herum in Vergessenheit gerät.

> *Der Fitnesstrainer meines Fitnessstudios ist eine der Personen, die ich als wahrhaftigen achtsamen Menschen kennen lernen durfte. Wenn er mit einem Mitglied an seinem Trainertisch sitzt und mit ihm etwas bespricht, kann ich 1 Meter an den beiden Personen vorbeilaufen und er bemerkt es nicht. Letzte Woche habe ich das 3-mal bewusst ausprobiert, um auch für dieses Buch einen Test zu machen. Er hat nicht ein einziges Mal mit den Augen den Kunden verlassen und geschaut, wer da ständig vorbeiläuft. Als ich ihn später darauf angesprochen habe, war er total überrascht, weil er nicht bemerkt hat, wie ich so nah vorbeigelaufen bin. Für ihn ist das eine Selbstverständlichkeit.*

Das nenne ich 100 Prozent Aufmerksamkeit für die aktuelle Situation und den Menschen, um den es gerade geht. Ich brauche, glaube ich, nicht zu erwähnen, dass der Trainer bei allen

Mitgliedern extrem beliebt ist. Denn neben der absoluten Wertschätzung für andere Personen ist er auch noch mit einer großen Fachkompetenz gesegnet. Eine traumhafte Kombination. Es kann so einfach sein.

Leider sabotiert oftmals ein besonders beliebter Störenfried dieses Verhältnis zwischen zwei Parteien. Er schafft es immer, jegliche Kommunikation und Vertrauen zwischen den Menschen zu zerstören: Ihr oder sein Mobiltelefon.

Wie ich das verfluche, wenn ich mit Menschen rede, mich Ihnen widme oder noch schlimmer, wenn ich mich Ihnen anvertraue und dann klingelt dieser Quälgeist und es folgt dieser brutale Satz in meine Richtung:

»Entschuldigung, da muss ich mal kurz ran gehen.«

Dann die »Kommunikation am Telefon«.

»Du, ich kann grad schlecht telefonieren, weil ich in einem Gespräch bin, darf ich dich zurückrufen?«

Diese Person hat es gerade geschafft, innerhalb kürzester Zeit zwei Menschen komplett vor den Kopf zu stoßen. Wozu gibt es einen Anrufbeantworter? Ich frage mich bis heute, warum Menschen das machen. Natürlich habe ich auch welche gefragt. Meistens kommt ein Schulterzucken. Oftmals ist es ihnen gar nicht bewusst. Sie merken nicht, dass sie gerade zwei Menschen auflaufen haben lassen. Das Mobiltelefon ist so in unser Leben integriert oder der Reflex, immer erreichbar zu sein, ist zu groß. Für mich heißt das, dass diesen Menschen jegliches Gefühl von Achtsamkeit gegenüber anderen Personen verlorengegangen ist. Ich höre auch immer wieder, dass man den anderen nicht warten lassen möchte, schließlich hat er ja angerufen. Die Angst, etwas zu verpassen oder alles perfekt zu machen, muss so groß sein, dass man sogar 2 unzufriedene Menschen in Kauf nimmt, nur um immer erreichbar zu sein.

Der traurige Höhepunkt zu diesem Thema war, als ich an der Kasse eines Lebensmitteldiscounters stand. Ein Herr vor mir war gerade am Bezahlen und hielt mit einer Hand die Geldbörse, mit der anderen ging er just ans Handy. »Entschuldigung, ich stehe gerade an der Kasse und kann nicht telefonieren.« Was geht da in dem Kopf eines Menschen vor? Und vor allem: Was nützt diese Information »Ich stehe gerade an der Kasse« dem anderen Gesprächspartner? Dieser Herr hat es geschafft, gleich mehrere Menschen auf einmal auflaufen zu lassen. Er war weder in Beziehung mit der Kassiererin, noch mit dem Gesprächspartner oder mit der Schlange hinter sich. Und dazu noch im totalen Stress.

Deshalb mein Appell: Nehmen Sie nur dann ab, wenn Sie in Ruhe dem Anrufer auch begegnen können. Sollten Sie wirklich mal einen wichtigen Anruf erwarten, sagen Sie es dem Gesprächspartner vorher, dann kann er sich darauf einstellen.

Übung

Suchen Sie sich einen Übungspartner: Das kann jetzt ihr Lebenspartner sein oder morgen im Büro ein Arbeitskollege.

Setzen Sie sich gegenüber und einer erzählt dem anderen eine Geschichte aus seinem Leben, die ihn wirklich positiv berührt hat. Sie fragen auch interessiert nach und widersprechen nicht. Inhaltlich also alles, was wir vorher besprochen haben. Ihre Körpersprache zeigt aber absolutes Desinteresse. Verschränken Sie die Arme, schauen sie auf den Boden oder zum Fenster hinaus, scharren sie mit den Füßen, kauen Sie Fingernägel. Danach fragen Sie Ihren Partner, wie er sich gefühlt hat.

Damit es fair bleibt, machen Sie das nun umgekehrt. Jetzt erzählen Sie dem anderen eine Geschichte.

In der zweiten Runde wird dieselbe Geschichte erzählt. Jetzt sind Sie mit Ihrer vollen Aufmerksamkeit, mit Augen, Gesicht, Körper, Gehirn bei Ihrem Partner und hören mit allen Sinnen zu. Fragen nach und interessieren sich für ihn. Schauen nicht nach links oder rechts, nicht auf die Uhr oder Ihr Handy. Danach fragen Sie wieder, wie es Ihrem Gegenüber gefallen hat. Machen Sie bitte auch diese Übung zweimal, dass jeder drankommt.

Freuen Sie sich auf den Unterschied, der ist gewaltig.

Es ist nicht leicht, sich zu 100 Prozent auf die Person zu konzentrieren und zuzuhören ohne öfters in die Gegend zu schauen. Das Training lohnt sich aber. Sie werden es an der Reaktion und letztlich am Umsatz ihres Unternehmens oder ihrer Verkaufszahlen merken.

Ich hatte mal eine Art Mentor, der mich inhaltlich immer sehr weitergebracht hat. Leider hat er in jedem Einzelgespräch sein Handy neben sich liegen lassen und während ich erzählte, ständig drauf geschaut, E-Mails abgerufen und gelesen. Er hat meine Statements zum Teil sogar mitgeschrieben, ich wusste aber nicht wirklich, ob es auch meine Statements waren. Wenn das Telefon klingelte, ging er dran und telefonierte ohne mich anzuschauen. War das Telefonat beendet, ging er auf eine Aussage von mir ein und ich durfte weitermachen. Er hat sich sogar die Dinge gemerkt, die ich gesagt habe. Ich hatte aber immer das Gefühl, mit einer Wand zu reden. Es war einfach nur schrecklich. Schlimmer noch, von einer Wand erwarte ich nicht, dass sie mir etwas zurückspiegelt, von einem Menschen schon. Die Gespräche waren für mich einfach nur unangenehm. Wäre ich jetzt aber ein Kunde, würde diese Person mir definitiv nichts verkaufen, egal wie gut das Produkt ist.

Ein weiteres Beispiel, wie das Gegenteil einer wertschätzenden Gesprächsbeziehung aussieht, haben Sie wahrscheinlich auch alle schon mal erlebt bzw. gesehen.

Es sitzen zwei Menschen in einem Kaffee, aber anstatt sich zu unterhalten, smsen oder mailen oder facebooken sie mit anderen Personen über ihr Smartphone.

Wahrscheinlich sitzen sie am nächsten Tag mit einer der Personen, mit denen sie am Vortag gemailt haben, in einem Kaffee und smsen mit der Person, mit der sie am Vortag im Kaffee saßen.

Wo sind wir gelandet? Und dann wundern wir uns, dass wir uns immer einsamer fühlen. Dies ist meiner Meinung nach auch eine Ursache, die Burnout auslöst. Wir bekommen keine wirkliche emotionale menschliche Nahrung mehr. Alles ist virtuell, alles ist im Außen. Was uns fehlt, sind die wahrhaft echten Begegnungen mit Menschen, die sich aufrichtig wertschätzend und respektvoll um uns bemühen und umgekehrt.

Deshalb meine Bitte (unabhängig von Verkaufsgesprächen): Lassen Sie Ihr Handy in der Tasche, wenn Sie mit einem anderen Menschen zusammen sind. Ich selbst gehe zu 99 Prozent nicht ans Telefon, wenn ich mit Menschen zusammensitze. Solange ich kein Notfalltelefon als Arzt oder Ähliches habe, ist kein Anruf so wichtig, als dass er nicht auch nach dem Treffen beantwortet werden könnte. Und in Zeiten von Flatrates kostet ein Rückruf auch nichts.

Es ist eine traumhafte Aussicht, ein Verkäufer der Zukunft zu sein. Ich kann auch die Angst nicht verstehen, die viele vor dem Internet haben. Das Internet kann eines nie erreichen: echte menschliche Nähe aufbauen. Genau das brauchen aber Leute. Vielleicht werden wir als Verkäufer zukünftig mehr fürs Zuhören, für psychologische Fragen oder einfach nur für das Zusammensein bezahlt. Ich freue mich auf jeden Fall auf die Zukunft.

Die 4 Ebenen menschlichen Seins

»Es kann keiner gerecht sein,
der nicht menschlich ist.«

Luc de Clapiers, Marquis de Vauvenargues

Mit wem sprechen wir, wenn wir ein menschliches Wesen gegenüber haben? Wer sitzt vor uns und vor allem, wie viele?

In den letzten Jahren habe ich viele Seminare in allen Bereichen besucht und dabei ist mir vieles klarer geworden, wie Menschen auf verschiedene Arten gestrickt sind. Dabei meine ich, dass der einzelne Mensch tatsächlich verschiedene Ebenen hat, die unterschiedlich Entscheidungen treffen und auf denen er auf verschiedene Art und Weise angesprochen werden muss. Nur dann haben Sie die Gewissheit, ihn im vollen Umfang wahrzunehmen und sein Vertrauen zu gewinnen. Zusammenfassend durch alle Seminare möchte ich den Menschen in 4 verschiedene Ebenen einteilen, die zusammen seine Persönlichkeit ausmachen. Sobald eine der Ebenen nicht beachtet oder sogar benachteiligt wird, macht sich das in der Laune des Menschen bemerkbar. Er denkt, fühlt oder spürt, dass irgendwas nicht stimmt. Das gilt sowohl, wenn er selbst etwas tut, aber auch, wenn der Verkäufer eine dieser Ebenen nicht anspricht. Damit Sie eine erste Idee haben, was gemeint ist, möchte ich die 4 Ebenen einmal beschreiben.

Jede Ebene hat bestimmte Elemente, aus denen sie besteht. Sie braucht eine bestimmte Art von Nahrung, um gut zu leben, man kann sie mit bestimmten Dingen zu überschwänglicher Freude bringen und es gibt natürlich auch bestimmte Dinge, die sie belasten.

Physische Ebene

Diese kennen Sie: Es ist der Körper, den Sie sehen und anfassen können. Er besteht aus Wasser, Knochen, Blut, Muskeln, Fett, Gewebe, Nerven etc.

Seine Nahrung, die er zum Überleben braucht sind: Essen und Trinken, aber auch Licht, Sauerstoff usw.

Was ihm große Freude bereitet, ist bei vielen Menschen sehr unterschiedlich: Bei dem einen ist es der Cappuccino, beim anderen die Schokolade, beim dritten Sport usw.

Was ihn zerstört sind alle Arten von physischen Verletzungen, Wunden, Brüche, Vergiftungen der Organe etc.

Wenn Sie das Wissen auf ein Verkaufsgespräch beziehen, können Sie hier einen kurzen gedanklichen Vergleich machen. Wo fühlen Sie sich besser: In einem dunklen Raum im Keller, ohne Licht und mit einer schlechten Luft? Oder doch in einem hellen, lichtdurchfluteten Raum mit frischer Luftzufuhr, wo vielleicht sogar noch kleine Kekse und Getränke auf dem Tisch stehen? Ein gutes Unternehmen achtet darauf, dass in den Verkaufsräumen genau diese Dinge stimmen.

Mentale Ebene

Die zweite Ebene ist die mentale Ebene: Sie besteht aus dem Gehirn und dessen Gedanken, seinem Gedächtnis und Verstand.

Diese Ebene braucht zum Überleben Wissen. Sie benötigt Fakten, Probleme und Aufgaben, die sie lösen kann, Literatur und Gespräche auf intellektuellem Niveau.

Sie freut sich zutiefst, wenn sie Aufgaben gelöst hat, und vor allem, wenn sie Macht hat oder Kontrolle ausüben kann.

Sie kann es nicht leiden, wenn Langeweile aufkommt, wenn es eintönig wird. Sie kann auch richtig nervös werden, wenn etwas nicht funktioniert oder sie auf Unverständnis trifft.

Und jetzt versetzen sie sich mal in die Lage eines typischen Verkäufers (vielleicht sehen sie sich ja auch selbst).

Sie kommunizieren wie die meisten Menschen aus der mentalen Ebene heraus. Sie kriegen die Krise, wenn Langeweile aufkommt. Also, was tun Sie? Sie texten den Kunden mit Wissen zu, um Kontrolle über Ihren Geist zu bekommen. Für den Kunden ist es aber aus der intellektuellen Sicht genau das gleiche Ablehnungsmuster wie bei Ihnen. Er kann es nicht leiden, wenn er keine Kontrolle hat und es nicht versteht. Sie kriegen die Krise, weil Ihre Worte auf Unverständnis treffen und Sie merken, dass das Gespräch Ihnen aus den Händen gleitet. Was tut der normale Mensch? Mehr von dem, was er kann. Er spricht einfach noch mehr, packt noch mehr Informationen in das Gespräch hinein usw. Meistens endet das dann mit dem Satz des Kunden: »Das war mir jetzt zu viel auf einmal. Ich muss mir das noch mal überlegen.« Beide haben sich nicht verstanden gefühlt, beide haben das Gefühl, nicht die Kontrolle über das Gespräch zu haben und am Ende weiß keiner, warum es nicht funktioniert hat. Wie man dieses Wissen in Gesprächen nutzen kann, erarbeite ich später. Lassen Sie dem Kunden so viele Informationen zukommen, dass sein Gehirn etwas zum Arbeiten hat, aber so wenig, dass es keine Angst haben muss, die Kontrolle zu verlieren.

Die nächsten beiden Ebenen werden in unserer Gesellschaft auf dem Level, wie ich es verstehe, sehr wenig benutzt bzw. angesprochen. Sie gehören genauso zu uns und verdienen Respekt und Wertschätzung und vor allem Wahrnehmung.

Emotionale Ebene

Diese besteht im weitesten Sinne aus unseren Gefühlen.

Sie braucht zum Überleben hauptsächlich eine authentische Umgangsweise seines Gegenübers. Sie benötigt Umarmungen (körperlich, aber auch verbal), Liebe, Verständnis, Zuneigung. Sie möchte, dass ihr zugehört wird und will schöne Momente erleben.

Wirkliche Freude findet dann statt, wenn diese Nahrung ins Extreme geführt wird. Man könnte in manchen Fällen auch Leidenschaft dazu sagen.

Was diese Ebene verletzt, sind alle Arten von Beleidigungen, verbalem Missbrauch, Dunkelheit und emotionaler Kälte.

Versetzen Sie sich dieses Mal in die Situation eines Kunden:

Wenn Sie ein Verkäufer nicht mal anlächelt oder sogar anschaut, wie viel Lust haben Sie noch, sich weiter dort beraten zu lassen? Wenn er sich nicht für Sie interessiert, Sie wertschätzt, wie groß ist Ihre Bereitschaft, diesem Menschen weiter zuzuhören oder sogar mit ihm Geschäfte zu machen? Da braucht der Mensch nicht mal etwas zu sagen. Das passiert oft schon, bevor das Gespräch beginnt.

Es gibt so viele Menschen, die während sie zuhören, im Handy spielen oder in der Zeitung blättern. Das ist Gift für eine emotionale Ebene. Ich sage auch Liebesentzug dazu. Da können Sie fachlich alles richtig machen, Kekse und Getränke servieren, ein tolles Ambiente schaffen, wenn das Gefühl der Wertschätzung und des Respektes nicht ankommt, werden Sie scheitern.

Energetische Ebene

Die vierte Ebene ist die energetische Ebene und für viele wahrscheinlich komplett neu: Diese Ebene ist eine Art Schwingungsfeld um unseren Körper herum. Er ist das Wahrnehmungsfenster. Der eine oder andere hat auch schon mal erlebt, wo diese zum Einsatz kommt. Sie gehen beispielsweise gedankenverloren durch die Stadt, wollen eine Straße überqueren und stoppen plötzlich. Das war auch gut so, denn in diesem Moment rauscht ein Auto an Ihnen vorbei. Im Fernsehen hat man dazu »Der siebte Sinn« gesagt. Und tatsächlich ist das eine Ebene, die eine besonders stark ausgeprägte feinfühlige Wahrnehmung hat. Leider wird uns von Kindes Beinen an diese Ebene abtrainiert und in der Schule weggeschult. Vielleicht haben Sie noch die eine oder andere Erinnerung, bei dem Sie als Kind etwas wahrgenommen haben, ein Erwachsener aber gesagt hat, das stimmt nicht. So lernen Sie Stück für Stück, dass Sie sich auf Ihre Wahrnehmung nicht verlassen können und sich nur noch auf Ihren Verstand verlassen sollten. Diese Ebene ist aber da und wenn Sie als Verkäufer auch lernen, mit der Ebene des Kunden zu kommunizieren, werden Sie enorme Erfolge erzielen.

Die Nahrung, die diese Ebene braucht, sind Ruhe, Meditation, Einssein mit sich und der Natur. Es helfen auch Gebete und alles, was Sie mit sich selbst in Ihrer Mitte zentrieren lässt.

Was ihr Freude bereitet, sind 100 Prozent Verbundenheit, Glaube an etwas und Einssein. Was Sie schockt, sind negative Schwingungen. Auch das haben Sie vermutlich schon mal erlebt. Sie kommen in einen Raum und nehmen direkt wahr, dass die Stimmung sehr gedrückt ist. Auch wenn keiner ein Wort gesagt hat oder mit Ihnen in eine Form der intellektuellen oder emotionalen Kommunikation getreten ist. Diesen Bereich anzusprechen ist glücklicherweise durch keine Technik vorzuspielen. Diese Kommunikation funktioniert nur, wenn Sie es tatsächlich ernst meinen.

Wie schaffen wir es jetzt, eine Kommunikation zu führen, die alle 4 Körper anspricht, sodass 100 Prozent Verbundenheit zwischen zwei Menschen hergestellt wird?

Letztendlich spielen alle Dinge, die wir tun, ineinander und doch ist es gut, die Dinge mal zu unterteilen. Wenn Sie sich zum Beispiel mit einer offenen Körperhaltung Ihrem Kunden gegenüber setzen, und das auch noch so meinen, sprechen Sie schon drei der Ebenen an. Die physische, weil Ihr Gegenüber sieht, dass Sie ihm zugeneigt sind, die emotionale, weil Sie sich für ihn interessieren und die energetische, weil Sie eine positive Energie ausstrahlen. Tun Sie das aber nur, weil Sie es in irgendwelchen Verkaufsgesprächen gelernt haben, werden Sie schon mit den letzten beiden Ebenen beim Gegenüber auf Widerstand stoßen. Vielleicht haben Sie jetzt Glück und die beiden Ebenen sind bei Ihrem Gegenüber so verkümmert, dass er es nicht merkt, wenn Sie nur mit reiner Technik arbeiten. Ist das das, was Sie wirklich wollen? Das hat definitiv nichts damit zu tun, ehrlich zu verkaufen.

Kommunikation mit den Ebenen

Starten wir mit den Dingen, die Sie tun können, um mit den bestimmten Ebenen aufrichtig zu kommunizieren:

- Physische Ebene: Das ist noch das Einfachste: Eine offene Körperhaltung, saubere und gepflegte Kleidung, gewaschenes und ein gepflegtes Äußeres.
- Mentale Ebene: Stellen Sie dem Kunden Fragen, so dass Sie zu 100 Prozent rauskriegen, was der Kunde wirklich von Herzen will. Dazu gibt es im nächsten Kapitel eine Anleitung zu einem für mich idealen Verkaufsgespräch. So schaffen Sie es, dass Sie, wenn Sie wissen, was der Kunde möchte, zu 100 Prozent nur auf das auch eingehen. Er bekommt nur die Infos, die er braucht, um eine Entscheidung treffen zu können. Nicht mehr aber auch nicht weniger. Sie überfrachten ihn nicht mit Dingen, die er gar nicht wissen will. Wenn Sie ein Auto kaufen, wollen Sie dann von dem Verkäufer erklärt bekommen, wie die Strom- und Benzinleitungen gelegt wurden und welche Rohstoffe für den Vergaser in welchem Land der Welt eingekauft wurden? Wenn es der Kunde wissen will, müssen Sie es ihm liefern, auch wenn Sie es nicht wissen. Wenn Sie aber der totale Fan von dieser Materie sind, texten Sie Ihren Kunden bitte nicht zu, sondern fragen Sie ihn, was er an Informationen für seinen intellektuellen Körper braucht, um eine Entscheidung treffen zu können.
- Für die anderen beiden Körper ist es schon herausfordernder: Sie müssen eine angenehme Atmosphäre schaffen, die eine positive, einladende Energie ausstrahlt. Sie haben die Aufgabe, dass der Kunde sich gut fühlt und, wenn er den Raum bzw. Sie seine Wohnung betreten, sich sofort angenommen und eingeladen fühlt. Dazu bedarf es einiger Arbeit an sich selbst, auf die ich gleich eingehen werde.
  Wenn Stress zwischen zwei Kollegen besteht, es im schlimmsten Fall kurz vor dem Kundentermin sogar Streit

gegeben hat, ist das im Raum spürbar. Der Kunde wird es wahrnehmen. Nicht jeder kann es deuten und erkennen. Es wirft nur einen Schatten auf die Situation und die Entscheidung, bei Ihnen etwas zu kaufen, ist erst mal auf einen Tiefpunkt gerutscht. Sie kriegen den Kunden da teilweise wieder raus, das ist aber mit enormer Anstrengung verbunden. Und ein letzte Rest Zweifel wird immer bleiben. Wenn er nicht unterschreibt und Sie ihn nach dem Grund fragen, wird er vermutlich etwas Ähnliches antworten wie: Er wisse auch nicht so genau warum, es ist so ein Gefühl. Wirkliche fachliche Inhalte hat er nicht. Damit wird klar, dass er aus den beiden letzten Ebenen heraus kommuniziert hat. Sorgen Sie bitte dafür, dass Sie mit sich im Reinen sind, wenn Sie zu einem Kundentermin fahren und sorgen Sie auch dafür, dass in Ihren Büroräumen eine gute und freundschaftlich positive Stimmung herrscht. Ihre Kunden werden es Ihnen danken und Sie werden es umsatztechnisch definitiv merken.

Eines versichere ich Ihnen. Wenn Sie diese Dinge ab sofort beobachten und schauen, wie Menschen mit anderen kommunizieren und welche der vier Ebenen gerade angesprochen werden und welche nicht, wird sich Ihre Präsenz gegenüber Ihren Gesprächspartnern deutlich steigern. Sie werden achtsam und dadurch gewinnen Sie die Sympathie Ihrer Gesprächspartner.

4 Persönlichkeitstypen

Jeder Mensch kommuniziert auf ganz unterschiedliche Arten und Weisen. Das hängt hauptsächlich mit seiner Persönlichkeitsstruktur und seinen ganzen Erfahrungen zusammen, die er im Laufe seines Lebens gemacht hat. Aus diesen ganzen Elementen hat sich bei jedem Menschen eine persönliche Kommunikationsmatrix entwickelt, aus der heraus er agiert und reagiert.

Treffen Sie sich mit einem zukünftigen Kunden, kann demnach Folgendes passieren:

Spricht Ihr Kunde beispielsweise aus einer Matrix A heraus und Sie antworten aus Ihrer Matrix B, dürfen Sie sich nicht wundern, wenn Sie sozusagen aneinander vorbei sprechen. Es gibt zahlreiche Tools, mit denen Sie Persönlichkeits- und Kommunikationstypen herausarbeiten können. So gut wie alle Systeme haben sich im Laufe der Zeit auf 4 Haupttypen geeinigt, die sie allerdings sehr unterschiedlich benennen. Teilweise arbeiten sie auch noch mit Farben usw. Ich möchte Ihnen eine vorstellen, mit der ich auch immer in meinen Trainings arbeite.

Die vier Typen lauten hier: Direktor, Promoter, Unterstützer und Überprüfer.

Um eines vorne weg zu sagen. Jeder Mensch hat von allen Typen Anteile in seiner Kommunikationsmatrix und es ist auch keiner schlechter oder besser als der andere. Wichtig ist herauszufinden, welcher Teil der Hauptteil ist. Das bekommen Sie mit, wenn Sie beobachten, wie der Gesprächspartner kommuniziert und vor allem, wie er redet. So können Sie sich auf denjenigen einstellen und die gleiche Sprache sprechen.

Die meisten von Ihnen werden sich in der Vergangenheit schon das eine oder andere Mal damit beschäftigt haben. Sehen Sie es als Wiederholung. Ich habe diese Analysen mit mir schon bestimmt 10-mal gemacht und dennoch ist es immer wieder gut, es zu wiederholen und zu vertiefen. Für die anderen von Ihnen ist es wichtig, es erstmal auf sich wirken zu lassen und zu schauen, wer Sie im Schwerpunkt sind. Denn erst danach können Sie wirklich in der Tiefe verstehen, wie andere Menschen ticken.

Ich möchte die 4 Grundtypen kurz an einer Metapher erklären.

Stellen Sie sich vor, diese oben genannten Typen, von jedem Kommunikationstyp einer, spielen ein Brettspiel:

Der Direktor sagt zu den anderen:

»Mir ist egal, wie das Spiel ausgeht, Hauptsache ich gewinne.« Er ist eine Person, die direkt auf den Punkt kommt. Jemand, der Entscheidungen selbst treffen möchte, der es nicht leiden kann, um den heißen Brei herumzureden und ungern verliert.

Der Promoter sagt zu den anderen:

»Mir ist egal wie das Spiel ausgeht, Hauptsache alle haben Spaß.«

Der Promoter ist der Spaßvogel. Immer gut drauf, lässt sich gerne inspirieren, macht schon mal einige Sachen gleichzeitig, dafür aber nie was zu Ende. Er begeistert gerne und gut andere Menschen, redet viel und vor allem von sich. Wenn es um Abschlüsse geht, will er Spaß im Gespräch haben und sich nicht an Details festhalten. Frei nach dem Motto: Was bringt es, was kostet es und lohnt es sich für mich.

Der Unterstützer sagt zu den anderen:

»Mir ist egal wie das Spiel ausgeht, Hauptsache alle fühlen sich wohl.«

Diese Persönlichkeit ist der Helfertyp. Er tut sich manchmal schwer, Entscheidungen zu treffen. Hier ist es sehr wichtig, dass Sie ihm das Gefühl geben, eine gemeinsame Lösung zu erarbeiten und ihm dabei zu helfen. Er muss das Gefühl bekommen, dass Sie immer für ihn da sind und er sich auf Sie verlassen kann.

Der Überprüfer sagt zu den anderen:

»Mir ist egal, wie das Spiel ausgeht, Hauptsache die Regeln werden beachtet.«

Diese Person ist sehr auf Fakten und Daten bedacht. Sie lässt sich nur schwer von Geschichten und anderem überzeugen, wenn diese nicht schriftlich beweisbar sind. Sie ist detailverliebt und es sind meistens diese Kundengespräche, die am längsten dauern. Dafür ist diese Person auch von ihrer Entscheidung nicht mehr abzubringen, hat sie doch alles bis ins Detail überprüft.

Haben Sie schon erkannt, wo Sie sich befinden? In meinen Trainings erarbeiten wir immer zuerst den eigenen Typus. Denn wie heißt es so schön. Zuerst sollte man an sich etwas erkennen, bevor man es an anderen ausprobiert. Lernen Sie zuerst sich kennen und dann die anderen.

Zu diesem Thema ist so viel Literatur geschrieben worden, dass ich nicht auch noch mal alles aufwärmen möchte. Ich möchte einerseits den praktischen Ansatz verdeutlichen und Ihnen meine Umgangsweise mit diesen Tools mitteilen. Wenn Sie theoretisch tiefergehendes Wissen sich zu eigen machen wollen, habe ich am Ende eine kleine Literaturliste, die ich Ihnen empfehlen kann.

Was bedeutet diese Erkenntnis für ein Verkaufsgespräch?

Stellen Sie sich vor, Sie seien ein quirliger Promoter, für jeden Spaß zu haben, können Fünfe auch mal grade sein lassen und machen das Verkaufsgespräch zu einer kleinen Party. Ihr Kunde ist ein Überprüfer und wartet die ganze Zeit auf Fakten, Seriosität und dass Sie endlich Ihren Clown zur Seite packen. Er gibt zögernde Antworten und ist nicht richtig bei der Sache. Er wirkt fast desinteressiert. Sie bemerken das sogar und glauben, noch mehr Engagement, Humor und Leichtigkeit in das Gespräch zu bringen. Am Ende des Gespräches wird er wohl die meist gehasste Aussage treffen: »Ich muss mir das noch mal überlegen.« Sie als Verkäufer haben vielleicht keine Ahnung, was Sie falsch gemacht haben. Sie haben entsprechend Ihrer Persönlichkeit exakt so verkauft, wie auch Sie selbst gerne etwas verkauft bekommen wollen.

Nur darin liegt die Kunst. Empathie heißt unter anderem auch, sich auf den anderen einzuschwingen. Manche Menschen machen das automatisch, weil sie so damit aufgewachsen sind. Liegt Ihnen das nicht so sehr, können sie mit diesen Tools anfangen zu üben, sich in den verschiedenen Typen zurecht zu finden. Als Experiment können Sie mal die eine oder andere Stunde zu Hause in die verschiedenen Rollen schlüpfen. Seien Sie mal direkt. Gerade, wenn Sie ein Unterstützer sind, wird Ihnen das vermutlich nicht ganz leicht fallen. Haben Sie als Unterstützer einen Direktor als Kunden vor sich und versuchen die ganze Zeit auf Harmonie und Gemeinsamkeit zu machen, laufen Sie Gefahr, dass er Ihnen Ihre Verkaufsmappe um die Ohren schlägt, weil er ungeduldig wird, da Sie nicht zum Punkt kommen.

Ich möchte nur, dass Sie eine Idee bekommen, wie unterschiedlich Menschen sind und dass man nie von sich auf andere schließen sollte. Das führt in den meisten Fällen zu erheblichen Komplikationen.

Generell gibt es ein paar Dinge, die bei keinem der Persönlichkeitstypen gut ankommen und deshalb unterlassen werden sollten:

Was oftmals übersehen und deshalb unterschätzt wird, ist, dass Menschen in der Freizeit vor allem zum Beispiel Promoter sind, im Beruf Direktor und sich als Kunde in einem Finanzgespräch plötzlich zum Überprüfer verwandeln. Dazu kann es passieren, dass die Menschen in einem Gespräch sogar mehrmals die Typen wechseln. Sie haben nun mal von allen 4 Bereichen persönliche Anteile. Es gilt also auch hier, sehr achtsam zu beobachten. Ihre volle Aufmerksamkeit sollte darin liegen, herauszufinden, wie Ihr Gegenüber in der Branche gestrickt ist, in der Sie ihm etwas verkaufen wollen. Es gibt Personen, die beispielsweise extreme Promotoren sind, auf Grund einer schlechten Erfahrung, in der sie vielleicht über den Tisch gezogen wurden, sind sie in Ihrer Branche skeptisch und deshalb zum Überprüfer geworden. Da sollten Sie sich nicht durch einen Smalltalk täuschen lassen und die kleinen aber entscheidenden Unterschiede erkennen können. Das zweite, was mir an dieser Methode aufgefallen ist, ist, dass man dieser Methode zumindest im Verkauf etwas zu viel Bedeutung beimisst. Es gibt nämlich etwas, auf das alle 4 Typen stehen, völlig unabhängig, wie und welcher Typ bei ihnen ausgeprägt ist. Sie ahnen es schon. Es ist die Wertschätzung, die ehrliche und authentische Kommunikation. Einfach eine nette Art, mit jemandem umzugehen. Wie Sie nett wirken und am besten nett sind? Zuhören. Das gefällt jedem Typen. Mag sein, dass die Phase des Zuhörens bei einem Direktor kürzer ausfällt als bei einem Unterstützer. Die Länge bestimmt Ihr Gegenüber. Sie müssen sich aber nicht krampfhaft überlegen, welcher Typ das Gegenüber ist. Achten Sie auf Worte, Stimmung und Länge der Ausführungen und präsentieren Sie später in einer ähnlichen Art und Weise.

Was hast du, was kannst du, was bist du? Oder anders herum?

»Lerne, liebe, leiste was!
So haste, kannste, biste was.«
Lebensweisheit

Wer kennt den Spruch nicht: Haste was, kannste was, biste was. Seit Jahrzehnten definieren wir uns über Dinge, die wir besitzen, Dinge die wir können und erst zum Schluss, wenn überhaupt, interessiert man sich nach unserem wahren Wesenskern.

Sprüche wie: »Mein Haus, mein Auto, meine Frau«, sind hier zu Lande in aller Munde. Man braucht ein schickes Haus, ein tolles Auto, den Maßanzug mit eingestickten Namensinitialen usw. Darauf aufgesattelt bzw. als Voraussetzung dafür ist natürlich die Ausbildung. Auf jeder halbwegs niveauvollen Party wird mit dem Namen auch gleich nach dem Beruf gefragt. Was würde wohl passieren, wenn Sie auf diese Frage eine Antwort geben wie: »Ich bin auf der Suche nach dem Sinn des Lebens.« Oder: »Ich bin einfach glücklich, auch ohne Ausbildung.« Ich glaube, dass das Gespräch relativ schnell sein Ende nimmt.

Warum brauchen Menschen die ganzen Statussymbole? Denn nichts anderes sind diese ganzen Dinge. Sie brauchen es, weil sie glauben oder hoffen, bei den anderen Menschen die Form von Anerkennung zu bekommen, die sie sich wünschen.

Es geht um Anerkennung.

Ein Leben lang gieren viele Menschen nach Anerkennung. Als Kinder tun sie alles, um von den Eltern gesehen zu werden. Sie lernen im Laufe der Zeit relativ schnell, wofür es Anerkennung gibt und wofür nicht. Loben die Eltern bei guten Noten und weniger oder gar nicht bei schlechten, wissen sie, was zu tun ist. Leistung. Loben die Eltern, wenn sie im Sport gewonnen haben und loben etwas weniger, wenn sie verloren haben, lernen sie ebenfalls, was zu tun ist. Und dabei rede ich noch gar nicht von den krassen Auswüchsen, dass es bei schlechten Leistungen Strafen oder irgendeine andere Art von Liebesentzug gibt. Das soll es auch geben.

Ein Kind spürt ganz genau, was es tun muss, um Anerkennung zu bekommen. Leider bekommt es schon zu dieser Zeit nicht die Form von Anerkennung, die es wirklich benötigt, um sich völlig frei entfalten zu können.

Die meisten Menschen wachsen auf und suchen ab einem Punkt auch die Anerkennung im Umfeld. Freunde, Lehrer, Nachbarn etc. Nach dem Motto: »Was sollen denn die Nachbarn denken!« Sie tun alles, um von anderen geliebt zu werden.

Für die Anerkennung sind Menschen inzwischen so weit, dass sie dabei sogar ihre Seele oder sonst was verkaufen. Ich sag nur: Castingshows!!! Ich habe keine Ahnung, wie viele von diesen zweifelhaften Sendungen gelaufen sind, kann mich aber an kaum einen Kandidaten erinnern, der dadurch beruflich oder finanziell einigermaßen erfolgreich geworden ist.

Hier kommen zwei Dinge zusammen. Einerseits der Wunsch, berühmt sein zu wollen und andererseits so wenig Zeit und Aufwand wie möglich dafür zu investieren. Berühmt, reich und schön auf Knopfdruck.

Deshalb florieren auch die Seminare so toll, die (angeblich) erklären, wie Sie an einem Wochenende erfolgreich werden. In der Seminarbranche boomt meines Wissens nach kein Seminar, das behauptet: »Ich mache Sie erfolgreich in 3 Jahren und das garantiert!« Dafür müssen Sie aber arbeiten.

Das ist den Leuten zu langsam. Sie haben ja keine Zeit. Dass es gerade die Zeit ist, die es braucht, sich zu entwickeln, Beziehungen aufzubauen und es Beziehungen sind, die sie erfolgreich machen, vergessen die meisten.

Aber zurück zur Anerkennung:

Das Verrückte an der Anerkennung ist, dass, wenn Sie wirklich ein Ziel erreicht haben, von dem Sie geglaubt haben, die Anerkennung zu bekommen, und Sie diese dann auch noch bekommen, Sie meistens keinen Deut glücklicher sind als zuvor. Warum? Weil es wirklich gar nicht um diese Art der Anerkennung geht. Die Art, nach der die meisten Menschen suchen und was auch ich unter Anerkennung verstehe, möchte ich Ihnen näherbringen. Vorher als Verdeutlichung noch zwei Beispiele aus meiner eigenen Lebenserfahrung:

Zum einen wollte ich immer eine spezielle Uhr haben. Ich dachte, wenn ich die habe, dann bin ich erfolgreich und glücklich. Diese Uhr gab es in meinem Vertriebsunternehmen als Auszeichnung ab einer gewissen Umsatzgröße. Und was habe ich dafür gekämpft, diese Uhr zu bekommen. Ich trug zwar nie eine Uhr, weil mich das am Handgelenk immer gestört hat, aber diese werde ich dann tragen. Als ich sie endlich hatte, dachte ich, mein Leben wäre jetzt erfüllt. Etwa 3 Wochen später, nachdem ich die Uhr jeden Tag anhatte und überall stolz wie Oskar präsentierte, habe ich sie zum ersten Mal zu Hause gelassen. Ein paar Wochen später zog ich sie gar nicht mehr an und sie liegt inzwischen seit über 10 Jahren unbenutzt im Schrank.

Warum? Weil die meisten Menschen gar nicht wussten, was für eine tolle und teure Uhr das ist und deshalb auch keine wirklich Anerkennung aussprechen konnten.

Wenn ich Anerkennung für die Uhr bekommen habe, war es nicht die Art der Anerkennung, nach der ich ganz tief gesucht habe.

Ein weiteres persönliches Beispiel war mein »Traumauto«.

Ich ließ mir von einem Coach einreden, dass man im Vertrieb einen Porsche als Fahrzeug bräuchte. Also kaufte ich mir einen Porsche. Ich fuhr vorher Probe und blickte natürlich immer rechts und links, wer mich alles bewunderte. Da hätte es mir schon auffallen müssen. Es schaute nämlich keiner und auch die Anerkennung blieb aus.

Als ich den Porsche dann hatte, hätte es mir zum zweiten Mal auffallen müssen, dass dies eine Schnapsidee war. Das, was mich an der ganzen Karre am meisten begeisterte, war das große Farbnavigationsgerät mit Karte. Vorher hatte ich nämlich nur ein kleines, bei dem es nur Richtungspfeile gab.

Ich kaufte mir eine Protzkarre im oberen 5-stelligen Bereich und die größte Begeisterung empfand ich für das Navi, was ich mir in einem Elektromarkt für ein paar Euro hätte kaufen können.

Der Clou kam aber noch. Es gab Anerkennung, nicht zu knapp. Es gab auch Neid und Anfeindungen. Ich war komplett verwirrt. Was denn jetzt. Die Art der Anerkennung, die ich wollte, war es nicht und den Neid und Ähnliches wollte ich ja auch nicht. Also verkaufte ich den Porsche nach 6 Wochen wieder mit einem riesigen Verlust.

Irgendwann kam ich dann dahinter, nach welcher Form der Anerkennung ich denn mein ganzes Leben lang gesucht habe und ich glaube, dass es viele andere auch tun. Weil die meisten Menschen sie von den Eltern schon nicht in der Form bekommen haben, suchen sie sie bei nahezu jedem Menschen. Sie werden aber nicht fündig, weil sie bewusst gar nicht wissen, nach was sie suchen sollen.

Ist es die …

- Anerkennung für das, was wir haben?
- Anerkennung für das, was wir tun oder können?

Nein, wir suchen nach der Anerkennung für etwas viel Banaleres:

> Anerkennung für das, was wir sind.

Dieser Bereich wird komplett ausgeblendet und existiert in unserer Welt praktisch überhaupt nicht.

Und wenn wir einfach nur für das, was wir sind, anerkannt werden, was passiert dann? Beispielsweise sagt jemand zu uns: »Du hast so eine ehrliche Ausstrahlung.« Eine Gedankenmüllmaschine fängt an, ihre Arbeit zu tun. (Bei den meisten auch innere Stimmt genannt)

»Der meint das nicht ernst.«

»Der will mich an der Nase herumführen.«

»Der kennt mich nicht wirklich.«

»Der will mir nur was verkaufen.«

»Der will sich nur bei mir einschleimen.«

usw.

Machen Sie den Test:

Gehen Sie auf einen Menschen zu und sagen Sie zu ihm: »Was mir an dir besonders gut gefällt, ist dein Lächeln, deine Ausstrahlung, dein Wesen.« Oder was auch immer.

Freuen Sie sich auf die Reaktion. Vorausgesetzt, Sie meinen es wirklich so. (Das hat auch was mit Authentizität zu tun.) Allerdings wird das Kompliment den meisten Menschen so unangenehm sein, dass ihnen im besten Fall ein verlegenes Danke über die Lippen kommt.

In welcher Welt leben wir denn, dass Komplimente dieser Art so gut wie nicht vorkommen?

Als Kind wollten die meisten doch nur eins: geliebt werden für das, was sie sind. Unschuldige und vollkommene Wesen. Egal, welche Note oder Leistung sie nach Hause gebracht hätten, die Eltern hätten sie einfach nur gedrückt und gesagt, dass sie sie lieben. Ihr Selbstvertrauen und Selbstwertgefühl wäre um ein vielfaches besser gewesen.

Und die Sucht, Dinge zu kaufen, die man nicht braucht, von Geld, das man nicht hat, um Menschen zu beeindrucken, die man nicht mag, hätte ein Ende.

Die Menschen könnten wieder atmen und sich so begegnen, wie sie sind: menschlich.

Existenzangst

Immer wieder begegnen mir Selbstständige, die mir erzählen, dass sie eine große Existenzangst haben. Wenn ich die Emotionen dahinter deuten sollte, würde ich meinen, dass sie kurz vor der Obdachlosigkeit stehen. Zugegeben, ich hatte diese Angst auch über Jahre. Bis ich mir auf einer Autofahrt nach Frankfurt überlegt habe, was ich in Deutschland als Existenz eigentlich verlieren könnte? Was wäre das Schlimmste? Es wäre der Fall auf Hartz 4. Das heißt Umzug in eine kleine Wohnung und die Euros als Unterstützung. Unterm Strich wäre die Existenz gesichert. Wenn die Existenz gesichert ist, kann es keine Existenzangst sein. Was ist es dann? Mir ist spontan das Wort Versagensangst eingefallen. Wir haben Angst zu versagen, den Status, den wir uns aufgebaut haben und mit dem wir uns vor anderen positioniert haben, zu verlieren. Eine gute Freundin von mir ist Marokkanerin und meinte letztens, dass sie kein Problem hätte, in Marokko arbeitslos zu werden, weil es da sowieso sehr viele davon gibt. Es ist kein Beinbruch. In Deutschland hat sie eine ungeheure Angst davor, arbeitslos zu sein, obwohl es ihr dann immer noch besser gehen würde als in Marokko. Sie hat Angst davor, ihren Freunden und ehemaligen Kollegen als Versager begegnen zu müssen. Das finde ich bedenklich, hat sich doch an dieser wunderbaren Person außer einem Knick in der beruflichen Laufbahn nichts geändert. Für mich ist sie immer noch dieselbe, mit all ihren wunderbaren positiven Eigenschaften. Es wird in unserer Gesellschaft wirklich Zeit, wieder zu atmen, innezuhalten und sich auf das Sein zu fokussieren und nichts anderes in den Vordergrund zu stellen.

> Lassen Sie uns vom »human doing« wieder zum »human being« werden.

Wenn Sie in Zukunft Menschen begegnen, gehen Sie doch einfach mal den umgekehrten Weg. Sehen Sie in dem Mensch das, was er ist. Wertvoll, mit all seinen Fehlern, auf der Suche nach Glück, Harmonie, Anerkennung, Liebe, Zuneigung und vielem mehr. Dann versuchen Sie mit ihm auf diese Weise in Kontakt zu treten. Das ist ein Weg, der meistens nicht auf einmal oder von selbst geht. Das muss geübt werden. In meinen Trainings verwende ich darauf einen großen Teil der Zeit, weil ich diesen Weg für so wichtig halte. Wenn Menschen für das wertgeschätzt werden, was sie sind, können sie loslassen und sich auch Ihnen als Gesprächspartner, Lebenspartner und anderen Beziehungsmöglichkeiten hingeben. Sie erschaffen eine Ebene von totaler Wertschätzung und dadurch entsteht Vertrauen. Ab diesem Zeitpunkt ist alles möglich. Das Schöne an dieser Art der Begegnung ist, dass sie nicht manipulierbar ist. Sie können diese Intensität nicht wahrhaftig aufbauen, wenn Sie es nur tun, um damit Ihrem Gegenüber nur irgendwelche Produkte zu verkaufen, die dieser gar nicht braucht.

Schlägt in Ihnen aber ein Herz, das sich danach sehnt, selbst so behandelt zu werden, sollten Sie lernen, es auch zu tun, um dann mit genau dieser Wahrhaftigkeit zu schauen, was braucht dieser Mensch gerade. Und wenn es etwas ist, was sich in dem Portfolio Ihrer Dienstleistung oder Produktpalette befindet, dann werden Sie auch zu 100 Prozent einen Verkauf tätigen und Ihr Gegenüber wird sich als neu gewonnener Kunde sogar noch bedanken, dass er bei Ihnen kaufen durfte.

Wie gefällt Ihnen diese Art der Begegnung?

Ach so, wenn dann noch Zeit ist, können Sie ihn gerne für seine Leistungen anerkennen, was er in seinem Leben alles getan hat. Sie werden dann bemerken, wie viel kraftvoller diese Form der Anerkennung ist, wenn Sie ihm bereits vorher für sein Sein wertgeschätzt haben.

Wenn dann noch Platz ist, können Sie auch sein Haus oder sein tolles Auto loben. Meistens braucht es das nicht mehr, weil diese Dinge nur angeschafft wurden, weil das Sein nicht gesehen wurde.

Vertrauen, dass es auch so funktioniert

»Das wirkungsvollste Vertrauen
ist das Vertrauen in sich selbst.«
Willy Meurer

Bis hierhin gab es reichlich Informationen, wie eine nach meiner Meinung ehrliche Beziehung zu Menschen in einem Gespräch aufgebaut werden und aussehen kann. In den letzten Jahren bin ich nie müde geworden, diese Thesen zu schulen und auch in Gesprächen mit Kollegen zu vertreten. Meistens kam als Antwort, dass das ja eine edle und ehrenwehrte Einstellung sei, man könne so aber kein Geld verdienen. Da mag der eine oder andere bei bestimmten Kundengruppen oder schlechten Produkten durchaus Recht haben. Es gibt Kunden, die auf Grund mangelnder Entscheidungsfreude oder mangelnder Intelligenz zu einem Kauf quasi überredet werden müssen. Die Frage, die ich mir dabei stelle: Will ich solche Kunden haben? Gerade mit dem Hintergrund der möglichen Empfehlungen, langfristigen Kundenzufriedenheit und Partnerschaft. Kunden empfehlen einem Berater immer Bekannte aus ihren Reihen. Sie werden von einem Kunden, der für ein Produkt 50 € ausgibt, in den seltensten Fällen einen Millionär als Empfehlung erhalten. Genauso ist es auch in den meisten Fällen mit der Einstellung dieser Menschen. Ein Kunde, dem Sie alles hinterher tragen und jedes Wort aus der Nase ziehen müssen, wird Ihnen, sofern er Ihnen überhaupt Empfehlungen ausspricht, Menschen des gleichen Kalibers empfehlen.

Ich habe in meiner über 16 Jahre dauernden Verkaufslaufbahn so gut ich konnte und es wusste, dem Kunden nur das verkauft, was er braucht und vor allem auch nur dann, wenn er es wirklich haben wollte. Es gibt auch Bereiche, in denen ein Bedarf erst geweckt werden muss, weil der Kunde gar nicht weiß, was er für einen Vorteil davon hat. Ich bin auch kein Gegner von Fragetechnik, ganz im Gegenteil.

Eines meiner prägendsten Erlebnisse in meiner verkäuferischen Zeit hatte ich Ende 2003.

Mir ging es finanziell sehr schlecht. Ich verkaufte so gut wie gar nichts, hatte kaum Geld für Sprit und Lebensmittel und habe trotzdem immer den Kunden nur das angeboten, was sie wollten. Wenn ein Kunde 100 € für seine Altersvorsorge sparen wollte, habe ich auch 100 € abgeschlossen. Zu dieser Zeit wäre es mir schon durch meine Fähigkeiten möglich gewesen, diesen mittels Drohungen, Angstmacherei etc. auf 200 oder 300 € hinaufzudrücken. Zu der Zeit wäre das für mich eine sehr entspannende Finanzspritze gewesen. Das habe ich nie gemacht, weil ich den Kunden gerne auch noch Jahre später in die Augen schauen möchte. Irgendwann wäre es dem Kunden aufgefallen, spätestens, wenn das Budget zusammengeschmolzen wäre und er die Belastung nicht mehr tragen kann. Dann wird er sich auch an das Gespräch erinnern und sich fragen, warum er wohl die 200 € oder mehr gemacht hat, wo er doch nur 100 € machen wollte. Den faden Beigeschmack wird er nicht mehr los und ich ebensowenig den zweifelhaften Ruf. Zu den wenigen Kunden und den finanziellen Problemen, die ich dadurch sowieso schon hatte, kam dann noch ein Motorschaden an meinem noch nicht bezahlten Auto hinzu, wobei ich weder Geld für die Reparatur noch ein Auto für Kundenbesuche hatte. Diese Zeit war ziemlich brutal.

Mein Geschenk für diese Kundentreue und Loyalität und Fairness kam Ende 2003, als ein einziger Kunde 80 Millionen € angelegt hat. Das Gespräch ging damals zweimal ca. 2 Stunden, also nicht länger als ein Kundengespräch über 5000 € Anlagesumme. Die Provision war damals so hoch, dass ich alle Schulden begleichen konnte und noch gut für die ersten Monate übrig hatte. Zudem gab es mir ein sehr großes Selbstvertrauen, wenn schon so ein großer Investor so viel Geld bei mir anlegen würde, muss ich ja eine gewisse Qualität und Ausstrahlung haben. Von diesem Tag an ging es steil bergauf.

Was ich damit sagen will, ist, dass es sich immer lohnt, ehrlich und seinen Werten treu zu bleiben. Langfristig wird sich das immer auszahlen. Ich hatte mehrfach in dieser Zeit solche Geschenke (leider keines mehr in der Größenordnung). Ich möchte Ihnen Mut machen, das Glück auch ein bisschen herauszufordern.

Viele glauben, selbst als ehrenwerter Bürger und fairer Verkäufer, dass man nur mit den altbekannten Methoden und Verkäufertricks zu Geld kommt. Meiner Meinung nach glauben diese Menschen das, weil Ihnen noch niemand gezeigt hat, wie es auch menschlich, fair und mit echter Wertschätzung funktioniert.

> Wir leben in einem neuen Jahrzehnt. Für mich ist es das Jahrzehnt der Authentizität.

Die Produkte werden immer ähnlicher, es gibt so gut wie kein Alleinstellungsmerkmal mehr und viele Vorteile, die Ihr Produkt oder Ihre Dienstleistung tatsächlich hat, kann der Kunde gar nicht greifen.

Deshalb sollten Sie auch oder gerade wegen der riesigen Zukunftsperspektiven Ihr echtes Alleinstellungsmerkmal in die Waagschale werfen: Ihre Persönlichkeit, Ihre Authentizität, Ihr Wertesystem.

Der Vorteil daran ist ganz deutlich. Dieses Konzept ist definitiv nicht kopier- oder nachahmbar. Das sind nur Sie. Wie ein Fingerabdruck werden Sie damit genau die Menschen finden, die zu Ihnen passen. Auch bei dieser Art des Verkaufens wird es Menschen geben, die Sie nicht mögen, weil sie einfach nicht zu Ihnen passen. Das ist auch gut so. Wär doch extrem langweilig, wenn alle zu allen passen würden. Dann wären Sie auch nicht mehr einzigartig. Seien Sie sich treu, leben Sie ihre Werte und Ihre Authentizität und finden genau diese Menschen, die es verdient haben, mit Ihnen zu sprechen. Dann wird es Ihnen auch ergehen, wie ich es schon erleben durfte. Menschen bedanken sich am Ende eines Verkaufsgespräches dafür, dass Sie bei Ihnen kaufen durften. Manche laden Sie sogar zum Essen ein. Ich wurde schon mal von einem Kunden zu einem kompletten Silvester-Menü eingeladen, weil er so dankbar für meine Beratung war. Ich habe mich nie für die Provision bedankt oder dafür, dass er mein Kunde geworden ist. Ganz wichtig: Sie sollten sich nicht für den Kauf bei ihnen bedanken. Er kauft schließlich bei Ihnen, weil er überzeugt ist und sich einen Vorteil bzw. Nutzen verspricht. Sie können sich für alles Mögliche bedanken. Für den Kaffee, die Gastfreundschaft, die Freundlichkeit, das leckere Essen etc. Aber bitte nicht für den Abschluss.

Mit Ehrlichkeit verkaufen

»Wichtiger als das Produkt
ist die Person, die es verkauft.«
Werner Katzengruber

Immer wieder werde ich gefragt, ob man bei einer ehrlichen Beratung überhaupt aktiv auf Kunden zugehen darf und Dinge anbieten, die diese überhaupt nicht möchten. Manchmal kommt auch die Argumentation, dass man nur jemandem etwas verkaufen könne, der auf mich zukommt und genau sagt, was er will. Das sehe ich ein bisschen anders. Verkäufer haben den Auftrag, dass gute Produkte an die Kunden gelangen, für die sie geeignet sind. Vielfach wissen die Kunden vorher noch gar nicht, wie gut ein Produkt ist, deshalb muss ein Verkäufer diesen Bedarf erst einmal beschreiben. Lassen Sie mich dazu ein Beispiel aus der Gesundheitsbranche machen. Ich arbeite unter anderem für die Firma Bemer int. AG. Dieses Unternehmen stellt ein Medizinprodukt her, das die Blutverteilung im Körper anregt und dabei die Selbstheilungskräfte auf enorme Art anregt. Aufgrund von Alterung, Umweltgiften und vielem mehr verlangsamt sich mit zunehmendem Alter die Blutverteilung und es ist wichtig, diesem Prozess entgegenzuwirken. Die Studien, die dieses Unternehmen gemacht hat, sind umfangreich und die Erfahrungsberichte bei vielen Krankheitsbildern exzellent. Die meisten Menschen wissen logischerweise von dem Produkt und seiner Wirkungsweise nichts. Aus diesem Grund ist es wichtig, dass ein Verkäufer aktiv auf die Menschen zugeht und ihnen das Produkt erklärt. Wenn so ein Produkt in einem Kaufhaus stehen würde, würde jeder daran vorbei laufen, weil es überhaupt nicht im Fokus der Menschen ist, dass so etwas helfen kann. Jetzt beginnt für mich der große Unterschied zur Masse. Der Verkäufer erklärt die Vorteile und den Nutzen des Produktes, verschweigt auf der anderen Seite nicht, dass es wie bei nahezu allem auch sein kann, dass es nicht wirkt. Dafür gibt es bei diesem Produkt die Möglichkeit, vorher zu testen, was ich persönlich sehr fair finde. In meiner Welt hat jeder Kunde das Recht, nein zu sagen, auch wenn aus Sicht des Verkäufers das Produkt genau das richtige für den Kunden ist. Nicht jeder versteht es, will es verstehen oder ist in diesem Fall bereit, für seine Gesundheit Geld auszugeben. (Sie erinnern sich noch an die Kunden mit Entscheidungsschwäche oder Hakensuche.) Das sollte respektiert werden. Was nicht heißt, dass der Verkäufer an dem Kunden nicht dran bleiben darf. Auch da gibt es immer wieder Fragen, ob man nicht zu drückermäßig unterwegs ist, wenn man den Kunden ständig auf die Pelle rückt. Der Unterschied ist auch hier die Einstellung. Ein ehrlicher Verkäufer bleibt genauso dran und sollte immer wieder Informationen oder Impulse geben, solange der Kunde das zulässt. Das Ganze wird leichter, wenn man immer wieder nachfragt, ob das in Ordnung ist. Meistens wird ein Kunde dem zustimmen. Deshalb sollte er mit Respekt, Achtsamkeit und Wertschätzung behandelt werden und man sollte eben nicht penetrant sein und versuchen, ihn mit rhetorischen Tricks direkt zum Kauf zu überreden. Das ist der wichtigste Unterschied.

Ehrliche Beratung und Internet

Was hat das Internet mit ehrlicher Beratung zu tun? Schauen wir uns zur Verdeutlichung an, wie der Prozess eines Kunden mehr oder weniger abläuft, wenn er im Internet etwas kauft. Ein Kunde hat Lust, sich etwas zu kaufen und wird sich über die Suchmaschine verschiedene Webseiten anschauen. Der eine schaut mehr an, der andere weniger. So viel, wie man als Information braucht, um ein gutes Gefühl zu haben. Sobald man genug Information über das gewünschte Produkt hat, vergleicht man es vielleicht noch mit anderen Vergleichsprodukten und liest sich die eine oder andere Referenz durch. Der Zeitaufwand und die Zeitspanne, die das benötigt, ist ebenfalls bei jedem anders. Das, was Menschen am Internet so gefällt, ist meiner Meinung nach die Tatsache, dass man sich in Ruhe die Informationen beschaffen kann und kein Verkäufer drückt oder drängelt. Man kann vergleichen und Menschen befragen, die das auch haben. Zudem kann man noch Testhefte lesen und sich darin in seiner Entscheidung bestätigen lassen. Den Kunden gefällt einfach auch die Tatsache, dass sie die Kontrolle über den Kauf haben und keine Angst haben müssen, von einem Verkäufer über den Tisch gezogen zu werden. Der Nachteil ist, dass es keine Empfehlung und Einschätzung eines Experten gibt. Wie läuft es bei vielen Verkäufern ab? Es werden viel mehr Informationen übertragen, als der Kunde wirklich benötigt, er hat in dem Gespräch keine Möglichkeit zu vergleichen, wird zeitlich oftmals unter Druck gesetzt, hat kaum die Möglichkeit, Fragen zu stellen und hat wenig Chancen, andere Käufer zu dem Produkt zu befragen. Wenn Sie das lesen, könnten Sie in der Zukunft die Vorteile des Internets zu Ihren machen und mit Ihrem Vorteil als Experte keine Probleme mehr mit dem Internet haben.

1. Hören Sie zu. Das steht stellvertretend erst mal dafür, dass der Kunde im Netz genauer sucht, was er im Detail will.
2. Stellen Sie Fragen um herauszubekommen, wie viel Informationen er benötigt. Sind es zu wenige, wird er woanders weitersuchen.
3. Geben Sie nur so viel Information, wie er benötigt. Kein Kunde liest im Internet mehr, als er braucht, nur um alles gelesen zu haben. Das sollte der Verkäufer auch nicht übertreiben. Aber so viel geben, dass der Kunde sich sicher fühlt.
4. Geben Sie die Möglichkeit zu vergleichen. Kunden lieben das oftmals. Stellen Sie sich darauf ein, studieren Sie ihre Wettbewerber und wägen Vor- und Nachteile in einem gesunden Maße mit ihm gemeinsam ab.
5. Liefern Sie Referenzen. Es ist aus meiner Sicht eine der wichtigsten Verkaufshilfen, denn wenn andere über sie positiv sprechen, ist das ein Vielfaches wert, als wenn Sie immer erzählen, wie toll Sie sind.

Der eine Kunde will mehr, der andere weniger Informationen. Der eine braucht weniger, der andere mehr Zeit. Wenn diese Punkte zur Zufriedenheit erfüllt sind, hat der Kunde dafür alle Gründe bei einem Berater und nicht im Internet zu kaufen.

Ganz am Anfang beschrieb ich kurz einen Mann, der als Verkäufer in einem großen Elektromarkt keine Probleme mit der Konkurrenz im Internet hat. Er war über Jahre ein selbstständiger Verkäufer einer Druckerfirma und für diese in besagtem Markt tätig. Das heißt er wurde nur dann bezahlt, wenn er eine bestimmte Marke verkauft hat. Jetzt könnte man meinen, dass das für den Kunden nur zum Nachteil sein kann. Wie ging er vor? Zuerst mal war er immer an Ort und Stelle, wenn Kunden kamen und sich einen Drucker angeschaut haben. Er stellte sich vor und verwies von Anfang an auf sein Namensschild und dass er für diese bestimmte Firma tätig sei. Wenn es für die Kunden in Ordnung wäre, würde er gerne erfragen, was sie sich wünschen und dann eine Empfehlung unter Berücksichtigung der Wettbewerber aussprechen. Die meisten waren sehr beeindruckt. Die wenigen, die keine Beratung haben wollten oder direkt wieder den Haken gesucht haben, hatten kein Interesse und er verabschiedete sich wieder. Den anderen stellte er Fragen nach den konkreten Vorstellungen. Er interessierte sich für sie. Er zwängte ihnen nichts auf. Danach präsentierte er verschiedene Produkte, zeigte die Vor- und Nachteile und wagte es sogar, den einen oder anderen Punkt zu erwähnen, bei dem der Wettbewerber tatsächlich besser war. Gleichzeitig stellte er die Frage, ob das für die Kunden von Bedeutung sei. Die meisten verneinten. Ganz selten kam die Frage auf den Preis oder der Vergleich mit dem Online-Handel. Wenn dieser kam, sagte er ehrlich, was er am Preis machen könnte und ob das Internet die Kunden auch so umfassend und kompetent beraten hätte. Die meisten kauften danach sein empfohlenes Produkt.

Das meine ich mit der Vergleichbarkeit der Produkte. Es macht heute wirklich wenig aus. Außer der Präsenz des Verkäufers ist vieles fast identisch. Ehrlichkeit im Verkauf heißt auch nicht, direkt einen Rabatt anzubieten, wenn man vorher einen fairen Preis ausgeschildert hat. Ich habe mit vielen Verkäufern gesprochen, die mir bestätigten, dass, wenn man den Service und den

Kundennutzen in den Vordergrund stellt, es kaum Preisverhandlungen gibt. Radikale Ehrlichkeit wäre bei einem Autoverkäufer, dass er offen und ehrlich zugibt, dass der Wiederverkaufswert nicht ganz so gut ist, wie der der Konkurrenz, dafür das Auto aber viele andere Vorteile biete. Warum bin ich der Meinung, dass man so beraten und verkaufen sollte? Weil durch das Internet die Vor- und Nachteile sowieso bekannt sind und die Kunden oftmals besser Bescheid wissen, als den Verkäufern lieb ist. Wissen sie es zu diesem Zeitpunkt noch nicht, bekommen sie es später raus. Dann ist der Frust umso größer, der anschließend wieder als Bericht in einem Forum kommuniziert wird. Dadurch steigt das Misstrauen und sinkt die Lust, bei einem Verkäufer offline etwas zu kaufen. Ich habe mal in einer Zeitung gelesen, dass eine Firma Insolvenz anmelden musste, weil durch eine negative Kundenmeinung ein Shitstorm ausgebrochen ist, der zu über 90 Prozent Umsatzeinbruch geführt hat. Das kann man jetzt gutheißen oder verteufeln. Ändern wird sich an der Tatsache nichts. Wenn man so will, werden wir als Verkäufer in Zukunft zu ehrlichem Verkaufen gezwungen.

Wer heute als Verkäufer und Unternehmer noch nicht begriffen hat, welche Macht das Internet hat, sich damit nicht auseinandersetzenmöchte und Ehrlichkeit und Wertschätzung als Chance im Verkauf wahrnimmt, wird es die nächsten Jahre extrem schwer haben.

Dabei kommt immer wieder die Frage über die Menge der Gespräche auf. Viele glauben, dass bei so einer Art der Beratung die Abschlussquote viel schlechter ist, weil der Kunde nicht richtig unter Druck gesetzt wird und deshalb keine Entscheidung trifft. Die Meinung, dadurch viel mehr Gespräche führen zu müssen, um das gleiche Geld zu verdienen, ist ein weit verbreiteter Gedanke. Ich habe das komplett anders erlebt. In meiner Zeit als Vertriebler in einem Strukturvertrieb gab es einige

Partner, die mit viel mehr Druck verkauft haben als ich. Interessanterweise haben diese viel mehr Gespräche geführt und auch einige Partner mehr gewonnen als ich. Leider sind viele dieser Kunden und Partner kurze Zeit später wieder abgesprungen. Das heißt die investierte Arbeit war oftmals umsonst. Ich kann mich noch an einen Partner erinnern, der in einem Jahr mehr Leute verloren hat, als ich neue dazu gewonnen habe. Er hat ein Vielfaches an Gesprächen geführt, diese auch sehr direktiv und aus meiner Sicht überheblich geführt. Dabei hat er mehr Kunden und Geschäftspartner gewonnen. Die meisten sind kurze Zeit später wieder abgesprungen. Da man in der Finanzbranche 5 Jahre für seine Provisionen haften muss, musste er viel Geld wieder zurückbezahlen. Der Aufwand war sehr hoch, der Ertrag sehr mäßig. Mein Aufwand war deutlich geringer, die Effektivität höher und auch der Verdienst mehr.

Wenn man ein Produkt hat, was aus der eigenen Sicht viele Menschen gebrauchen können, man mit seinen Kontakten ins Gespräch kommt und sie auf die bisher beschriebene Weise behandelt, werden ein großer Teil der Menschen auch kaufen. Und zwar aus Überzeugung und mit einem guten Gefühl und nicht aus einer Angst heraus, etwas falsch zu machen, wenn man es nicht kauft. Das Einzige, was ich ansprechen muss, was zumindest bei mir passiert ist, ist, dass am Anfang so eines Prozesses der Weg bis zum Abschluss etwas länger dauert, als wenn man stürmisch drauf los verkauft. Mit der Zeit beschleunigt sich auch hier der Prozess. Unterm Strich ist also meiner Erfahrung nach die Dauer und die Anzahl der Gespräche nicht anders als bei anderen, dennoch ist das Gefühl bei einem Verkäufer, vor allem aber bei einem Kunden angenehmer und zeitgemäßer.

Statements von Verkäufern über den ehrlichen Verkauf

Da ich jetzt immer wieder in diesem Buch über die Wichtigkeit von Feedback geschrieben habe, möchte ich an dieser Stelle einige Menschen aus meinem Netzwerk zu Wort kommen lassen, was sie mit dem Begriff wertschätzendes und ehrliches Verkaufen verbinden. Vielleicht hilft Ihnen das eine oder andere Statement, es noch einmal aus einer anderen Perspektive zu betrachten.

»Ehrliches Verkaufen bedeutet Klartext mit dem Kunden zu sprechen. Klartext über die persönliche Versorgungs- und Risikosituation des Kunden, die ich nur erfahre, wenn der Verkäufer den Bedürfnissen des Kunden ernsthaft Gehör schenkt.
Die Ehrlichkeit zeigt sich auch in der Produktauswahl, wenn dem Kunden nicht nur die Vorteile aufgezeigt, sondern auch ›faire‹ Hinweise zu den Kehrseiten des Produkts dargestellt werden. Der ehrliche Verkäufer begleitet den Kunden über die gesamte Vertragslaufzeit und passt Produktlösungen aktiv an die jeweilige Lebenssituation des Kunden an.«

Daniel Regensburger,
Direktionsleiter Die Bayerische

»Was ist für mich ›ehrlicher‹ Verkauf?
Wenn ein Verkäufer erkennt, dass ich ein Eskimo bin und keinen Kühlschrank brauche!
Ehrlicher Verkauf ist, wenn dem Verkäufer die Beziehung zu mir wichtiger ist, als ein Verkauf auf ›Teufel komm raus‹.
Wenn er mir tatsächlich ›Nutzen‹ bieten möchte!
Ich möchte mit Menschen arbeiten und auch wie einer behandelt werden – nicht wie ein ›Ding‹ aus dem man nochmal einige Hundert oder Tausend Euro herausziehen kann.
Ehrlicher Verkauf gibt mir Vertrauen zum Verkäufer! Vertrauen darin, dass er/sie nach bestem Wissen und Gewissen arbeitet und mich freundschaftlich berät.

Dabei erwarte ich keine Unfehlbarkeit des Verkäufers. Er kann mich auch mal falsch beraten, sodass ich am Ende vielleicht nicht den gewünschten Nutzen habe. Diese Verantwortung bleibt bei mir! Ich möchte nur das Gefühl haben, dass der Verkäufer mir, aufgrund der zur Verfügung gestellten Informationen, ein faires, wohlmeinendes und nützliches Angebot gemacht hat oder es eben lässt, wenn er das nicht bieten kann!«

Katharina Osika,
Trainerin und Unternehmensberaterin

»Unter einem ehrlichen Verkäufer verstehe ich den permanenten Abgleich von erworbenen Wissen in Zusammenhang mit gelebtem Kundennutzen. Gerade im hochsensiblen Umfeld von Bank-, Geldanlage- und Versicherungsprodukten muss eine Gewinnergemeinschaft aller Beteiligten oberstes Ziel sein. Der Kunde muss Informationen erhalten und mit dem erworbenen Wissen dann die richtige Akion einleiten. Die Grundzüge unseres Firmennamens, der i-plus-a GmbH. Dies war in der Vergangenheit nicht gegeben, da falsche Anreize in der Vergütung der Berater oder Verkäufer zu dem Ansehen in der Bevölkerung führte, die diese Branche in weiten Teilen sich zu Recht erarbeitet hat. Aus diesem Grund habe ich die Welt der Provisionen verlassen, um völlig losgelöst von Vergütungen die aus den Produkten stammen, meine Kunden zu beraten. Verschiedene Honorarmodelle lassen da einen Spielraum, dass der Kunde fair und vor allem transparent Produkte ohne Abschlusskosten oder Folgekosten (Bestandsprovision) erwerben kann, da der Berater eine Vergütung direkt vom Kunden erhält. Liefert er keine Leistung, dann wird der Kunde ihn auch nicht mehr vergüten. Im alten System einer Vergütung aus oft untransparenten oder versteckten Kosten im Produkt gab es für den Kunden kein Entkommen aus der Symbiose Kosten/Produkt. Das verstehe ich unter einem ehrlichen Verkäufer, der nicht dem Reiz von Vergütungssystemen unterliegt sondern für seine Leistung bezahlt wird, wenn er diese erbringt.«

Jörg Bollmann,
Geschäftsführer I-plus-A GmbH

»Konsumenten verbinden Markennamen und Unternehmen mit bestimmten Werten, Normen oder Prinzipien und dies darf nicht nur eine ›Hochglanz-Alibi-Marketingstrategie‹ sein. In einer Zeit, in der Konsumenten immer besser informiert sind, gibt es keinen anderen Weg mehr – als Verkäufer mit gelebten Werten –, um langfristig am Markt erfolgreich zu sein.«

Katja Hofmann,
Marketing Expertin

»Wenn ich mich als Käuferin betrachte bedeutet für mich ehrlicher Verkauf, dass der Verkäufer mich ernst nimmt und auf meinen Bedarf eingeht. Dazu gehört für mich auch, dass er mich aufklärt über die Vor- und auch Nachteile des Produkts, welches zu meinem Wunsch passt und dass er mir Alternativen aufzeigt, die vielleicht noch mehr können oder weitere Vorteile haben, von denen ich vorher nichts wusste. Dann gilt natürlich ebenso, dass ich auch hier die Nachteile gerne erklärt bekommen möchte und damit in die Lage versetzt werde zu verstehen, mir ein Bild zu machen, um dann selbst zu entscheiden. Wenn ich Mode kaufe, erwarte ich ein ehrliches Feedback des Verkäufers. Ich kann es definitiv nicht leiden, das Gefühl zu haben, zu etwas überredet zu werden! Ich mag es nicht: ›Das steht Ihnen ja so gut …‹ zu hören, wenn es einfach nicht so ist! Das führt bei mir dazu, dass ich nicht mehr zu diesem Verkäufer bzw. in dieses Geschäft gehe. In Zeiten des Internets finde ich es umso wichtiger, einen ehrlichen Verkäufer zu haben, den ich sowieso eher als Berater betrachte, da ich mich auf sein Fachwissen in diesem speziellen Bereich verlasse! Ansonsten könnte ich besser im Internet bestellen, weil ich dort mittlerweile auch alles kaufen kann, aber i. d. R. keine Beratung erhalte und das Produkt nicht anfassen – also fühlen – kann. Wenn ich also ein Produkt benötige und dies NICHT im Internet kaufe, erwarte ich wertschätzenden, respektvollen Umgang und ehrliche Auskunft!«

Heike Hämer,
Finanz- und Investmentberaterin

»Verkauf ist dann ehrlich, wenn dieser aus der Sicht neutraler Dritter für beide Seiten ein vorteilhaftes Geschäft ist.«

David Valerius

»Was einen guten Verkäufer ausmacht? Ehrliches Interesse am Kunden und dessen Wünschen. Punkt. Wenn es doch aber nur so einfach wäre. In so vielen Verkaufshandbüchern und Leitfäden ist zu lesen und zu erfahren, dass es unheimlich wichtig ist, dem Kunden die richtigen Fragen mit der richtigen Fragetechnik zum richtigen Zeitpunkt zu stellen. Auch wenn dies schon wesentlich mehr wäre, als das, was die meisten Verkäufer täglich in ihren Verkaufsgesprächen tun, darf man eines nicht vergessen: Was nützten die besten Fragen in einem Kundengespräch, wenn der Verkäufer, aus welchen Gründen auch immer, nicht in der Lage ist, dem Kunden danach auch aufmerksam zuzuhören und wenn nötig weiter nachzufragen? Die meisten Kunden, die das Gefühl haben, schlecht beraten worden zu sein, glauben dies nicht, weil sie an der Fachkompetenz des Verkäufers zweifeln, sondern weil sie das Gefühl haben, dass man ihnen nicht richtig bzw. gar nicht zugehört hat. Wer als Verkäufer ein ehrliches Interesse an seinen Kunden und dessen Wünschen hat, ihn ernst nimmt und vor allem sehr gut zuhört, wird auch in Zukunft seinen Verkäufer-Kollegen immer den einen aber entscheidenden Schritt voraus sein.«

Daniel Schickle

»Gibt es im Verkauf überhaupt eine radikale Ehrlichkeit? Und wenn ja, ist sie gewünscht? Will sie der Kunde? Und wir Verkäufer – können wir wirklich radikal ehrlich sein? Und es stellen sich sofort weitere Fragen: Gibt es eine Steigerung von ehrlich? Mehr Ehrlichkeit, radikale Ehrlichkeit, super Ehrlichkeit? Ehrlich zu sein, ist für mich jedenfalls sehr wichtig. Es verschafft mir ein ›gutes Gefühl‹ beim Verkaufen. Ich möchte dem Kunden ohne Tricks und Schummeleien zur Seite stehen, ihn – auf ehrliche Weise – für mich bzw. meinen Auftraggeber gewin-

nen. Ich behandle Menschen so, wie ich behandelt werden möchte und ›Kunde ist Mensch‹. Das Wort von Mark Twain: ›Ehrlich währt am längsten‹, hat für mich große Bedeutung. Und der Erfolg, den ich mit dieser Devise im Leben habe, gibt mir recht. Ehrlichkeit ist bestimmt nicht immer ein schönes Geschenk. Doch mit Offenheit, Aufrichtigkeit und Höflichkeit vorgetragen, wird sie am Ende dankend angenommen.«

Caroline Friedt, Verkaufstrainerin

Für mich ist ein ehrlicher und wertschätzender Verkäufer, der zu 100 Prozent authentisch ist. Er lebt zu größtem Teil das, was er sagt. Er sagt auch ganz klar, was er kann und was er nicht kann. Er kennt seine Stärken und Schwächen und kann damit umgehen. Dabei schraubt er sein Ego soweit zurück, dass er mit Leichtigkeit auch Kunden abgeben kann, wenn ihm klar werden sollte, dass er das Problem nicht lösen kann. Er ist begeistert von seinem Produkt, erwähnt aber auch die Schwächen. Er ist eine Person, die permanent an sich arbeitet und mit gutem Beispiel vorangeht. Neben dem notwendigen Fachwissen, entwickelt er permanent seine persönliche und soziale Kompetenz weiter, um im Sinne des Kunden zu agieren und diesem zu helfen, seine Ziele zu erreichen. Er stellt dabei die Ziele des Kunden in den Vordergrund, da ihm klar ist, dass damit seine automatisch erfüllt werden, wenn er nur genügend Menschen hilft, ihre Wünsche zu erreichen. Dabei ist er in der Lage, die Situation immer aus der Kundenperspektive zu betrachten. Er ruht in sich, hört zu und nimmt sich in den entscheidenden Augenblicken zurück.

Ihre Definition von Ehrlichem Verkaufen

Spätestens jetzt wird es Zeit, dass Sie all das für sich zusammenfassen und Ihre eigene Philosophie vom ehrlichen Verkaufen definieren. Setzen Sie sich in Ruhe hin, lassen Sie alles bis hierhin Revue passieren und überlegen, was für Sie ein ehrlicher und wertschätzender Verkäufer sein soll. Danach können Sie ziemlich genau feststellen, was Sie davon schon erfüllen und wo Sie noch Entwicklungspotenzial haben.

____

____

____

____

____

____

Fazit:

Das sind im ersten Moment eine Menge Dinge, die berücksichtigt werden können, um authentisch, wahrhaftig und respektvoll zu verkaufen. Die schlechte Nachricht ist, dass es nicht von heute auf morgen funktioniert. Die gute Nachricht ist, dass es funktioniert und selbst dann schon große Resultate erzielt, wenn Sie nur einen Teil umgesetzt bekommen.

Wenn Sie mit einer gesunden Grundeinstellung an die Sache herangehen und den Willen verspüren, anderen ehrlich und aufmerksam zu begegnen, werden Sie sehen, dass vieles sehr schnell und leicht erlernbar ist. Der Rest ist Übungssache.

Wenn Sie das Gespräch, was ich im letzten Kapitel detailliert beschreibe, anwenden, wird es Ihnen sehr leicht fallen, die ersten Schritte zu gehen. Wer das weiter vertiefen und Experte darin werden möchte, kann sich gerne auf meiner Webseite zu einem der offenen Seminare anmelden. Denn da werden solche Gespräche sehr intensiv geübt. Zudem bekommen Sie dort von anderen Teilnehmern und mir direktes Feedback. Das machen Sie wahrscheinlich nicht bei Ihrem Kunden.

5 Das Verkaufsgespäch

»Ein Gespräch zu führen bedeutet
nicht zu wissen, wohin es führt.«

Oliver Buss

Wo wird gekauft?

Schreiben Sie kurz 5 Situationen auf, in denen Sie etwas gekauft haben, bei denen Sie ein richtig gutes Gefühl hatten.

1. ______________________________
2. ______________________________
3. ______________________________
4. ______________________________
5. ______________________________

Schreiben Sie nun 5 Situationen auf, bei denen Sie nichts gekauft haben, weil Sie sich nicht gut gefühlt haben.

1. ______________________________
2. ______________________________
3. ______________________________
4. ______________________________
5. ______________________________

Überlegen Sie, worin der Unterschied bei den Verkäufern lag.

Ich hatte bei einem Einkauf immer dann ein gutes Gefühl, wenn der Verkäufer sich zum einen wirklich für mich interessiert hat und zum anderen echten Spaß an der Arbeit hatte.

Als Vorbereitung auf ein für mich ideales Verkaufsgespräch möchte ich Ihnen jeweils ein Beispiel geben, bei dem ich als Kunde ein super Gefühl hatte und bei dem es nicht gut war.

Zuerst das unschöne Erlebnis:

Im letzten Jahr hatte ich einen Umzug von Köln nach Tübingen. Auf Grund der Strecke und vor allem, weil ich ein Klavier besitze, habe ich mich zum ersten Mal entschieden, ein Umzugsunternehmen zu engagieren. Als das Angebot kam, habe ich mich noch mal versichert, ob sie auch mit einem Klavier umgehen können. Alles wurde bejaht und der Termin stand bevor. Morgens um 6 Uhr sollten sie da sein. 6.30 Uhr war noch keiner da. Als ich anrief, hieß es, sie sind jetzt gerade weg, hatten noch Probleme mit einem Anhänger. Kurz nach 9 Uhr sind sie schließlich angekommen, obwohl der Weg von der Zentrale zu uns nicht länger als 60 Minuten dauern dürfte. Das war schon der erste fahle Beigeschmack. Die Möbel haben sie zügig, gut gelaunt und ordentlich runtergetragen. Bis es zum Klavier kam. Sie bekamen es kaum hoch gehoben, schleppten es zur Treppe vor die Wohnungstür und bekamen es nicht die Stufen hinunter getragen. Danach schraubten sie die Rollen ab, stellten es auf meinen Büroteppich und ließen es auf dem Teppich runter rutschen. Unten hielt einer das Gewicht und wurde bei jedem Stockwerk so ans Flurfenster gedrückt, dass ich dachte, er bricht mit dem Klavier durch das Fenster und fällt auf die Straße. Es gab keine Gurte und keinerlei Erfahrung im Umgang damit. In der neuen Wohnung haben sie zuerst auch alles recht flott ausgeladen, um mir dann zu erklären, dass das Treppenhaus zu eng ist und das Klavier nicht hochtragbar ist. Sie würden es in die Garage stellen und am nächsten Tag mich durch den Chef anrufen lassen. Dieser würde einen Aufzug schicken und das Klavier durchs Fenster befördern. Als am nächsten Tag kein Anruf kam, rief ich an und fragte nach, was denn jetzt passieren würde. Man versprach mir, dass am folgenden Tag ein Anruf käme. Dieses Spiel wiederholte sich ein paar Mal, bis mir eine Mitarbeiterin schrieb, dass ich die Mitarbeiter aufgefordert habe, das Klavier in die Garage zu stellen, weil ich Angst um das Treppenhaus hatte. Dazu muss noch erwähnt werden, dass die Garage auf Grund eines Neubaus nicht abschließbar war. Das Unternehmen hat mir ständig das Wort im Mund rumgedreht und sich keineswegs um den Abschluss des Auftrages gekümmert. Als ich nach 2 Wochen endlich mit dem Geschäftsführer gemailt habe, schrieb der mir, dass sie ein Umzugsunternehmen und kein Klaviertransport seien. Ich habe dann einen Klaviertransport beauf-

tragt, die kamen und haben das Klavier innerhalb von nicht mal 2 Minuten in die Wohnung befördert. Es hat mich Nerven gekostet, Zeit und Stress. Das wurde von mir alles fotografiert und wieder an das Unternehmen gemailt mit der Aufforderung, die Summe zu überweisen. Das Geld für den Klaviertransport habe ich nach heftigen Mails mit dem Geschäftsführer zu 90 Prozent aus Kulanzgründen bekommen. Das Gefühl, betrogen worden zu sein, ist bis heute geblieben. Dieses Unternehmen wird mich nie wieder sehen und ich werde auch jeden Bekannten warnen, dort einen Umzug organisieren zu lassen. Was das Geld kostet, ist den meisten Unternehmen nicht bewusst. Bis zum Abend des Umzuges war ich noch gut gelaunt, auch wenn der Auszug sehr abenteuerlich und unprofessionell war. Wenn der Anruf gekommen wäre und die Firma zu ihren Fehlern gestanden hätte sowie mir eine Lösung vorgeschlagen hätte, wäre alles gut gewesen. Fehler darf man machen, darum geht es nicht. Man muss aber dazu stehen und Verantwortung übernehmen. Allein meine Nachmieterin hat mich gefragt, mit welchem Unternehmen ich umgezogen bin. Das wären schon wieder locker 1000 € Umsatz gewesen. Achtsamkeit, Ehrlichkeit und Verantwortung für die eigenen Handlungen und verursachten Probleme. Wenn das beachtet wird, ist das Empfehlungsgeschäft und ein in Zukunft sicherer Umsatz fast nicht mehr aufzuhalten.

Es geht auch anders:

Ich bin einmal in eine Shopping Mall gegangen, um ein Hemd zu kaufen. Als ich den Laden betrat, strahlte die Verkäuferin schon über das ganze Gesicht. Ich hatte sofort das Gefühl, dass sie sich jetzt richtig freut, mir zu helfen. Und so war es auch. Sie gab mir Tipps, zur richtigen Größe, Form und Farbe, war gut gelaunt, fragte mich, wofür ich das Hemd tragen möchte und welchen Eindruck ich damit erzielen wolle usw. Sie war mit ihrer ganzen Aufmerksamkeit bei mir und interessierte sich für mich. Sie hatte keine Augen für andere Kunden. Sie war achtsam und war zu 100 Prozent für mich da. Zudem ließ sie sich wirklich viel Zeit, was in unserer heutigen Gesellschaft schon eine echte Wertschätzung ist. Der Clou kam aber nach dem Hemd. Ich hatte mich für eines entschieden, worauf sie mir direkt ein farblich passendes T-Shirt empfahl, was perfekt zu diesem Hemd passen würde. Ich hasse das, wenn man mich manipuliert und mir Dinge verkaufen will, die ich gar nicht wollte. Und in diesem Fall wollte ich nur ein Hemd kaufen. Komischerweise war es an diesem Tag total anders. Ich ließ mir Sinn und Zweck des T-Shirts erklären und kaufte auch noch das T-Shirt mit einem wirklich tiefen Gefühl der Überzeugung. Diese Dame hat mir nämlich auf authentische Art und Weise übermittelt, dass sie das nicht verkaufen will, sondern dass es zu 100 Prozent zu mir passt und ich damit prächtig aussehe. Und was soll ich sagen: Ich trage diese Kombination heute noch.

Es braucht nur wenig, um bei anderen Menschen gut anzukommen

Was heißt das jetzt konkret? Was braucht es, um bei anderen ehrlich, authentisch und angenehm wahrgenommen zu werden?

1. Sie lieben zu 100 Prozent das Produkt oder die Dienstleistung, die Sie verkaufen wollen. Sie stehen zu 100 Prozent dahinter und wissen genau, was es dem Kunden für Vorteile bringt.
2. Sie haben Spaß an dem, was Sie tun. Wenn die Produktüberzeugung da ist, ist das schon ein großer Teil der Anforderungen. Sie freuen sich auf jedes Gespräch, das Sie führen dürfen. Es sollte schon fast zu einer Art Lebensaufgabe werden.
3. Interessieren Sie sich zu 100 Prozent für den Menschen, der vor Ihnen steht. Schenken Sie ihm zu 100 Prozent Ihre Aufmerksamkeit. Seien Sie achtsam und gehen Sie zu 100 Prozent auf seine Wünsche, Sorgen, Ängste, Träume, Anmerkungen und Kritik ein. Sie gehen nicht an Ihr Mobiltelefon, wenn es klingelt, Sie reagieren auf nichts anderes: Sie sind mit Ihrer ganzen Empathie, Konzentration und auf allen Ebenen bei Ihrem Kunden.
4. Wenn Sie etwas nicht wissen oder etwas schiefläuft, stehen Sie dazu, gehen aktiv auf den Kunden zu und schaffen Lösungsvorschläge.

5. Schalten Sie Ihr eventuell vorhandenes Ego aus. Heutzutage ist es mehr als befremdlich, wenn Menschen sich in den Vordergrund stellen wollen oder demonstrieren, was für ein Hengst sie sind. Vielleicht gibt es noch die eine oder andere Ecke, bei der so etwas gut ankommt, doch mir ist aufgefallen, dass es extrem viel leichter fällt, mit Menschen eine vertrauensvolle Beziehung aufzubauen, wenn Sie nicht im Mittelpunkt stehen wollen.
6. Seien Sie ein Teil der Gruppe. Immer wieder erlebe ich, dass Menschen auf eine Gruppe stoßen und sich nicht einordnen können oder wollen. Wenn ich einen Vortrag für ein Unternehmen halten darf, bin ich rechtzeitig da und bin vom ersten Moment an ein Teil der Gruppe. Wenn das Unternehmen Flyer auslegt, den Beamer aufbaut oder Ähnliches vorbereitet, unterstütze ich sie, als wäre ich deren Mitarbeiter. Für mich ist das eine Selbstverständlichkeit, ich will nicht der König sein, der herumgereicht wird.
7. Nehmen Sie sich zurück. Sie werden als Verkäufer gerufen, um dem Kunden zu helfen, ein Problem zu lösen. Wenn Sie sich dann so positionieren, dass Sie der Held sind, der alles gelöst hat, kauft der Kunde vielleicht, hat aber irgendwo im Kopf ein komisches Restgefühl. Der Star ist der Kunde und ich bin sein Dienstleister. Wenn ich beispielsweise in ein Unternehmen komme und die Mitarbeiter schulen soll, versuche ich immer die Mitarbeiter und den Auftraggeber in den Vordergrund zu stellen. Der Nachteil ist, dass das Lob ein wenig zu kurz kommt. Für mich ist in diesem Zusammenhang einerseits die Gage das Lob und andererseits zu sehen, dass das Ergebnis stimmt und die Kunden einen großen Schritt nach vorne gemacht haben. Das berührt mich mehr, als ständig im Mittelpunkt zu stehen.

Es ist für die Menschen auch angenehmer, wenn Sie sich durch all die beschriebenen Punkte auf Augenhöhe mit den Kunden befinden. Nicht devot, aber vor allem nicht als Zampano wahrgenommen zu werden.

Wenn das alles zusammenkommt, passiert etwas Magisches: Sie verkaufen einerseits wie von selbst und sind ständig ein gern gesehener Gast und Gesprächspartner. Gerade in Branchen, die viel mit Bestandskunden zu tun haben, aber auch in Branchen, die nur einmal etwas verkaufen. Diese sind mehr denn je auf Empfehlungen angewiesen.

Wenn Sie der Meinung sind, Ihr Produkt passt nicht zu dem Kunden und ihm das auch sagen, wird er sie weiter empfehlen. Außerdem strahlen Sie diese Überzeugung und den Nutzen auch aus (energetischer Körper) und sie werden dadurch mit mehr Menschen sprechen können, weil diese spüren, dass sie bei Ihnen nicht über den Tisch gezogen werden. Das Schöne und gleichzeitig Traurige an dieser Art des Verkaufes ist, dass Sie damit derzeit noch fast konkurrenzlos sind. Da Menschen oftmals mehrere Gespräche zu demselben Produkt führen, um sich Vergleiche einzuholen, haben Sie allein dadurch eine riesen Chance, denn der Kunde kauft immer da, wo er sich am wohlsten fühlt (emotionaler Körper).

Sollte dennoch jemand dabei sein, der das nicht würdigen kann oder einfach immer nur das Billigste sucht, ist das nicht Ihr Kunde. Menschen, die nur über den Preis kaufen, werden früher oder später im Internet landen. Lassen Sie los und konzentrieren Sie sich auf die, die kompetente und ehrliche Verkäufer suchen und deren Arbeit schätzen.

Idee eines Gespräches

Haben Sie schon mal überlegt wie ein Kinofilm gedreht wird? Es wird vorher ein Drehbuch geschrieben, danach ein Story Bord entwickelt und dann erst wird gedreht. Das heißt zuerst machen sich die Macher über die Gliederung Gedanken. Was wann wie gesagt und getan werden soll. Dasselbe passiert bei einem Hausbau oder beim Schreiben eines Buches. Zuerst wird ein Plan erstellt, danach eine Gliederung dessen, was wann passieren soll. Es macht beim Hausbau wenig Sinn, einfach mal ein paar Steine und etwas Zement auf das Grundstück zu legen und darauf zu vertrauen, dass die Bauarbeiter etwas Schönes zusammenkleben. Sollten sie aus Neugierde mal etwas Neues ausprobieren und mit dem Dach beginnen, wird das Haus nicht erfolgreich zu Ende gebracht werden.

Wenn Sie sich als gutes Verkaufsbeispiel einen Shopping-Kanal anschauen, werden Sie vor dem Fernsehen ein mehr oder weniger unterhaltsames Programm über den Verkauf von Produkten erleben. Was ich aus erster Quelle weiß, ist, dass dort jedes Produkt, welches live gezeigt und verkauft wird, vorher durch eine Verkaufsabteilung wandert. Dort wird jede Minute durchgeplant. Was wird wann wie gesagt, präsentiert und gezeigt. Es wird ein Spannungsbogen kreiert und eine Gliederung geschaffen, nach der der Moderator und der Produktpräsentator vorzugehen haben. Parallel werden während der Show die Bestellvorgänge beobachtet und darauf reagiert. Oftmals werden Stammkunden aufgefordert, anzurufen und über das Produkt zu erzählen. Man holt sich Referenzen ins Boot und Sie können live verfolgen, wie jedes Mal die Bestellungen zunehmen, wenn eine ältere Dame erzählt, wie toll das Produkt ist.

Wenn all die genannten Berufsgruppen und größten Unternehmen der Welt sich zum Teil ganze Abteilungen mit Psychologen, Verkäufern und Marketingexperten leisten, um beim Erfolg aber auch nichts dem Zufall zu überlassen, frage ich mich immer, wieso Einzelunternehmer oder Verkäufer glauben, einfach sporadisch in ein Gespräch zu gehen und einfach das Ziel haben, viel Umsatz zu machen.

Was hat das aber jetzt mit wertschätzendem und ehrlichem Verkauf zu tun, doch wieder alles zu manipulieren und zu strukturieren?

Ganz einfach. Die meisten gehen ohne einen strukturierten Plan oder Kommunikationskonzept in ein Gespräch, haben aber das Ziel, so viel Umsatz wie möglich zu machen, um die Miete etc. bezahlen zu können. Obwohl sie vorher gar nicht wissen, ob der Kunde das überhaupt möchte.

Ich gehe anders dran. Ich habe einen sehr konkreten Plan, eine Gliederung und ein genaues Kommunikationskonzept, gleichzeitig habe ich kein Ziel, möglichst schnell und viel zu verkaufen, sondern schaue mir während dieser Gliederung sehr genau an, ob der Kunde überhaupt zu mir passt, ob er das will, braucht und sich leisten kann, was ich zu bieten habe. Zusätzlich halte ich es auch für eine Form des Respekts, vorbereitet in ein Gespräch zu gehen und den Kunden nicht mit ständigen Richtungs- und Themenwechseln komplett zu verwirren. Unstrukturiertheit schafft extreme Verunsicherung. Gerade bei erklärungsbedürftigen Produkten, bei denen der Kunde mehr Vertrauen benötigt, weil er das Produkt auch nach dem Gespräch nicht wirklich versteht, ist eine Strukturierung des Gespräches wichtig. Wenn Sie fast schon standardisiert ein Verkaufsgespräch beginnen, schaffen Sie sich und dem Kunden einen Rahmen, der Sicherheit bringt. Das hilft, sich mehr auf die Inhalte zu konzentrieren und eine wahrhaftige Beziehung aufzubauen sowie eine nachhaltige Entscheidung zu treffen. Man könnte auch »absichtslos zum Ziel« als Überschrift formulieren.

Ich möchte Ihnen eine Idee geben, wie ich mir nach einigen Jahren und zahlreichen erfolglosen und erfolgreichen Gesprächen eine Struktur im Gespräch aufgebaut habe, die sehr gut funktioniert.

Es kann sein, dass einiges aus den vorangegangenen Kapiteln sich wiederholt. Das ist meine Art der Zusammenfassung. Die ganzen Seiten vorher waren theoretischer Input, den ich jetzt mit einem konkreten Beispiel untermauere. Das ist übrigens auch eine sehr schöne Form, erklärungsbedürftige Produkte für den Kunden so zu gestalten, dass er es versteht.

Ob das zu Ihrem Produkt exakt passt, können nur Sie beurteilen. Nehmen Sie sich das heraus und vor allem in der Dosis, das zu Ihnen passt. Versuchen Sie keine hundertprozentige Kopie zu erschaffen. Das ist nicht stimmig und schlüssig.

Beispiel eines idealen Verkaufsgespräches

Die Gliederung eines Verkaufes möchte ich in vier Teile unterteilen

- Die innere Haltung – vor dem Gespräch
- Das Telefonat zur Terminvereinbarung
- Das Gespräch selbst
- Nach dem Gespräch

Vor dem Gespräch

Das möchte ich ziemlich kurz halten, da ich darüber schon viel geschrieben habe.

Um das Verkaufsgespräch nicht schon im Vorfeld zu torpedieren, sollten folgende Punkte wirklich beherzigt werden:

1. Bringen Sie sich in eine positive Grundstimmung. Kein Kunde kauft bei einem schlecht gelaunten Berater.
2. Seien Sie überzeugt von dem, was Sie vor Ort tun werden.
3. Seien Sie überzeugt, dass Sie ein gutes Produkt haben.

Wenn Sie selbst an der Fähigkeit des Produktes zweifeln oder noch fachliche Fragen haben, wird der Kunde das spüren. In so einem Fall holen Sie sich alle Informationen, die Sie benötigen. Sie sollten so überzeugt sein, dass Sie das Produkt am liebsten selbst haben wollen. Im Prinzip sollten Sie es auch besitzen. Denn am Überzeugendsten sind Sie, wenn Sie aus authentischer Erfahrung sprechen.

Glauben sie an eine positive Grundhaltung des Kunden

Haben Sie schon mal was von einer selbst erfüllenden Prophezeiung gehört? Wenn Sie glauben, dass Kunden inkompetent sind (Wie bei dem Lehrer-Beispiel), dann wird sich Ihre Aufmerksamkeit auf genau dieses Thema konzentrieren. Sie werden lauter Dinge wahrnehmen, die Ihr Vorurteil bestätigen. Die Dinge, die den Kunden als intelligent oder Ähnliches bestätigen, werden Sie überhören. So kommen Sie immer mehr zu dem Schluss, dass Ihr Kunde inkompetent ist und wenn er dann am Ende sagt, er will das nicht, sagen Sie zu sich. »Habe ich es doch gewusst, er ist einfach inkompetent.« Nein, er ist nicht inkompetent. Sie haben sich diese Situation erschaffen. Ein weiteres Beispiel aus meiner Praxis:

Wir hielten früher sehr viele Kundenabende, bei denen die Mitarbeiter Interessenten einluden. Wenn jemand aber der felsenfesten Meinung war, meine Interessenten kommen sowieso nicht, ist das meistens dann auch eingetreten. Bei den Recherchen nach den Gründen stellte sich heraus, dass dieser Mitarbeiter so ziemlich jeden Schritt versäumt hat, der unserer Erfahrung nach wichtig war, dass die Gäste auch wirklich kamen. Die Kunden sollten einen Tag vorher noch mal antelefoniert werden, weil es in der Tat sein kann, dass diese Menschen es im Trubel ihres Alltages einfach vergessen haben. Was machten diese Mitarbeiter? Sie riefen nicht an, weil die Kunden sowieso nicht kommen würden. Als sie dann nicht erschienen sind und wir anriefen, um zu fragen woran es gelegen hatte, kam oftmals die Antwort: »Wir haben es vergessen.« Diese Situation wäre mit einem einfachen und kurzen Telefonat am Vortag lösbar gewesen.

Gehen Sie also von einer idealen Vorstellung aus und Sie werden auch entsprechend handeln und genau solche Ergebnisse erzielen. Wenn ein Kunde Sie anruft oder bei Ihnen vorbeikommt, will er etwas. Alles andere macht keinen Sinn. Deshalb sollten Sie auch diese Haltung einnehmen und nicht wie viele glauben, dass der Kunde bestimmt Schwierigkeiten macht, wenn Sie mit dem Preis um die Ecke kommen.

Seien Sie entspannt, absichtslos und ohne Erwartungen

Gehen Sie entspannt in das Gespräch mit der Einstellung, dass Sie erst mal erfahren wollen, was der Kunde will, was er benötigt und ob Ihre Produkte oder Dienstleistungen zu seinen Bedürfnissen passen und wenn ja, bieten Sie das Passende an. Gehen Sie in ein Gespräch mit einer unschuldigen kindlichen Neugier. Seien Sie einfach interessiert, was diesen Menschen bewegt. Er wird auch grob über Sie Bescheid wissen, denn ohne Ihnen ein gewisses Grundvertrauen entgegenzubringen, werden Sie eine Wohnung oder ein Geschäft gar nicht betreten bzw. seine Zeit in Anspruch nehmen dürfen.

Strahlen Sie Sicherheit aus, wenn es etwas zu verkaufen gibt

Wenn Sie nun erfahren haben, wo der Schuh drückt und Sie mit Ihrem Produkt oder ihrer Dienstleistung helfen können, dann tun Sie es auch und gehen zielstrebig der Unterschrift entgegen.

Wenn der Kunde bereit ist, tun Sie sich und vor allem dem Kunden einen großen Gefallen. Zerreden Sie nicht die Kaufentscheidung, weil Sie glauben, dass der Kunde noch 20 Dinge wissen sollte. Wie motiviert wären Sie, wenn Ihnen der Autoverkäufer von Ihrem Traumwagen, für den Sie sich längst entschieden haben und am liebsten direkt mitnehmen würden, noch 30 Minuten die motortechnischen Details erklärt, die nur ein Maschinenbauingenieur wirklich verstehen kann? Da kaufen Sie dasselbe Auto doch auch direkt woanders?

Wenn Sie in eine Bäckerei gehen und ein gewisses Ziel verfolgen, passiert in der Regel Folgendes: Die Verkäuferin fragt, was Sie wollen und Sie nennen Ihre Wünsche. Die Verkäuferin packt die Brötchen ein, Sie bezahlen und gehen. Ich habe noch keine Verkäuferin erlebt, die, wenn ich meine Bestellung geäußert habe, gefragt hat, ob ich sicher bin, ob ich noch Vergleiche einholen will und sonst etwas, was Verunsicherung demonstriert. Sobald ein Kunde sich entschieden hat, bekommt er, was er möchte.

Das Telefonat zur Terminvereinbarung

»Telefon-Verkauf: Bestellen Sie jetzt, bereuen können Sie später!«

Prof. Dr. Hans-Jürgen Quadbeck-Seeger

Dieser Teil fällt natürlich bei denen weg, die Kunden in ihrem Ladenlokal empfangen. Viele Verkäufer gehen aktiv auf ihre Kunden zu. Dazu müssen die meisten zuerst ein Telefonat führen, um einen Termin zur Präsentation zu bekommen.

Die Überschrift ist genau so präzise, wie ich es auch meine. Gehen Sie immer zielgerichtet und vor allem Schritt für Schritt vor.

Das Ziel eines Telefonates sollte im Prinzip immer nur der Termin für ein Gespräch sein. Es sei denn, Sie verkaufen Ihre Produkte am Telefon.

Viele machen schon hier den Fehler und erklären das halbe Produkt am Telefon. Auch hier sollten Sie sich mal Folgendes aus der Kundenperspektive vergegenwärtigen: Stellen Sie sich vor, ich wäre Ihr Kunde:

Ich als Kunde benötige 100 Prozent aller Informationen, um eine Entscheidung treffen zu können. Bei 30 Prozent der Informationen verstehe ich die Zusammenhänge zu wenig und denke mir, dass das Produkt zu mir eh nicht passt und lehne ab. Da ich aber nicht weiß, wie viel Information 100 Prozent sind, nehme ich die Infos, die Sie mir am Telefon geben, erstmal als 100 Prozent an. Sie können aber in 5-10 Minuten nur einen Bruchteil rüberbringen. Reicht mir das nicht, ist das Gespräch erfolglos zu Ende gegangen. In einem Telefonat sollten Sie wirklich nur die Terminabsprache machen und nur so viel Informationen weitergeben, dass der Kunde auch Lust auf ein Gespräch bekommt, weil er sich einen Nutzen oder Hilfe für ein Thema verspricht. Ein bis zwei Nutzenargumentationen, damit ich als Ihr Kunde ein Gefühl bekomme, es lohnt sich mit Ihnen ins Gespräch zu gehen.

Eine Luxussituation ist, wenn Sie es schaffen, schon beim Telefonat mehr zuzuhören, als zu reden. Das hilft der Beziehung und dem Vertrauen ungemein. Das klappt aber nicht immer. Deshalb müssen Sie sich in dieser kurzen Zeit darauf verlassen können, dass Ihre Vermutung mit den zwei Argumenten erfolgreich verläuft.

Hier etwas auf die Beine zu stellen bedarf guter Arbeit und Vorbereitung und ist in ein paar Zeilen nicht zu schaffen. Da sollten Sie sich tatsächlich mal 1-2 Tage Zeit nehmen und auf Ihr Produkt zugeschnittene Argumente erarbeiten.

Wenn Sie einen potenziellen Kunden anrufen und dieser am anderen Ende der Leitung Ihnen sagt, dass er keine Zeit hat, was machen Sie dann? Ich habe früher einen Satz gelernt: »Dann mache ich es ganz kurz« und sollte dann weiter reden, wie wenn nichts gewesen wäre. Das hat nichts mit Wertschätzung und Achtsamkeit zu tun. Mir wurde das später auch zu blöd, weswegen ich das auch geändert habe. Denken Sie bitte daran, Wertschätzung heißt auch zu akzeptieren, wenn ein Kunde gerade keine Zeit hat und nicht einfach trotzdem draufloszureden. Aus Kundensicht ist das sehr unangenehm. Direkte Menschen werden zu einem Zeitpunkt, an dem es nicht geht, erst gar nicht abnehmen. Menschen, denen es schwer fällt, nein zu sagen, werden auch jetzt schlecht nein sagen können und sich Ihre Ausführungen geduldig anhören. Wirklich bei der Sache sind sie aber nicht, wartet doch der nächste Termin schon.

Ich frage inzwischen höflich, wann er denn wieder Zeit habe. Wenn ich zu dem späteren Zeitpunkt anrufe, kommt es oftmals vor, dass auch da wieder keine Zeit für ein längeres Telefonat ist. Beim dritten oder vierten Mal kommt es dafür zu einem persönlichen Gespräch, da wir uns durch die wiederholten Telefonate bereits sehr vertraut sind. Mag sein, dass es teilweise länger dauert, bis man zum Umsatz kommt. Dafür habe ich immer ein entspanntes Gefühl, setze keinen unter Druck oder mache mich nicht unbeliebt. Sollte es ein Kaltkontakt sein, habe ich ein tolles Phänomen erlebt. Beim ersten Anruf ist es immer ein bisschen wie Roulette. Man weiß nie, wie das Gegenüber auf mich und mein Anliegen reagiert. Je weniger Zeit das Gegenüber beim ersten und zweiten Telefonat hat und je weniger ich von meinem Anliegen erzählen kann, je mehr freut er sich schon, wenn ich wieder anrufe. Wenn ich dann mit meinem Anliegen komme, hat er es wesentlich positiver aufgenommen. Leider kann man das nicht steuern. Was ich Ihnen zurufen möchte, ist, dass Sie Vertrauen haben sollen, auch nach mehreren Versuchen zum Zuge zu kommen. Man muss nicht beim ersten Versuch mit der Brechstange zum Ziel gelangen. Es geht auch smarter.

Ich war jahrelang in der Mitarbeiterakquisition tätig und hatte in dieser Zeit einige Leute, die ich über Jahre versucht habe, erfolglos zu einem Gespräch zu bewegen. Irgendwann lachten sie schon, wenn ich anrief, es wurde mit der Zeit immer vertrauter. Einige sind heute Freunde geworden, andere empfehlen mich und meine Dienstleistung weiter, obwohl sie mich nie gesehen haben und wir nie ein echtes persönliches Gespräch hatten. Das nenne ich Beziehungsmanagement auf eine ganz neue Weise.

Auch möchte ich an dieser Stelle mit einem Mythos aufräumen: die Quote der persönlichen Termine als Folge eines Telefonats.

Es soll tatsächlich Personen geben, die versprechen, dass sie beim Telefonieren eine Quote von 80-90 Prozent haben.

Die Quote hängt natürlich mit der Qualität der Telefonate, Ihrer Präsenz am Telefon sowie der Branche und der Qualität des Kontaktes zusammen. Vor allem mit der Quelle, aus der die Kontakte resultieren. Auf eine Empfehlung werden Sie deutlich bessere Quoten haben als über Telefonbuchakquise. Je nachdem, wie gut Ihre 2-3 Argumente sind, wird sich die Quote auch verbessern.

Es gibt Branchen, da können Sie froh sein, wenn Sie eine Quote von 2-5 Prozent haben. Da es sich bei dieser Arbeit um eine ganz wichtige Komponente handelt, wie erfolgreich Sie sein werden, war meine Richtung immer, so tief wie möglich zu stapeln. Wie bereits vorher erwähnt, ist es emotional sehr frustrierend, wenn Sie von 10 Anrufen 10 Termine haben wollen. Sollte dabei der Erste Nein sagen, haben Sie im Prinzip jetzt gefühlsmäßig schon verloren. Ihr Ziel, emotional in einem guten Zustand zu sein, ist in weite Ferne gerückt.

Meine Ausrichtung war es immer, eine gewisse Anzahl Telefonate zu führen. Denn nur diese kann ich zahlenmäßig bestimmen. Ich kann sagen, ich möchte heute mit 10 Menschen reden. Wie viele letztendlich zu einem Gespräch bereit sind, weiß ich doch gar nicht. Ich versuche so oder so mein Bestes zu geben. Habe ich aber einen Termin gemacht, wird alles andere zur Zugabe. Mein emotionaler Zustand ist dadurch extrem positiv. Wenn Sie eine bestimmte Anzahl Kunden für Ihren notwendigen Umsatz benötigen, müssen Sie sich einfach nach den 10 Anrufen fragen, wie viele Termine haben Sie jetzt und reicht das für ein gutes Ergebnis. Wenn nicht, müssen Sie weiter telefonieren. Wenn ja, haben Sie für den Rest des Tages frei. Oder Sie setzen sich keine Zahl und telefonieren einfach so lange, bis Sie die erforderlichen Termine haben, die Sie für Ihren Umsatz brauchen.

Sollte bei einem Telefonat der Kunde sagen, dass er mich zurückruft, nehme ich auch das erstmal ernst und frage, wann er das tun möchte. Sollte er dann (was meistens passiert) nicht anrufen, hake ich ganz höflich ein paar Tage nach seinem angekündigten Anruf nach. Auch hier immer wieder dasselbe. Das Vertrauen wächst. In diesem Fall sogar noch besser, weil der Gesprächspartner noch ein schlechtes Gewissen bekommt, da er sich nicht wie versprochen gemeldet hat. Die Bereitschaft, einen Termin zu machen, steigt.

Das Gespräch selbst

Kommen wir nun zu einem Ansatz, der auf eine ganz andere Basis aufbaut.

Sollten Sie im folgenden Kapitel Einwände suchen oder wie man diese entkräftet, werden Sie enttäuscht werden. Ich werde bewusst keine Einwandbehandlung, schon gar nicht im klassischen Sinne, mit Ihnen besprechen. Das habe ich jahrelang gemacht. Das brauchen Sie aber nicht mehr, wenn Sie die kommenden Ideen beherzigen. Ich werde immer wieder anmerken, wo die meisten Verkäufer im normalen Alltag Einwände bekommen und wie sie diese abstellen können. Ich bin dabei ein großer Fan der Einwandvermeidung. Alles, was danach kommt, sind Fragen, die mit einem fundierten Fachwissen völlig entspannt und wertfrei beantwortet werden können. Es gibt die im ersten Kapitel angesprochenen Einwände, die kein Verkäufer der Welt entkräften kann. Wenn der Kunde sich nicht entscheiden kann, aus Angst etwas Falsches zu kaufen, dann muss man ihn lassen. Verkäufer sind keine Therapeuten. Fast alle anderen Einwände werden vom Verkäufer selbst provoziert. Das klingt vielleicht hart und provokativ, dazu stehe ich aber und es bestätigt sich immer wieder in meinen Erfahrungen. Wenn Sie das abstellen wollen, lesen Sie aufmerksam weiter.

Wenn Sie mit dem Kunden ins Gespräch kommen, hören Sie zu und gehen Sie mit dem Kunden in einen echten Dialog über alle Themen, die beide inspirieren.

Die folgenden Fragen dienen dazu, in die Tiefe der Kundenwünsche einzutauchen, um am Ende aus tiefstem Herzen zu entscheiden, ob ein Produkt aus Ihrer Palette passt oder ob Sie den Kunden woandershin empfehlen. Diese Fragen werden dann ihre volle Kraft entfalten, wenn Sie es zu 100 Prozent authentisch meinen und es Ihnen eine Herzensangelegenheit ist, dem Kunden weiterzuhelfen. Wenn Ihr Produkt passt, umso besser, das ist aber Zusatz. Das klingt zwar komisch, wenn Sie bedenken, dass Sie schließlich vom Verkauf leben und nun herausfinden sollen, ob Sie überhaupt was verkaufen müssen.

Sie werden feststellen, dass auch der ganze Druck von Ihnen fällt, wenn Sie in ein Gespräch gehen, völlig absichtslos und sich erstmal ein Bild machen, ob Ihr Produkt überhaupt passt. Dann verlassen Sie den Kunden auch nicht mit einem Gefühl des Versagens, wenn Sie nichts verkauft haben.

Phase 1: Die persönliche Beziehung

Das Ziel eines Warm-up ist den meisten klar und wird nur der Vollständigkeit halber angesprochen. Sie fragen den Kunden Dinge über das Wetter, seine Wohnung, seinen Job, den heutigen Tag usw. Wenn Sie das wieder mit einer unschuldigen kindlichen Neugier machen und wirklich von tiefem Herzen ein Stoffsammler spannender menschlicher Geschichten sind, wird der Gesprächspartner immer mehr zu sprudeln beginnen. Das hat mehrere Vorteile:

Reden gibt Energie.

Das heißt Ihr Gegenüber tankt auf. Aufrichtiges Interesse ist eine ganz besondere Form der Wertschätzung und Anerkennung seiner Person.

Reden schafft Vertrauen.

Das Vertrauen und der Sympathiefaktor Ihnen gegenüber wird größer. Sie bekommen mehr und mehr schon raus, wie das Gegenüber denkt und können Ihr Gespräch und Ihre späteren Ausführungen auf ihn ausrichten.

Ihr Job ist es, zuzuhören und einige Dinge zu beobachten.

Zum Allerersten ist es wichtig, zu eruieren, ob Ihr Kunde wirklich etwas von Ihnen möchte oder nur jemanden zum Zeitvertreib vollquatschen will. Das ist nicht Ihr Job. Auch Sie sollten wertgeschätzt werden. Einen Verkäufer zu bestellen und dabei im Vorfeld schon zu wissen, dass man gar nichts kaufen kann oder will, gehört genau so wenig zum guten Ton, als einem Kunden Dinge zu verkaufen, die er nicht benötigt. Deshalb, überlegen Sie sich Fragen, die Sie einem Kunden stellen können. Ich fange, nachdem ich ein paar Minuten über den Alltag geredet habe, meistens mit der Frage an: »Aus welchem Grund bin ich heute denn hier?« Dann werden die meisten schon sagen, wo sie der Schuh drückt. Sollte da nichts Fundiertes kommuniziert werden, können Sie auch höflich fragen, ob er überhaupt die Absicht hat, etwas zu kaufen. Wenn nicht, können Sie auch wieder gehen. Die Zeit ist kostbar und sollte denen geschenkt werden, die ein aufrichtiges Interesse an Ihnen und Ihrem Produkt haben.

Ich achte bei dieser ersten Phase auf 3 verschiedene Bereiche, die mir wichtig sind, um herauszufinden, wie ich später präsentieren muss.

Kaufmotiv:

Jeder Mensch hat sich im Laufe seines Lebens eine Art der Entscheidungsfindung angeeignet. Jedem ist etwas anderes wichtig. Der eine steht auf Service, der andere auf Qualität, der dritte auf umfangreiche fachliche Beratung und wieder ein anderer achtet auf das Preis-/Leistungsverhältnis. Wenn Sie das nicht herausfinden, reden Sie später eventuell völlig an Ihrem Kunden vorbei. Das ist die erste Hürde, die Sie nehmen sollten, um spätere Einwände zu vermeiden. Wenn ein Kunde seit Jahren immer dann kauft, wenn er das Gefühl hat, die beste Qualität am Markt zu bekommen, nützt es nichts, wenn Sie in der Präsentation ständig auf Ihrem guten Service herumreiten. Er wird Einwände haben, um sein Problem geklärt und seine Wünschen erfüllt zu bekommen. Fragen Sie einfach, nach welchen Kriterien er eine Entscheidung trifft. Oder was ihm wichtig ist, wenn er sich für ein Produkt entscheidet. Wenn Sie wollen, können Sie ihm auch eine kleine Auswahl als Gedankenstütze geben.

»Herr Müller, welche grundsätzlichen Kriterien sind Ihnen wichtig, wenn Sie ein Produkt kaufen? Ist es der Service um das Produkt herum, die Qualität, der Preis oder etwas anderes?

Der eine oder andere kontert da manchmal, dass einem der Kunde das nicht sagen würde. Dann stimmt im Vertrauensverhältnis etwas nicht. Oder es ist nicht der richtige Kunde, wenn er hier schon eine Mauer hochzieht und auf allgemeine Fragen skeptisch reagiert.

Persönlichkeitstyp

Das Zweite ist der Typ. Ist es eher ein faktenorientierter Typ oder einer, der die Menschlichkeit, das Persönliche braucht? Unterhalten Sie sich mit Ihrem Kunden und Sie werden Dinge erfahren, die Ihnen helfen, Ihr Gespräch besser einzuschätzen.

Wenn ein Kunde sehr direkt und zügig zum Ziel kommen will, werden Sie wieder Einwände provozieren, wenn Sie in der Präsentationsphase ausführlich und allumfassend langsam alles erklären. Wenn es ein Typ ist, der die Menschlichkeit braucht oder dem Vertrauen wichtig ist, werden Sie wenig punkten, wenn Sie dem Kunden einen Fakt nach dem anderen um die Ohren hauen. Ich schrieb zu den Typen in Kapitel 4 einiges, dass ich jetzt nicht wiederholen will. Es reicht grundsätzlich aus, nett zu sein. Gleichzeitig hilft es zu Vermeidung von späteren Einwänden, dass Sie zumindest teilweise auf den Typus des Kunden eingehen.

Sprache:

Achten Sie besonders auf die Sprache. Jeder Mensch hat einen ganz bestimmten Wortschatz, mit dem er ein Thema beschreibt. Dieser Wortschatz ist mit Emotionen, Erfahrungen und Verbindungen zu anderen Themen im Gehirn verknüpft.

Damit er die Präsentation des Produktes besser versteht, ist es leichter für ihn, wenn Sie ihm mit seinen Worten das Produkt erklären. So muss er nicht wieder Ihre Worte in seine übersetzen. Das kostet Kraft, die ihn eventuell die Lust verlieren lässt und er von einem Kauf absieht. Die Skeptiker werden natürlich jetzt behaupten, dass das Manipulation wäre. Für mich ist es dann Manipulation, wenn ich den Menschen nicht in den Mittelpunkt stelle und ihm auch dann mein Produkt verkaufe, wenn er es gar nicht wirklich braucht, ich also einfach nur Umsatz machen will. Dann halte ich diese Methode für sehr grenzwertig. Wenn Sie an der Stelle des Buches noch gedanklich dabei sind, ist diese Art auf authentische Art und Weise eine Methode, die es dem Kunden sehr hilfreich macht, Dinge zu verstehen, um dann eine Entscheidung zu treffen. Es bringt nichts, wenn ein Kunde ständig von seinen Gefühlen spricht: Zum Beispiel: »Ich möchte mich gut fühlen, wenn ich das Produkt habe. Ich fühle mich unwohl, wenn ich zu viel davon kaufe ...« Und Sie ständig fragen, was denken Sie darüber, oder wie denken Sie darüber. Er spricht mit seiner emotionalen Ebene und Sie erklären es ihm über die mentale Ebene.

Ein Beispiel noch aus der Gesundheitsbranche.

Stellen Sie sich mal vor, Sie wären mein Kunde. Ich frage Sie, was Sie brauchen und Sie antworten, dass Sie gerne wieder durchschlafen möchten. In der Produktpräsentation erkläre ich Ihnen jetzt die Vorzüge meines Produktes. »Mit diesem Produkt kurbeln Sie die Mikrozirkulation an und dadurch findet eine bessere Vasomotion statt.« Haben Sie jetzt Lust, das Produkt zu kaufen? Haben Sie alles verstanden? Eigentlich wollten Sie nur etwas, damit Sie wieder durchschlafen können, oder? Im besten Fall kapieren Sie, worum es geht und übersetzen mein Fachchinesisch in Ihre Worte. Das Gehirn benötigt dazu Energie und Kraft. Wenn Sie solche Beispiele während eines Gespräches öfter hören, garantiere ich Ihnen, dass am Ende der Satz kommt: Das muss ich mir noch mal überlegen. Aus diesem

Grunde sollten Sie von Anfang an wirklich zuhören und sich genau notieren, was der Kunde will, wie er tickt und wie er spricht.

Lassen Sie sich Zeit. Die Zeit, die Sie hier investieren, sparen Sie später bei der Präsentation.

Diese Phase 1 dient dazu, den Kunden kennenzulernen, einzuordnen, ob er was will und wie er spricht und tickt. Sie dient nicht dazu, direkt die eigenen Vorschläge zu unterbreiten. Das kommt zu einem späteren Zeitpunkt. Ihr Redeanteil sollte bei höchstens 30 Prozent liegen.

Phase 2: Analysephase. Die Interessen des Kunden herausfinden

Diese Phase ist ebenfalls standardisiert. Es sind acht Fragen, die Sie immer stellen können, egal, welches Produkt Sie anbieten. Sie helfen Ihnen einen Plan zu haben und mit dem Kunden ebenfalls eine stringente Richtung einzuhalten, der er gedanklich folgen und bei der er jederzeit aussteigen kann.

Fangen Sie an, nun die Interessen und wichtigen Wünsche Ihres Interessenten zu erfragen. Sie können aus einer lockeren Unterhaltung zu einem geeigneten Zeitpunkt mit folgender Frage beginnen.

»*Was ist Ihnen wichtig, wenn Sie an* (hier setzen sie ihr Produkt, ihre Dienstleistung, ihre Dinge ein, für die Sie eine Lösung hätten) *denken?*«

Jetzt heißt es wiederum, aufmerksam zuzuhören, wie Sie noch nie zugehört haben Sollte er nicht wissen, was er will, können Sie ihm mit Ihren Erfahrungen natürlich auf die Sprünge helfen. Achtsam und wertschätzend. Wenn Sie können und dürfen, sollten Sie auch mitschreiben Wenn der Interessent aufhört zu erzählen, und nur dann, fragen Sie einfach nach: »Was noch?«, »Gibt es außerdem noch etwas?« usw.

Fällt ihm nichts mehr ein, bleiben Sie dran und vertiefen das Ganze mit einer weiteren Frage.

»Gibt es sonst noch was, haben wir irgendwas übersehen?«

Es kann nämlich durchaus sein, dass Ihrem Interessent entweder Dinge wirklich erst später einfallen oder er sich bestimmte Dinge nicht traut, sofort zu sagen und er mehrere Anläufe braucht, um Ihnen wirklich zu vertrauen. Je mehr Sie sich am Anfang für seine ehrlichen Belange interessieren und nicht direkt mit Kommentaren wieder zuschütten oder mit plumpen Produktempfehlungen zunichte machen, desto weiter öffnet sich Ihr Gesprächspartner.

Haben Sie nun wirklich das Gefühl, dass Ihr Interessent nun alles gesagt hat, was ihm im Moment einfällt, kommen wir zu einem Schritt, den die meisten vergessen, der aber so entscheidend ist.

Es ist das sogenannte gezielte Hinterfragen.

Was heißt das? Alle Wörter, die Sie greifen können, haben eine ziemlich klar definierte Bedeutung. Ein Glas ist ein Glas. Ein Blumentopf ist ein Blumentopf. Wie sieht es mit dem Wort Sicherheit oder Gesundheit aus? Können Sie das in Form eines physischen Gegenstandes in die Hände nehmen? Eher nicht. Das heißt im Umkehrschluss, dass die Bedeutung und Bewertung eines Wortes wie Sicherheit oder Gesundheit bei jedem Menschen völlig unterschiedliche Bedeutungen und damit auch Gefühle hat. Wenn Sie jetzt von Ihrer Bewertung ausgehen, kann das mit der des Interessenten übereinstimmen, wird es aber in aller Regel nicht tun.

Wenn Sie eine Absicherung für einen Gerüstbauer verkaufen und Ihr Interessent sagt Ihnen, dass diese sicher sein soll, kann das für Sie beispielsweise heißen, ein Netz reicht aus, während Ihr Interessent darunter ein Absicherung direkt am Gerüst versteht oder seine Mitarbeiter mit Sicherheitsseilen versorgen will oder etwas völlig anderes. Deshalb ist es so wichtig, die Punkte zu hinterfragen.

Eine Frau sagt zu ihrem Mann: »Nie zeigst du mir, dass du mich liebst.« Der Mann nimmt diesen Vorwurf ernst, bringt daraufhin den Müll runter, räumt die Wohnung auf, mäht den Rasen und wäscht das Auto. Voller Stolz kommt er nach Hause, wartet auf ein dickes Lob und was kommt? Das hängt in diesem Fall von der Frau ab. Die meisten Frauen verstehen unter Liebesbeweisen wahrscheinlich etwas anderes. Es hilft also in allen Lebenslagen, nachzufragen, wenn etwas unklar ist und nicht mit dem eigenen Erfahrungsschatz zu vergleichen und auf dessen Basis zu reagieren. Das geht sehr oft in die Hose. Hier ist meiner Meinung nach der größte Hebel, später Einwände zu vermeiden. Je genauer Sie sichergehen können, zu wissen, was Ihr Kunde wirklich meint, und nicht nur aus Ihrem Erfahrungsschatz heraus es vermuten, desto konkreter können Sie seinen Wunsch berücksichtigen und Ihre Präsentation darauf abstellen. Auch hier ist es wieder von Vorteil, wenn Sie absolut wertfrei an die Sache herangehen und einfach notieren, was der Kunde sagt.

Fragen Sie also alle Dinge, die Ihnen nicht zu 100 Prozent klar sind, genauer nach.

»Was verstehen Sie unter .../ Was meinen Sie mit ..../ Habe ich Sie richtig verstanden, dass ...?«

(Sicherheit, gutes Gefühl, Schutz, Chance, usw.)

Sie werden die komischsten Aussagen bekommen. Das soll aber nicht Ihre Baustelle sein. Sie befinden sich immer noch in dem Zustand des Erforschens eines für Sie noch unbekannten Menschen. Seien Sie nach wie vor positiv neugierig und staunen Sie einfach nur, was da alles Schönes zu Tage kommt.

Ich möchte an dieser Stelle ein eigenes Beispiel bringen, was meine Einstellung zu diesem Thema komplett geändert hat.

In meiner Zeit als Finanzberater wurde ich immer wieder mit dem Thema Sicherheit konfrontiert. Ich verstand unter Sicherheit, dass die Depots weltweit gestreut wurden. Die meisten Kunden verstanden unter Sicherheit, dass es eine Kapitalgarantie zum Ablauf gibt. So redeten wir in unzähligen Verkaufsgesprächen ständig aneinander vorbei und ich bekam einige Feedbacks, bei dem die Kunden sagten: »Ich überleg es mir.« Sie kennen das Ergebnis. Nachdem ich mich dann mehr und mehr mit dem Kunden auf einer partnerschaftlichen Ebene unterhielt und interessiert nachfragte, kamen wir auch zu dem Thema Sicherheit. Auf meine Frage, was der Kunde unter Sicherheit verstehe, antwortete der Erste, den ich damals gefragt habe: »Ich möchte nicht, dass mein Geld in Amerika liegt.« Ich war so verdutzt, dass ich erst mal gar nichts sagen konnte, denn mit so einer Antwort habe ich nun wirklich nicht gerechnet.

Deshalb auch an dieser Stelle der Hinweis an Sie: Rechnen Sie mit wirklich allem, was kommen könnte. Jeder Mensch hat seine eigenen Geschichten und seine eigenen Bewertungen, wie er Begriffe definiert.

Sie wissen auch, dass viele wichtige Aspekte, die Ihre Produkte haben, dem Kunden gar nicht auffallen. Sie sind nun mal mehr in der Materie. Der Interessent hat Sie auch bestellt, weil er Ihren Expertenrat in Anspruch nehmen möchte. Sonst hätte er auch direkt ins Internet gehen können. Deshalb ist es auch gut, aus beratungstechnischer Sicht, den Interessenten darüber aufzuklären, was es vielleicht noch Wichtiges zu wissen gibt. Aber nicht, um ihn in eine bestimmte Richtung zu manipulieren, sondern um zu schauen, ob er wirklich noch das eine oder andere haben möchte, was ihm bisher noch nicht eingefallen ist.

Machen Sie hier bitte keine manipulativen oder subtilen Andeutungen, nach dem Motto: »Ihnen ist bestimmt auch wichtig, dass …« Das hat bei einer authentischen Kommunikation nichts zu suchen.

»Herr Interessent, aus meiner Sicht ist noch wichtig, dass …«

Jetzt können Sie die Dinge einsetzen, die aus Ihrer Erfahrung noch wichtig wären, zu wissen. Dinge, die in der Vergangenheit wirklich von vielen Ihrer Kunden verlangt wurden. Wenn der Kunde sagt, super, das ist es, nehmen Sie es auf. Wenn nicht, legen Sie es ab und nehmen nur die Dinge, die er genannt hat.

Im Idealfall haben Sie jetzt schon einiges zusammengestellt. Um sicherzugehen, dass Sie auch wirklich alles so verstanden haben, wie Ihr Kunde es meint, sollten Sie alles noch mal wiederholen. Und zwar unter genau diesem Motto:

»Herr Interessent, um wirklich sicherzugehen, dass ich alles so verstanden habe, wie Sie mir das geschildert haben, möchte ich zur Sicherheit noch mal alles durchgehen. Sollte irgendwas nicht so sein, wie Sie es gemeint haben, unterbrechen Sie mich bitte und korrigieren mich.«

Mal Hand aus Herz. Hat schon mal jemand sich so ausführlich und wahrhaftig für Sie interessiert? Noch ist kein einziges Wort über Ihr Produkt gefallen. Sie wissen aber bestimmt mehr, als Sie vorher in Ihren Gesprächen als Basis für Ihre dann folgende Präsentation benutzt haben. Vorausgesetzt, Sie haben es nicht schon vorher so oder so ähnlich gemacht.

Wenn Sie jetzt schon merken, dass Sie alle Punkte erfüllen können, wunderbar. Wenn nicht, dann können Sie immer noch nachfragen, welche Punkte ihm am wichtigsten sind.

Um all die Informationen zu bearbeiten und für Ihren Kunden verständlich aufzubereiten, ist es wichtig, dass er im Falle einer zu großen Wunschsammlung seine Prioritäten setzt. Sie haben in der Regel nicht die Zeit, alles zu beantworten und manchmal widersprechen sich auch Punkte aus der ersten Frage. Zudem verwirren Sie den Kunden wieder, wenn er mit zu vielen Antworten konfrontiert wird. Deshalb sollten Sie versuchen, die Wünsche auf ein angemessenes Maß zu reduzieren.

»Wenn Sie sich für 3 Punkte entscheiden müssten, welche wären das?«

Und nach der Aufzählung ist es sehr wichtig, nach seinen emotionalen Gründen zu fragen.

»Aus welchen Gründen möchten Sie das denn haben?«

Diese Informationen sind sehr entscheidend, da Sie diese in der Präsentation später berücksichtigen und den Schwerpunkt darauf legen sollten. Die ersten Fragen waren Vorbereitung auf die hier letzten beiden. Auf dieser Basis sollten Sie später Ihre Präsentation aufbauen. Denn dann haben Sie wirklich die Interessen Ihres Kunden ernst genommen und ihm das Konzept verkauft, was er sich zu 100 Prozent vorstellt.

Abschlussfrage:

Ich wiederhole noch mal. Sie haben noch keine einziges Wort über Ihr Produkt oder Ihre Dienstleistung verloren und stellen bereits jetzt eine Abschlussfrage:

»Wenn ich genau für Ihre Wünsche das Passende finde, etwas, mit dem Sie 100-prozentig zufrieden sind, kommen wir dann ins Geschäft?«

Wichtig ist auch hier, ganz entspannt und gleichzeitig sehr selbstbewusst zu sein. Genau wie Sie sich jetzt mit dem Thema Wertschätzung, Aufrichtigkeit, Ehrlichkeit und Authentizität befasst haben, um dem Kunden ehrlich zu begegnen, sollte das auch Ihr Kunde tun. In den allermeisten Fällen wird er an dieser Stelle auch Ja sagen, vorausgesetzt, Sie haben in den vorangegangenen Minuten exakt und empathisch gearbeitet. Sollten Sie aber einen Interessenten haben, der nur Knowhow abgreifen will, um dann woanders oder billiger im Internet zu kaufen, sollten Sie auch kein Wort über Ihre Fähigkeiten verlieren. Leider sind auch einige Kunden in der heutigen Zeit, gelinde gesagt, komisch geworden. Lassen Sie sich hier auf keine Verweichlichung ein. Machen Sie erst weiter, wenn ein klares »Ja«

kommt. Wenn Sie Ihren Interessenten mit einer ehrlichen Wahrhaftigkeit als gleichwertigen Partner behandeln, wird das in aller Regel auch passieren.

Sollte der Interessent jetzt irgendwelche Einwände bringen, klären Sie diese, machen aber nicht weiter, bevor er ein Ja kommuniziert hat.

Kunde: »Ich weiß doch noch gar nicht, was Sie mir vorschlagen.«
Sie: »Genau Herr Interessent, deshalb werde ich nur weitermachen, wenn ich Ihnen etwas anbieten kann, das genau Ihre gerade angesprochenen Wünsche erfüllt. Natürlich werden wir das ausführlich besprechen und alle Fragen restlos klären, sodass Sie eine fundierte Entscheidungsgrundlage haben. Wenn es Ihnen nach meiner Präsentation zusagt, kommen wir dann ins Geschäft?«

Das erfordert etwas Übung (mit einem Trainingspartner, nicht mit dem Kunden), ist aber leichter als es aussieht, wenn Sie die Schritte vorher korrekt gemacht haben.

Wenn jetzt das »Ja« kommt, gehen Sie entweder in Ihre Präsentation oder fahren Sie nach Hause, bereiten alles vor und kommen mit einem Konzept wieder.

Wir haben bis jetzt immer noch nichts über Ihr eigentliches Produkt erzählt. Da kann schnell Ungeduld aufkommen, weil es sich im ersten Moment nach extrem viel Zeiteinsatz anhört. Da tauchen bei einem erfahrenen Verkäufer gerne ein paar Stimmen im Kopf auf.

»Hört der Kunde überhaupt so lange zu?«

»Lässt der Kunde es mit sich machen?«

»Ist er überhaupt bereit, so viel zu erzählen?«

»Bin ich in der Lage, all seine Wünsche auch zu erfüllen?«

usw.

Es dauert natürlich wesentlich länger, als wenn Sie nach 10 Minuten Smalltalk in die Präsentation gehen. Bedenken Sie dabei einfach Folgendes:

Reden gibt Energie und Zuhören kostet welche.

Ihr Interessent hat wesentlich mehr und länger Kraft, wenn er redet. Zudem fühlt sich jeder geehrt, wenn Sie sich aufrichtig für ihn interessieren. Sollte einmal ein Interessent nichts erzählen oder Sie das Gefühl haben, dass Sie ihm alles aus der Nase ziehen müssen, können Sie immer noch schnell in Ihr altes Muster zurückgehen. Das habe ich am Anfang auch gemacht, wenn mir nichts mehr eingefallen ist. Leider war das dann so, dass der Kunde gar nicht kaufen wollte und ich wieder erst am Ende gemerkt habe, dass ich viel Zeit vergeudet habe.

Soll heißen: Wenn Ihr Interessent nicht bereit ist, sich Ihren Fragen zu öffnen und bereitwillig erzählt, was er wirklich möchte, können Sie ihm auch kein gutes Konzept erstellen.

Wenn Sie aber im zweiten Schritt Ihr Konzept oder Ihre Lösung präsentieren und nur noch die Antworten auf die Wünsche geben, die der Kunde auf Ihre Fragen ausgesprochen hat, werden Sie in diesem Part des Verkaufsgespräches deutlich weniger Zeit benötigen. Zudem werden Sie deutlich weniger Einwände bekommen.

Auch in der zweiten Phase sollte Ihr Gesprächsanteil möglichst gering sein.

Phase 3: Produktpräsentation

Ich traue Ihnen zu, dass Sie den folgenden Schritt sehr gut hinbekommen, wenn Sie hinter ihrem Produkt stehen und die Vorteile und Nutzen für den Kunden kennen.

Beachten Sie nur die Schritte, nicht mehr an Knowhow rüberzubringen, als Ihr Kunde im Vorfeld wirklich wissen möchte.

Erzählen Sie dem Kunden bitte nicht Ihr ganzes Fachwissen und vor allem nicht in zu vielen und unverständlichen Fachbegriffen.

Mir ist mit der Zeit im Verkauf Folgendes aufgefallen:

Eine der Hauptursachen für Einwände und Abschlussprobleme ist, dass der Verkäufer zu viele Informationen rüberbringen möchte. Das Problem lösen Sie ganz einfach, indem Sie erst mal nur auf die Punkte eingehen, die Sie auf Ihrem Fragenkatalog haben, die Ihnen Ihr Kunde als Wunsch genannt hat. So einfach wie möglich, so oberflächlich wie möglich. Sollte der Kunde dann noch Weiteres wissen wollen, können Sie Stück für Stück tiefer eintauchen. Sie werden es in den meisten Fällen nicht benötigen. Meistens läuft es andersherum. Der Verkäufer erzählt, was das Produkt alles kann. Dinge, die den Kunden aber gar nicht interessieren und die er im schlimmsten Fall gar nicht versteht. Dann entstehen wieder neue Fragezeichen. Wenn der Verkäufer das merkt und zurückrudert, ist es anschließend zu spät, in den einfachen Part zu wechseln. Auch hier möchte ich wieder ein Beispiel aus meiner Vergangenheit bringen.

Ein Kunde fragte mich, wie hoch die Gebühren eines gewissen Fonds sind. Anstatt einfach zu sagen, dass diese 5 Prozent betragen, erwähnte ich, dass es verschiedene Kostenblöcke in einem Fonds gibt. Dazu gibt es offene und sogenannte versteckte Kosten. Die Fragen, die im Kunden plötzlich auftauchten, konnten Sie förmlich sehen und vor allem die Unlust, sich das auch noch anhören zu müssen. Das Ergebnis dieses Gespräches dürfte nun auch klar sein. Es sei nur so viel gesagt: Ich habe daraus gelernt.

Ein Unternehmer fragt seinen deutschen Ingenieur, der gerade von einem Verkaufsgespräch zurückkam: »Und, haben Sie das Produkt verkauft?« Dieser antwortet: »Nein, aber der Kunde kennt jetzt alle Details, wie es funktioniert.«

Kennen Sie den Spruch: »Fachidiot schlägt Kunden tot«?

Sie sollen jede Menge Fachwissen haben. Das macht Sie selbstbewusst und kompetent, damit Sie im Bedarfsfall auf die Fragen auch eingehen können. Aber bitte nur im Bedarfsfall. Einer der wichtigsten Sätze, die ich mir im Laufe meines Lebens entwickelt und mir zu eigen gemacht habe, zielt genau auf dieses Thema.

Bei jeder Fachinformation, die der Kunde nicht versteht, macht er innerlich ein Fragezeichen und bei einer bestimmten Anzahl von Fragezeichen kommt der verhasste Spruch: »Ich überlege es mir noch mal.«

Sie wissen nie, wann er ein Fragezeichen innerlich setzt und was seine kritische Anzahl von Fragezeichen ist.

Hat Ihr Kunde großes Vertrauen in Sie, können Sie vielleicht 30 Fragezeichen provozieren und Ihr Kunde wird trotzdem unterschreiben. Beim nächsten ist die Basis noch nicht so intensiv und Sie haben vielleicht nur 3 Fragezeichen zur Verfügung. Wenn Sie diese Person genauso beraten wie die davor, werden Sie keine Unterschrift bekommen.

Deshalb ist meine Devise schon seit Jahren: Produzieren Sie so wenig Fragezeichen im Kopf des Kunden wie möglich. Halten Sie das Gespräch so einfach wie möglich mit so wenigen Fachargumenten wie möglich. Will der Kunde mehr wissen, können Sie immer noch Stück für Stück mehr aus dem Köcher lassen. Bis Ihr Gegenüber sagt, jetzt habe ich ein gutes Gefühl. Das heißt, Sie fangen mit wenig an und erweitern solange, bis Ihr Kunde zufrieden ist.

Aus diesem Grund sind Fragen am Anfang des Gespräches so wichtig. Damit Sie in der Produktpräsentation auch nur auf die Fragen eingehen, die der Kunde wirklich beantwortet haben möchte.

Verwenden Sie auch keine Drohungen. Meiner Meinung nach hat das in der heutigen Zeit nichts mehr zu suchen.

»Herr Kunde, wenn Sie das nicht kaufen, wird das und das passieren.«

Bitte nutzen Sie keine Überredungskünste.

Diese Form des Verkaufes klappt sowieso nur kurzfristig und hinterlässt langfristig mehr Schaden als Umsatz.

In meinen Trainings fällt mir immer wieder auf, dass Verkäufer es von Herzen her wirklich gut meinen und dennoch ständig in diese Kommunikationsfallen laufen. Dass passiert unbewusst, weil viele jemanden nachahmen, der es auch nicht anders konnte. Deshalb sind Übungen mit ehrlichem und direktem Feedback so extrem wichtig. Sogenannte Rollenspiele sind bei vielen Verkäufern zwar verhasst, aber die Basis des Erfolges. Kein Schreiner würde auf die Idee kommen, direkt an dem teuersten Stück Holz ohne Plan und Ausbildung etwas auszuprobieren.

> Unser Werkzeug ist die Kommunikation, unser Edelholz der Kunde.

Bitte üben Sie nicht an Ihrem Kunden. Und wenn ein Gespräch bei einem Kunden schieflief, holen Sie sich Feedback oder machen zumindest eine eigene Analyse, woran es gelegen haben könnte. Deshalb bin ich auch ein Fan davon, zu zweit zu einem Kunden zu gehen. Denn der andere hört von außen immer mehr, als wenn Sie selbst in dem Gespräch mittendrin sind.

Sonst laufen Sie Gefahr, dass Sie in vielen Fällen eine gute Beziehung und hohe Kaufbereitschaft selbst wieder zerreden. Bei mir war es so, dass ich gerade am Anfang, als mir das Zuhören noch so viel Mühe bereitet hat, erst Recht losgelegt habe. Als hätte ich über 30 Minuten einen Bogen angespannt, schoss ich in der Präsentationsphase los und überrannte den Interessenten. Damit war das Ergebnis genauso zunichte gemacht.

Meiner Meinung nach erzählen Verkäufer an der Stelle dem Kunden nicht das, was der Kunde wissen will, sondern das, von dem sie glauben, dass der Kunde wissen muss bzw. zu wissen hat.

Das ist ein großer Unterschied. Es ist meiner Meinung nach eine Vermutung zu glauben, was der Kunde wissen muss. Wirklich wissen tun Sie es nicht. Es gibt Menschen, die wollen überhaupt nichts wissen. Die kaufen einfach deshalb, weil der Berater nett ist. Deshalb fallen leider auch viele Kunden auf unnötige und zum Teil kriminelle Produkte herein.

Verfahren Sie einfach nach folgendem Motto: So viel wie nötig so wenig wie möglich.

Verweisen Sie immer wieder auf das Skript, was Sie zu Beginn aufgeschrieben haben. Immer wenn Sie einen Punkt behandelt haben, den der Interessent sich gewünscht hat, holen Sie sich das Feedback (da haben wir es wieder) und checken ab, ob das eine ausreichende Information war. So können Sie sich Schritt für Schritt vorarbeiten. Der Interessent hat immer das Gefühl, dass Sie sich nach wie vor um seine Wünsche kümmern und ihn ernst nehmen und für Sie ist es ein guter Anhaltspunkt, nicht mehr zu erzählen und damit unnötige Fragen aufzuwerfen.

Gerade authentische und ehrliche Verkäufer sollten nicht den Fehler machen, zu viel zu reden, den Kunden zu überfordern und ihn dahin zu motivieren, wo ein unehrlicher Verkäufer irgendeinen Schwachsinn verkauft, nur weil er diese Dinge beherrscht. Überlassen Sie bitte in diesem Bereich nichts dem Zufall.

Zudem sollten Sie auch vorsichtig mit der Auswahl der Angebote sein. Denken Sie noch an die Studie, dass eine zu große

Auswahl tendenziell eine Unzufriedenheit auslöst und die Entscheidungsschwierigkeit eher zunimmt. Gerade bei erklärungsbedürftigen Produkten, bei denen der Kunde zu einem großen Prozentsatz aus Vertrauen kauft, ist es hilfreich, die Entscheidung für ihn mit zu übernehmen. Ich höre oft, dass Berater zum Teil aus Haftungsängsten lieber fünf Produkte auf den Tisch legen und den Kunden fragen, für was er sich entscheiden möchte. Gehen Sie mal zu einem Arzt, lassen sich untersuchen und überlegen mal kurz, was Sie tun würden, wenn der Arzt Ihnen 5 Medikamente auf den Tisch legt und Sie fragt, für welches Sie sich entscheiden würden? Ab einem gewissen Punkt dürfen Sie auch mit dem Kunden gemeinsam die Entscheidung treffen. Es gibt so wenige Verkäufer, die bis hierhin so intensiv mit ihren Kunden gearbeitet haben, dass sie jetzt eine auf Augenhöhe befindliche Partnerschaft haben. Da können Sie Ihren Expertenstatus auch nutzen und dem Kunden helfen. Alles andere würde Einwände, Fragen und ein unnötiges Überlegen provozieren.

Einwände

Wenn Sie die neue Art des Verkaufens für sich verinnerlichen, werden Sie Folgendes merken.

Sie werden so gut wie keine Einwände mehr bekommen. Einwände bekommen Sie nur, wenn Sie den Kunden überfordern, wenn er verunsichert ist, wenn er es nicht verstanden hat bzw. Sie an ihm vorbei geredet haben oder er Sie loswerden will. Ich unterscheide zwei Arten von Einwänden. Eine versteckte bzw. verunsicherte Frage. Diese sollten Sie nett, höflich und kundengerecht beantworten und dem Kunden das Gefühl geben, dass Sie ihn ernst genommen haben. Dann werden Sie danach auch zum Abschluss kommen. Zum anderen ist es ein Vorwand. Er will nicht, traut sich das nicht zu sagen und nimmt dabei irgendein Argument als Vorwand. Wie bekommen Sie den Unterschied heraus, um zu beurteilen, ob es Sinn macht, ihm alles zu erklären oder das Gespräch zu beenden? Es gibt für mich eine Standardfrage, die Sie als Einordnungsfrage verwenden können. Die lautet: Was meinen Sie damit?

Damit muss der Kunde nun Farbe bekennen. Hat er sich Gedanken gemacht, wird er mit einer tiefergehenden Argumentation sein Problem erläutern und Ihnen die Möglichkeit geben, ihm die Angst oder die Unsicherheit zu nehmen. Kommt keine weitere Information, ist es oftmals so, dass er sich gar keine Gedanken gemacht hat und meistens nicht interessiert ist. Dann sprechen Sie ihn einfach konkret drauf an.

»Haben Sie wirklich Interesse an dem Produkt oder sollen wir das Gespräch an dieser Stelle beenden?«

Ich bin ein Freund der Wahrheit und der Klarheit. Es ist am Ende des Gespräches auch die Zeit Farbe zu bekennen. Sie haben alles getan und alles erklärt, was notwendig war, um eine Entscheidung treffen zu können. Das muss Ihr Kunde jetzt auch tun. Er darf Fragen stellen, eine Nacht darüber schlafen usw. Aber Sie abschieben, ist nicht fair. Deshalb sprechen Sie ihn durchaus darauf an. Der Einwand »Zu teuer« ist ein klassisches Beispiel. Wenn jemand wirklich Interesse an dem Produkt hat und diesen Einwand bringt, wird er seine Befürchtungen näher erläutern und Ihnen die Gelegenheit geben, zu antworten. Meistens steckt dahinter, dass er den Nutzen noch nicht wirklich bewerten kann. Dann ist der aus seiner Sicht zu hohe Preis auch vollkommen gerechtfertigt. So haben Sie die Möglichkeit, auf den wahren Einwand einzugehen und ihn zu entkräften. Danach heißt es ja oder nein. Hat er sich gar keine Gedanken gemacht, wird nichts Tiefergehendes kommen und Sie können die Interessensfrage stellen.

Die zweite Art sind unüberbrückbare Einwände:

Über diese habe ich im ersten Kapitel schon geschrieben, was Sie vielleicht jetzt unter dem neuen Blickwinkel noch mal nachlesen können.

Phase 4: Abschluss

Diese Phase ist die kürzeste des ganzen Gespräches. Formulare rausholen und ausfüllen. Wenn Sie mit dem Kunden vorher alle Fragen besprochen haben und er Ihnen mitteilt, dass er alles verstanden hat, braucht es nichts mehr. Immer wieder erlebe ich auch als Kunde, dass ich dreimal ja gesagt habe und der Berater oder Verkäufer danach fragt, ob ich es haben will. Denken Sie bitte noch mal an die Bäckereiverkäuferin. Sie packt die gewünschten Brötchen kommentarlos ein und kassiert. Keine wird noch mal fragen, ob Sie sich sicher sind oder noch mal überlegen wollen. Genauso verfahre ich am Ende des Gespräches. Sie haben im Vorfeld die Vorabschlussfrage gestellt (Ende Phase 2), präsentiert und hoffentlich immer wieder das Feedback eingeholt, ob es dem Kunden gefällt und zum Schluss noch mal alle Fragen beantwortet. Der Kunde nickt alles ab, da ist jede nochmalige Frage eine Verunsicherung des Kunden. Eventuell denkt er sogar, dass Sie als Verkäufer gar nicht sicher sind, ob das Produkt so gut ist. Also: Haben Sie Mut und schließen Sie den Verkauf ab.

Nach dem Gespräch

Herzlichen Glückwunsch, der Interessent ist jetzt im Idealfall Ihr neuer Kunde. Manche Verkäufer haben jetzt eine Art Fluchtreflex. Aus Angst, der Kunde könnte sich noch mal anders entscheiden oder noch irgendwelche unangenehmen Fragen stellen, packen sie ein und ergreifen fluchtartig das Weite. Um dem Kunden aber das Gefühl zu geben, dass er keine reine Umsatzmaschine ist, der Ihnen die Raten für Ihr Auto bezahlt, ist es wichtig, ihm gerade nach der Unterschrift noch zu Seite zu stehen und eine Art Cool-down zu machen. Einen ehrlichen Verkäufer erkennt man unter anderem daran, wie lange er nach der Unterschrift noch sitzen bleibt. Ein Kunde hat fast immer nach einer Unterschrift zu einem bestimmten Zeitpunkt eine Art Kaufreue. Je größer die Entscheidung und Investition war, die er treffen musste, umso mehr kommen auch Zweifel. Dann ist es wichtig, dass er jemanden an seiner Seite hat, den er als Mensch oder sogar Freund noch in Erinnerung hat und auch anrufen kann, wenn er sich Sorgen macht. Gerade bei Berufen, dessen Produkte ein 14-tägiges Rücktrittsrecht haben, ist diese Phase unerlässlich. Aber auch bei allen anderen gebietet es der Respekt, dem Kunden in genau dieser Phase beizustehen. Es macht auch mehr als Sinn, nach ca. 3 Tagen noch mal durchzutelefonieren und sich nach seinem Zufriedenheitsstand zu erkundigen. Warum machen das Verkäufer zu selten? Unter anderem, weil sie Fragen befürchten, die sie nicht beantworten können oder Angst haben, dass der Kunde noch von seinem Kauf zurücktritt.

Spätestens jetzt sollten Sie damit entspannt umgehen können. Denn zu Punkt eins haben wir schon im Kapitel »Was ist Authentizität« besprochen, dass es durchaus sehr sympathisch wirkt, wenn Sie auch mal etwas nicht wissen und nachschlagen oder nachfragen müssen. Klären Sie es einfach und rufen Sie den Kunden erneut an. Das hat einen tollen Effekt, der das Vertrauen weiter verstärkt.

Zum zweiten Punkt ist nur zu sagen, dass, wenn Sie Angst haben, dass er vom Kauf zurücktritt, wenn Sie anrufen, er es wohl auch tut, wenn Sie nicht anrufen, oder? Wenn Sie aber nicht anrufen und er storniert, haben Sie es ungleich schwerer, das in Ihrem Sinne zu retten, als vorher.

Auch hier gibt es einen schönen Spruch: Kümmern Sie sich nicht um Ihren Kunden, kümmern sich andere darum.

Der Kunde ist ab sofort Ihr Partner. Ihren Lebenspartner lassen Sie auch nicht ab einer erwiderten Liebeserklärung alleine und überlassen es einem anderen, sich um diesen zu kümmern.

Aus meiner Wahrnehmung endet jetzt nicht das Gespräch, sondern es fängt erst richtig an. Sie haben alles getan, um einen Interessenten zu einem Kunden / Geschäftspartner zu machen.

Wenn Sie in den nächsten Jahren nicht immer nur einzelne Menschen zu Kunden machen wollen, was einen immer größeren Aufwand mit sich bringt, pflegen Sie diese Partnerschaft und bauen diese aus. Es gibt nichts Schöneres, als wenn ein Geschäftspartner Ihnen viele weitere Kunden empfiehlt. Davon mal abgesehen ist es die günstigste Form aller Werbekampagnen. Überlegen Sie mal, was passieren würde, wenn Sie all Ihr Werbebudget in Ihre bestehenden Kunden investieren, diese auch nach einem Kauf immer wieder aufs Neue überraschen und glücklich machen?

Wenn Sie die ganzen Informationen zu Ihrem Kunden nun haben, werfen Sie sie nicht weg. Schreiben Sie es in Ihre Datenbank und halten Augen und Ohren offen.

Sollte einer Ihrer Partner für das Segeln schwärmen und Sie in einer Zeitschrift, im Internet oder sonst wo einen Artikel über einen tollen Segelurlaub finden, schicken Sie diesen Ihrem Partner zu.

Das ist außergewöhnlich. Es kostet wenig Zeit, sind die meisten Menschen doch sowieso ständig im Netz. Eine E-Mail verschicken kostet ebenfalls nichts und ist auch relativ schnell geschrieben.

Eine ältere Kundin »beschwert« sich bei mir immer, weil ich bei ihren Erzählungen das Wort Okay als Zustimmung benutze. Als ich vor einigen Wochen bei n-tv einen kurzen Bericht über den Ursprung dieses Wortes gelesen hatte, schickte ich ihn ihr zu. Die Überraschung war riesengroß und sie musste über mich schmunzeln.

Wenn Ihre Firma größer ist, delegieren Sie so etwas an einen Mitarbeiter, dass er zumindest für Ihre wichtigsten Partner oder

Kunden so etwas wie eine Informationsservicedatenbank anlegt. Ihr Partner wird Sie nie wieder vergessen, selbst wenn Sie Produkte verkaufen, die man ein oder zwei Mal im Leben braucht, Sie also kein ständiges Stammkundenpotenzial haben. Gerade dann ist es wichtig, von solchen Menschen qualifizierte Empfehlungen zu bekommen.

Viele Verkäufer investieren in eine Beziehung nach dem Verkauf keine Zeit, weil sie denken, dass es doch gar nicht sicher ist, was am Ende dabei raus kommt. Das stimmt. Sie können am Anfang nicht messen, wie viel Empfehlungen Sie bekommen, wenn Sie 10 Kunden regelmäßig pflegen und sich um sie kümmern.

Wissen Sie aber genau, was bei einer Flyer-Aktion, einer Werbekampagne oder Ähnlichem rauskommt? Auch nicht. Es kostet nur wesentlich mehr Geld und wenn Sie einen Interessenten haben, fangen Sie immer wieder bei null an. Eine Empfehlung gewährt Ihnen schon einen großen Vertrauensvorsprung.

Empfehlungen

Alle, die schon etwas länger im Verkauf sind, dürften mir Recht geben, dass die eleganteste und gleichzeitig angenehmste Neukundengewinnung die Empfehlungsname ist.

Leider wird in vielen Branchen die Empfehlung ähnlich schlecht bewertet, wie der Status des Verkäufers an sich.

Auch hier gibt es dutzende Bücher, wie Sie technische Fertigkeiten erlernen können, Empfehlungen zu holen. Da gibt es gute Literatur, freche, manipulative, brutale und viele andere Methoden.

Die brutalste, die ich je gehört habe, war ein Berater, der, als er auf Bitten keine Empfehlungen bekommen hat, das Kaufformular wieder zerrissen hat und dem Kunden den Kauf verweigerte. Das ist kindisch und hat nichts mit authentischer Kommunikation und Wertschätzung zu tun. Stellen wir uns doch erst mal die Frage, was die Gründe sind, dass Kunden so schwerfällig bis gar keine Empfehlungen geben.

Auch hier ist die Angst vor Ablehnung der wohl größte Grund. Im Kopf des Kunden gehen tausend Dinge vor. Er stellt sich bildlich vor, wie er Ihnen einen Namen nennt, Sie diesen anrufen und der Bekannte später Ihren Kunden zusammenfaltet, weil er dessen Namen weitergegeben hat.

Ein Horrorszenario, dass ein Freund einem die Freundschaft kündigt, weil dieser seinen Namen an einen Verkäufer weitergegeben hat.

Ein weiterer Punkt ist, dass ein Kunde sich nicht vorstellen kann, dass ein anderer genau das gleiche Problem hat und nicht mit anderen darüber spricht.

Ihrem Kunden gehen weitere Dinge durch den Kopf. Werden Sie bei seinem Bekannten genau so freundlich sein oder nicht doch Druck ausüben und ihm etwas verkaufen, was der Bekannte später wieder bereut? Braucht der Bekannte das Produkt überhaupt? Er macht sich Gedanken, dass es dann auch bekannt wird, dass er selbst dort etwas gekauft hat. Vielleicht möchte er das auch nicht. Vielleicht denkt der Bekannte auch, dass Ihr Kunde eine Provision dafür bekommt, wenn er etwas abschließt. Das ist natürlich dann der Super-GAU. All das und noch viel mehr geht den Menschen durch den Kopf, wenn Sie die einfache Frage stellen: »Wer könnte das aus ihrem Umfeld noch gebrauchen?« Und da wundern Sie sich, dass Ihr Kunde sagt: »Niemand«? Das Thema Empfehlungen versetzt einen Kunden in eine Stresssituation, die einem Hochleistungssportler gleichzusetzen ist. All die Antworten habe ich übrigens durch Nachfragen in den letzten Jahren bekommen, wenn ich mal wieder keine Empfehlungen bekommen habe.

Es gibt auch ganz andere Beispiele. Nämlich Berater, die sich vor Empfehlungen gar nicht retten können. Berater, bei denen regelmäßig fremde Menschen anrufen, die auf Grund einer Empfehlung den Berater in Anspruch nehmen möchten.

Was machen diese Berater anders? Ganz einfach. Diese haben es bewusst oder unbewusst geschafft, dass der Kunde sich wirklich zu 100 Prozent angenommen und verstanden fühlt. Er hat das Gefühl, richtig aufgehoben zu sein und wird dann fast schon angeberisch auf Partys oder am Arbeitsplatz mit seinem Berater angeben. Wenn Sie dem Kunden das aufrichtige Gefühl geben, der Richtige zu sein, vor allem NACH der Unterschrift, können Sie das auch offen ansprechen. Das Beste an der Stelle ist, dass Sie sogar Empfehlungen von Menschen bekommen, die gar keine Kunden sind.

In meiner Funktion als Gesellschafter eines Beleuchtungsmittellieferanten halte ich von Zeit zu Zeit Vorträge über die Produkte und die Zukunftsentwicklung des Beleuchtungsmarktes. Im Mai 2013 hielt ich im Sauerland einen Vortrag beim BVMW (Bundesverband Mittelständischer Wirtschaft). Dort war ein Unternehmer, der total begeistert von der Art des Vortrages war. Ich unterhielt mich nach dem Vortrag lange mit ihm, obwohl ich ganz am Anfang schon wusste, dass er kein Kunde werden würde. Er hatte einfach keinen Bedarf für unsere Produkte, fragte aber an, ob wir für einen anderen Unternehmerverband im Sauerland einen Vortrag halten würden. Als ich im September 2013 dort referierte, wurde ich von genau diesem Menschen so frenetisch angekündigt, dass ich dachte, er hätte für eine 6-stellige Summe bei uns eingekauft. Dazu erwähnte er, dass wir der erste Externe sind, der dort referiert. Bis zu diesem Zeitpunkt durften nur Mitglieder aus den eigenen Reihen ihr Produkt präsentieren. Dieser Abend brachte uns mehrere Kunden.

Was will ich damit sagen? Ich habe mich mit dem Unternehmer aufrichtig und interessiert unterhalten und obwohl ich schnell merkte, dass er derzeit nichts kaufen kann, bin ich mit ihm an dem ersten Abend im Gespräch geblieben und habe ihn nicht links liegen lassen. Das Ergebnis waren über 120 neue Empfehlungen als Referent auf dem besagten Unternehmerabend.

Wenn wir über Beziehungsmanagement reden, ist es ein großes Geschenk, wenn Menschen uns weiterempfehlen. Das Netzwerk ist in der heutigen Zeit aber das wichtigste Kapital und ich halte es für fahrlässig, auf Grund des eventuellen schnellen Erfolges sich nicht um diese Menschen zu kümmern. Auch das kostet Zeit. Gleichzeitig sollte jedem Unternehmer in der heutigen Zeit klar sein, das Unternehmertum eine gewisse Aufbauzeit benötigt. Es wird der Zeitpunkt kommen, wo Sie aus Zeitgründen gar nicht mehr zur Akquise kommen, weil Sie aus Ihrem Netzwerk schöpfen können.

Dafür lohnt es sich, diesen Aufwand zu betreiben. Leider reißen viele Unternehmer das, was sie vorne aufbauen, hinten wieder ein, weil sie sich nicht um Kunden oder Interessenten kümmern und lieber Flyer verteilen oder ähnliche Massengeschichten unternehmen. So fangen sie immer wieder von vorne an. Da wird definitiv an der falschen Stelle gespart.

Wir sind nicht mehr gewohnt, mit Menschen in Beziehung zu gehen und suchen unsere Kunden lieber über Facebook, Xing, Flyer, Google-Anzeigen oder ähnliche virtuelle Medien. Dagegen ist nichts einzuwenden und als Ergänzung definitiv in der heutigen Zeit unverzichtbar. Die ganzen Tools werden aber nicht zu den gewünschten Ergebnissen führen, wenn der Unternehmer nicht in der Lage ist, mit den Menschen, die aus den Portalen kommen, in Beziehung zu gehen und diese über Jahre zu begleiten, gerade wenn sie nicht sofort Kunde werden oder wenn sie als Bestandskunde zu einem späterem Zeitpunkt keinen Neuumsatz versprechen. Das ist traurig und reduziert den Menschen nur noch auf eine Melkkuh, die nach Rendite und Umsatz gemessen wird. Nach dem Motto, die Wertigkeit eines Menschen hängt von dem Umsatz ab, den er mir bringt.

Natürlich gibt es auch Menschen, die einen aussaugen und nie wirklich einen Mehrwert einbringen. Wie bereits mehrfach erwähnt, sind es nicht nur die Verkäufer, die eine Beziehung herstellen sollten, auch die Kunden sind dazu aufgefordert. Wenn ein Kunde ständig etwas will, nie etwas kauft und auch keine Empfehlungen gibt, muss ich diesen nicht jede Woche anrufen und eine Beziehung aufbauen. Wie im privaten Leben gibt es auch im Beruf menschliche Situationen, bei denen sich zwei Personen einfach nicht verstehen oder sich nicht gegenseitig inspirieren. Man muss auch nicht mit jedem können.

Gleichzeitig möchte ich Ihnen auch den Druck nehmen, dass Sie nur dann erfolgreich wären, wenn Sie bei jedem Kunden 5 Empfehlungen bekommen. Das ist schlichtweg Theorie. Fühlen Sie sich nicht schlecht, weil Sie scheinbar nicht so erfolgreich sind, und werden Sie nicht unsicher. Dabei haben Sie wahrscheinlich mehr Empfehlungen geholt als viele Ihrer Kollegen. Machen Sie sich nicht schlecht. Sie sind besser als Sie glauben.

Fakt ist, dass eben jeder Mensch anders ist. Es wird immer Menschen geben, die einfach nicht in der Lage sind, Ihnen Namen zu nennen. Ich habe eine sehr gute Kundin, die mir liebend gerne Empfehlungen geben würde. Allerdings ist ihre Glaubwürdigkeit auf Grund bestimmter Umstände nicht sehr groß. Sie hat es zwar versucht, aber ständig eine Abfuhr bekommen. Das liegt nicht an mir oder an der Art, wie sie mich promotet hat. Es lag einfach in der Beziehung zwischen ihr und ihren Kontakten. Das könnte übrigens auch ein Punkt sein, warum Menschen es gar nicht versuchen.

Dann wird es Menschen geben, die sich so eingeschlossen haben, dass sie wenig bis gar keine Kontakte pflegen. Wen wollen diese Menschen dann empfehlen?

Zudem gibt es Menschen, die Zeit brauchen, um mehr Vertrauen zu dem Berater aufzubauen. Und da liegt ein enormes Potenzial. In einer Zeit, in der durch die moderne Technik jeder jeden zu jeder Zeit an jedem Ort auf der Welt erreichen kann, ist das Tempo so schnell geworden, dass auch Berater am liebsten heute ein Geschäft starten und gestern Millionär sein wollen. Und wenn sie nicht bei dem ersten Kunden gleich so viele Empfehlungen bekommen, dass sie nie wieder akquirieren müssen, fühlen sie sich als Versager.

Empfehlungen können Sie auf so viele unterschiedliche Art und Weise erfragen, dass hier jeder sein eigenes System aufbauen muss. Meine Empfehlung und Erfahrung: Fragen Sie tatsächlich jeden. Umso mehr Chancen auf Erfolg haben Sie. Fragen Sie aber auch zu einem späteren Zeitpunkt. Nicht unbedingt direkt nach dem Abschluss. Zudem sollten Sie zu Ihren Kunden mittels gehaltvollen weiterführenden Informationen schriftlich und mündlich die Beziehung verstärken. Sie werden sehen, dann kommen auch schon mal Empfehlungen mit der Zeit von selbst.

Ich möchte Ihnen hier ein paar Beispiele geben, die nicht so alltäglich sind. Die einen oder anderen benötigen etwas Vorarbeit, werden sich aber auszahlen.

1. Schreiben Sie doch mal keine Weihnachtspost, sondern machen eine Briefaktion zum Herbstanfang oder zur Sommersonnenwende. Ich habe mal alle Kunden zum Herbstanfang angeschrieben, habe Blätter gesammelt, getrocknet und auf den Brief draufgeklebt. Im Brief habe ich etwas zur aktuellen Wirtschaftslage geschrieben, dass ihre Produkte gut laufen und ihnen eine ruhige Herbstzeit im Kreise ihrer Lieben gewünscht. Die Resonanz war überwältigend.
2. Rufen Sie nicht nur zum Geburtstag an, sondern auch mal zum Namenstag. Das hat meiner Meinung nach noch keiner gemacht und Sie werden definitiv einer der Ersten sein und somit in Erinnerung bleiben.
3. Das Alphabet hat 26 Buchstaben, das Jahr 52 Wochen. Wenn das kein Zufall ist. Wenn Sie jede Woche einen Buchstaben durchtelefonieren, haben Sie jeden Kunden im Jahr zwei Mal angerufen. Das geht prima während der Autofahrt oder abends kurz bevor Sie das Büro verlassen.

4. Natürlich können Sie auch die ganzen anderen Dinge wie Newsletter etc. machen.
5. Ein Kollege startete einmal eine Aktion und schrieb einen Wettbewerb aus. Der Kunde, der die meisten Empfehlungen gab, bekam ein Wellness-Wochenende geschenkt. Sie glauben gar nicht, was Menschen für so eine Belohnung alles tun.

Ein weiteres Beispiel hat mir ein erfolgreicher Versicherungsmakler erzählt. Er bittet die Kunden im Verkaufsgespräch nach Empfehlungen. Aber erst in 6 Monaten, wenn sie seine Leistung überprüft haben. Die meisten sind damit einverstanden, weil sie schon froh sind, nicht direkt an dem ersten Gespräch jemand benennen zu müssen. In diesen 6 Monaten ruft der Berater diesen Kunden zweimal an und fragt einfach nach, ob alles in Ordnung ist. Eventuell schickt er noch eine E-Mail, wenn es irgendeinen positiven Artikel zu der Gesellschaft gab, die er dem Kunden vermittelt hat. Wenn der Kunde nach 6 Monaten nicht anruft, meldet sich der Berater bei dem Kunden und fragt freundlich nach, was der Grund dafür ist, keine Empfehlungen zu bekommen, sodass er diese Dinge beim nächsten Mal besser machen kann. Die Resonanz ist überwältigend. Ein großer Teil hat es einfach vergessen, nennt aber direkt Namen. Ein anderer Teil hat es oft schon versucht, war aber nicht erfolgreich. Dann bespricht er mit dem Kunden zusammen eine Strategie, wie sie die Empfehlungen zusammen ansprechen.

Fazit:

Interessieren Sie sich aufrichtig für Ihren Gesprächspartner.

Hinterfragen Sie alles, was Sie nicht zu 100 Prozent verstehen.

Produzieren Sie so wenig Fragezeichen im Kopf des Kunden wie möglich.

Bleiben Sie nach der Unterschrift noch sitzen.

Unterstützen Sie ihn auch nach dem Kauf.

Zusammenfassung

Empfehlungen funktionieren, brauchen aber Zeit. Alles andere ist meiner Meinung nach Zufall, ein Glücksfall oder dummes Gerede von jemand, der Sie unter Druck setzen will.

Mund-Propaganda verbreitet sich zuerst langsam, wird aber später immer dynamischer. Entspannen Sie sich und bleiben Sie dran. Interessieren Sie sich für den Menschen und unterstützen Sie ihn auch nach dem Verkauf. Dann werden Sie die Ergebnisse ernten.

Gedanken zum Schluss

Unternehmertum ist keine Castingshow

Erfolg geht leider nicht über Nacht oder stellt sich nach ein paar Fernsehshows ein. Es dauert einfach, das alles aufzubauen. Außerdem ist es viel entspannter, wenn Sie das alles langsamer, ruhiger, dafür beständiger angehen. So haben Sie ein sehr entspanntes und erfülltes Leben. Dafür lohnt es sich zu arbeiten. Es macht auch mehr Sinn, statt eines kurzen Anstiegs, der wieder zusammenbricht, sich Stück für Stück ein Fundament aufzubauen, auf dem Sie viele Jahre erfolgreich arbeiten können.

Der Erfolg ist immer den Andersdenkenden überlassen

Dann nutzen Sie doch diese Zeit und seien einer der Ersten, der die Macht der Langsamkeit wiederentdeckt, den Mensch hinter der Umsatzmaschine Kunde sieht und ihn auch betreut, wenn Sie mal nichts Neues verkaufen können.

Jetzt bin ich Kaufmann genug, um auch nicht dreimal pro Jahr zu einem 100 km weit weg wohnenden Kunden zu fahren, um die Funktionsfähigkeit seiner Kaffeemaschine zu testen (wo ich doch gar kein Kaffee trinke). Es gibt in der heutigen Zeit so viele Möglichkeiten, mit Kunden in Beziehung zu bleiben, ohne dass Sie aufdringlich wirken und einen großen finanziellen Einsatz bringen müssen.

Verkaufsevolutionsspirale

Dieses Wort ist mir mal eingefallen, weil sich viele auf einer Spirale befinden, die sich abwärts dreht. Entweder finanziell oder gesundheitlich bzw. vom Energielevel her. Mit meiner Vision will ich eine Verkaufsevolutionsspirale kreieren, die Sie immer erfolgreicher werden lässt. Einerseits soll sich die Beziehung zu Ihren Kunden auf Grund ihrer Zufriedenheit und Begeisterung immer weiter vertiefen und verbessern. Andererseits ist es wünschenswert, wenn sich Hersteller oder auch Dienstleister auf Grund des Feedbacks von ihren Kunden immer weiter darum kümmern, ihre Produkte ständig zu verbessern. Wer sich auf die beiden Bereiche konzentriert, wird fast von alleine immer erfolgreicher. Es geht nun mal darum, seinen Kunden geeignete Produkte zu verkaufen. Wenn Kunden ernst genommen werden und mit der Wahl des Produktes glücklich sind, werden sie immer wieder kaufen und Empfehlungen geben, weil sie stolz und dankbar sind, eines Ihrer Produkte zu besitzen. Dabei wünsche ich Ihnen viel Erfolg.

Werden Sie beliebt

Wer will das nicht gerne sein. Das ist gar nicht so schwer. Der eine oder andere muss über seinen Schatten springen. Machen Sie anderen Menschen passende Komplimente. Nicht übertrieben, suchen Sie einfach die positiven Dinge an Ihrem Gegenüber.[28]

Was machen beliebte Menschen noch, was Ihnen helfen kann?

Obwohl sie gut ankommen, stellen sie sich immer wieder in Frage und überprüfen ihre Art, wie sie mit anderen umgehen.

Sie geben anderen durch ihre Art der Wertschätzung ein gutes Gefühl. Das heißt Menschen fühlen sich in deren Nähe und Umgebung einfach wohl.

Sie zeigen und stehen zu ihrer Schwäche. Das genau macht sie nahbar, anfassbar und menschlich

Sie nehmen sich zurück und lassen anderen ebenfalls Raum für Entfaltung.

Fazit des Buches

Wie holen Sie den größten Nutzen aus diesem Buch heraus?

Versuchen Sie die Dinge, die ich Ihnen aufgeführt habe und die Ihnen zugesagt haben, umzusetzen. Aber bitte nur die, die Ihnen gefallen. Alles andere wird schwer, erfolgreich in die Tat umzusetzen. Vor allem sollten Sie zuerst sammeln, welche Punkte Sie gerne integrieren würden und danach einen nach dem anderen anpacken. Wenn der erste Punkt integriert ist, nehmen Sie den nächsten Punkt, der Ihnen gefallen hat. Kein Mensch verlangt von Ihnen, ab morgen alles zu 100 Prozent umzuschmeißen. Tun Sie das bitte nicht. Eventuell klappt so viel auf einmal nicht und Sie werfen alles hin und lassen alles beim Alten. Das wäre schade. Je nachdem, wie Ihnen diese Ideen gefallen und wie weit Sie von der Idee bisher weg sind, dauert es. Das ist ein Prozess, den man Stück für Stück angehen sollte.

In diesem Sinne wünsche ich Ihnen viel Spaß, viel Erfolg und wundervolle Beziehungen zu außergewöhnlichen Menschen.

Checkliste

Zum Schluss finden Sie die einzelnen Themen des Buches als Checkliste zusammen gefasst, bei der Sie sich ehrlich selbst einschätzen können, wo Sie stehen. Schreiben Sie einfach einer Skala von 1-10 (1 dringend verbesserungswürdig bis 10 perfekt und nicht mehr zu verbessern) ihre Eigenkritik hinein, um zu sehen, womit Sie anfangen können, sich selbst zu verbessern.

Thema	Skala
Denken Sie positiv über Verkäufer?	
Wie gehen Sie mit Umsatzdruck um?	
Wie gehen Sie mit Ablehnung um?	
Wie gehen Sie mit Konkurrenz um?	
Haben Sie Verständnis für Ihre Kunden?	
Können Sie ihre Ängste akzeptieren?	
Können Sie Ihre Kunden wertschätzen?	
Kennen Sie Ihre Misserfolgsfaktoren?	
Kommen Sie mit dem Erfolgsschlüssel klar?	
Können Sie sich Ruhe gönnen?	
Kennen Sie Ihre Stärken und Schwächen?	
Können Sie zu Ihren Schwächen stehen?	
Kennen Sie Ihre Werte?	
Kennen Sie Ihr Selbstbild und Fremdbild?	
Passen Selbstbild und Fremdbild zueinander?	
Können Sie Feedback von anderen holen?	
Haben Sie eine kraftvolle Vision?	
Haben Sie eine klare Mission?	
Haben Sie Ihre Ziele formuliert?	
Kennen Sie Ihre Zielgruppe?	
Kennen Sie deren Bedürfnisse?	
Kennen Sie Ihre Wettbewerber?	
Haben Sie Ideen, sich eine Lücke zu suchen?	
Wie gut ist Ihr Alleinstellungsmerkmal?	
Haben Sie eine aussagekräftige Positionierung?	
Wissen Sie, was Ihnen Energie gibt?	
Stehen Sie zu dem Wort Verkäufer?	
Wie gut hören Sie zu?	
Wie achtsam sind Sie?	
Kennen Sie die menschlichen Ebenen?	
Wie gut erkennen Sie das Sein?	
Wie gut vertrauen Sie dem Prozess?	
Haben Sie für sich eine klare Definition, wie für Sie ehrliches Verkaufen aussieht?	

Thema	Skala
Wie entspannt telefonieren Sie?	
Haben Sie einen konkreten Plan für Ihr Verkaufsgespräch?	
Kennen Sie die Kaufmotive Ihres Kunden?	
Erkennen Sie die Sprache Ihres Kunden?	
Sind Sie firm mit den Fragen der Analysephase?	
Wie einfach können Sie präsentieren?	
Wie stark ist Ihr Gespräch von Fachbegriffen geprägt?	
Wie gut gehen Sie ausschließlich auf die Wünsche des Kunden ein und ergänzen nicht ständig eigene Ideen?	
Kommen Sie dann auch zügig zum Abschluss?	
Fragen Sie nach Empfehlungen?	
Haben Sie ein Gefühl, zu wissen, wie Sie beliebt werden?	

Danksagung

Ich möchte allen meinen Mentoren der letzten 16 Jahre danken. Denn durch sie habe ich diese Art des Verkaufens entwickeln dürfen und kann diese Erfahrung jetzt weitergeben. Namentlich alle zu nennen, ist leider zu viel. Meinen Freunden Sarina, David, Dirk, Björn, Kathara, Katharina, Uwe, Daniel, meiner Mutter, Christoph, Heike, Moritz, Caroline, Alexander, Janine und Heiko möchte ich für die ständigen Feedbacks danken, die mich immer weiter haben wachsen lassen. Weiter möchte ich meiner Partnerin danken, die mir alle Freiheiten und Zeit der Welt lässt, die Ideen in diesem Buch zu verwirklichen. Ich möchte vor allem meinen Kunden danken, denn für sie schreibe ich das Buch natürlich auch. Natürlich dürfen auch alle die Gespräche nicht fehlen, bei denen ich selbst Kunde war. Diese haben mir Positives wie Negatives gezeigt, wodurch das Buch erst seine Daseinsberechtigung erhielt. Zuletzt möchte ich mich auch bei den Lesern dieses Buchs schon im Vorfeld für die Umsetzung bedanken. Wir werden damit eine großartige Veränderung in der Welt des Verkaufens erzielen.

Literatur

Allgayer, Florian: *Zielgruppen finden und gewinnen. Wie Sie sich in die Welt Ihrer Kunden versetzen*, München 2007

Bandler, Richard: *Die Schatztruhe: NLP – Das neue Paradigma des Erfolgs*, Paderborn 1995

Callahan Clinton: *Wahre Liebe im Alltag: Das Erschaffen authentischer Beziehungen*, Bremen 2007

Carkhuff, Robert R. *The Art of Helping*, 9th Edition (English Edition) Amherst 2010

Friedrich, Kerstin, Malik, Fredmund, Seiwert, Lothar: *Das große 1x1 der Erfolgsstrategie*, Offenbach 2009

Händeler Erik: *Die Geschichte der Zukunft. Sozialverhalten heute und der Wohlstand von morgen*, Moers 2005

Hanson, Rick: *Das Gehirn eines Buddha*, Freiburg 2010

Hill, Napoleon: *Denke nach und werde reich*, München 2001

Hofmann, Katja: *Neue Unternehmer braucht das Land*, Weinheim 2015

Kerzinger Udo: *Fondsverkauf einfach gemacht*, Ahrensburg 2015

Luft, Joseph, Ingham, Harry: *The Johari window, a graphic model of interpersonal awareness*. In: *Proceedings of the western training laboratory in group development*, Los Angeles 1955

Pils, Karl: *Der sich multiplizierende Menschenspezialist*. 4 CDs, 2005

Precht, Richard David: *Wer bin ich – und wenn ja wie viele?: Eine philosophische Reise*, München 2012

Reinmann-Rothmeier Gabi (Hrsg.): *Wissensmanagement. Informationszuwachs-Wissensschwund*, München 2001

Rogers, Carl R.: *Der neue Mensch*, Stuttgart 2015

Schaffer- Suchomel, Joachim, Krebs, Klaus: *Du bist, was du sagst*, München 2009

Scheelen, Frank M.: *So gewinnen Sie jeden Kunden, Das 1*1 der Menschenkenntnis im Verkauf*, München 2011

Strelecky, John: *The Big Five for Life, Was wirklich zählt im Leben*, München 2009

Ware, Bronnie: *5 Dinge, die Sterbende am meisten bereuen – Einsichten, die Ihr Leben verändern werden*, München 2015

Werner, Götz: *Womit ich nie gerechnet habe*, Berlin 2015

Zell, E., & Krizan, Z.: »Do people have insight into their abilities? A metasynthesis«. In: *Perspectives on Psychological Science*, 2014

Anmerkungen/Quellen

Kapitel 1
Was ist Verkauf – eine etwas andere Betrachtung

1 http://www.wiwo.de/erfolg/beruf/berufswuensche-die-traumberufe-unserer-kinder-/9650358.html
2 FFS Group, »Studie Verkäuferimage 2011« Ergebnisse, Interpretation und Lösungen. Sonderausgabe mit Autohaus 16/2011
3 http://www.dirkzupancic.com/image-des-vertriebs/
4 http://www.huffingtonpost.com/dan-lyons/sales-reps-business_b_4949207.html
5 http://www.vdi-nachrichten.com/Management-Karriere/Weit-Klinkenputzer
6 http://psr.sagepub.com/content/16/2/103
7 http://www.sueddeutsche.de/wissen/psychologie-gefaehrliches-laecheln-1.910423-2
http://www.tandfonline.com/doi/abs/10.1080/13594320500412199
8 http://www.uni-jena.de/Mitteilungen/PM121121_Verdr%C3%A4ngung.htm
9 http://www.faz.net/aktuell/beruf-chance/die-psyche-als-hauptursache-fuer-berufsunfaehigkeit-12912811.html
10 https://faculty.washington.edu/jdb/345/345%20Articles/Iyengar%20%26%20Lepper%20%282000%29.pdf
11 http://www.welt.de/wirtschaft/article123223786/Firmen-vertreiben-Kunden-mit-falschen-Versprechen.html
12 http://www.edelman.de/de/news-pressemitteilungen/bindungswilliger-konsument-sucht-marke-die-ihn-wertsch%C3%A4tzt
13 https://www.2bahead.com/uploads/media/2b_AHEAD_Trendstudie_Die_Zukunft_des_Verkaufens_01.pdf

Kapitel 2
Erfolg und Misserfolg

14 https://www.tk.de/centaurus/servlet/contentblob/590188/Datei/115474/TK_Studienband_zur_Stressumfrage.pdf
15 Rethinking the Extraverted Sales Ideal: The Ambivert Advantage *Psychological Science 0956797612463706, first published on April 8, 2013*
16 https://projectreporter.nih.gov/project_info_results.cfm?aid=8541701&icde=18114901
17 Guerrettaz, J., & Arkin, R.M. (2015). Who Am I? How Asking the Question Changes the Answer. *Self and Identity, 14*(1), 90-103
18 http://www.wertekommission.de/wp-content/uploads/2015/02/WK-MP-Studie.pdf
19 http://www.arbeitgeber.de/www/arbeitgeber.nsf/id/DE_Wirtschafts-_und_Unternehmensethik
20 http://www.businessballs.com/johariwindowmodel.htm

Kapitel 3
Selbstreflexion

21 http://www.rochusmummert.com/downloads/news/122_140624_pi_rochus_mummert_hr-panel_vision_final.pdf
22 http://www.npr.org/sections/ed/2015/07/10/419202925/the-writing-assignment-that-changes-lives
23 http://christoph-berdi.de/2013/07/studie-stellt-die-unique-selling-proposition-usp-in-frage/

Kapitel 4
Ehrlichkeit gegenüber anderen

24 http://www.scopar.de/news-termine/detail/1232013-scopar-studie-die-wichtigsten-werte/

25 http://www.faz.net/agenturmeldungen/dpa/fleiss-statt-lebensfreude-zukunftsforscher-sieht-wertewandel-13713111.html
26 *kups.ub.uni-koeln.de/2830/2/AuditiveKompetenzenDok3.pdf*
27 *Benefits of mindfulness at work: The role of mindfulness in emotion regulation, emotional exhaustion, and job satisfaction (Hülsheger, Ute R.; Alberts, Hugo J. E. M.; Feinholdt, Alina; Lang, Jonas W. B.Journal of Applied Psychology, Vol 98(2), Mar 2013, 310-325).*

Zusammenfassung

28 http://dish.andrewsullivan.com/2014/10/12/the-neuroscience-of-being-liked/

Stichwortverzeichnis